ज्ञान की महिमा
Magnificence of Jñāna

ज्ञान की महिमा
Magnificence of Jñāna

लेखक

डॉ कृष्णदेव 'अरविन्द'

GYAN

Published by

GYAN

Gyan Publishing House
5, Ansari Road
Daryaganj, New Delhi-110002
Phone: 011-47034999, 9811692060
E-mail: books@gyanbooks.com

Distribution Network
gyanbooks.com
India, USA, Canada, UK, Australia, France

ISBN: 978-93-6280-894-3 (PB)
First Published, 2024

Printed at: Gyan Press, Delhi.

ज्ञान की महिमा
Magnificence of Jñāna
Writer: DR KRISHNA DEV 'Arvind'

अनुक्रमणिका

सरस्वती वन्दना

विद्या-ज्ञान-सागर, शारदे!
सबका ही ज्ञान कराती हो।
अज्ञान-तिमिर का कर विनाश,
आनन्द-प्रकाश फैलाती हो।।
मैं हूँ अज्ञानी मूढ़ महा,
मुझे दया का दान करो।
चरणों में तेरे पड़ा हुआ,
विद्या का कुछ तो ज्ञान भरो।।
अथाह ज्ञान की देवी आप
अनन्त प्रणाम हूँ मैं करता।
श्रद्धा-भक्ति करो प्रदान,
तब चरण-वन्दना मैं करता।।
करती हो जिस पर कृपा,
वह भक्त आपका हो जाता।
विद्या-दान कर दुखी जन को,
भवसागर सुसफल तर जाता।
अथाह ज्ञान की भण्डार आप
अपार आप की ही है महिमा।
किए यत्न बहु, विफल हुए,
नहिं जान सके तेरी गरिमा।।
विश्व में कहीं कोई भी यदि,
तब स्वच्छ कृपा को है पाता।
हो सुखी, हृष्ट, प्रतिभाशाली,
जीवन को नियमित करता।।
माँ करते भक्ति तेरी जो,
सुख के सुमन हैं बिछ जाते।
कर जाते अमर जीवन को,

अनुपम सुखद कुछ लिख जाते।।
सकल ब्रह्माण्ड के देशों में,
तब उदारता को हैं गाते।
तब कृपा का जिन्हें हुआ बोध,
वे बुद्धिमान हैं हो जाते।।
ब्रह्माणी-रुद्राणी-कमला,
तुम सकल विश्व की हो माता।
वेश विविधि पर रूप एक है,
अग-जग की तुम ही हो माता।।
मैं हूँ निराश सकल विश्व में
माँ तुमसे ही केवल आशा।
रख दो शिर पर वरद-हस्त अब
तेरी ममता का हूँ प्यासा।।

Adoration of Saraswsati

1. O, Goddess of knowledge-sea
   Provides every knowledge to all.
   Perishing darkness of ignorance
   Illuminate mirth, we implore.
2. Folly, foolish am I great.
   Bless me your grace.
   Lying on your lotus-feet,
   For my knowledge, give some place.
   O Goddess, having fathomless vidyā.
   I offer my numberless obeisance.
   Provide me faith and devotion
   Adore I your feet give assurance.
   To whom, you give compassion,
   Becomes your devotee, faithful.
   Donating Jñāna to afflicted,
   Becomes, to cross world-sea successful.
   You are treasure of fathomless knowledge,

Yours magnitude is boundless.
Tried to know your celebrity
All efforts proved groundless.
Whoever, in the universe anywhere
Anyhow gets your grace immaculate.
Becomes felicitous, stout, prudent
Gets power of life to regulate.
Who are your devotee in life
Flowers of mirths are spread.
Make immortal their lives
By witing some mirthful peerless.
In all countries of the universe
All yours bounty, eulogize
Perceiving your compassion,
Become sagacious and wise.
Brahmāṇī Rudrāṇī, Kamala
You, mother of the universe.
Various guises but one form
You are the saviour of all us.
Having desperation in the universe
I am optimist of your expectation.
Put your blessing hand on head,
I am thirsty of your affection.

- Writer

ज्ञान शब्द की महिमा

होती नहीं यदि खोज शब्द की,
अज्ञान-तिमिर जग छा जाता।
होता न ज्ञान जड़-चेतन का,
अनपढ़, असभ्य जग रह जाता।।
महागूढ़ है 'ज्ञान' शब्द यह,
हर अर्थ ज्ञान का है देता।
प्रकाश-स्तंभ महा शब्द यह,
जो ज्ञान विश्व को है देता।।
ज्ञान समान न पवित्र कोई,
यह अमृत सम ही है होता।
जो पीता इसको श्रद्धा से,
वह अमर विश्व में है होता।।
होता है ज्ञान समस्त एक,
ईश्वर ही है जिसका ज्ञाता।
नहीं जन पूर्ण कोई ज्ञानी,
वह अंश ज्ञान का है होता।।
समस्त ज्ञान अपार विश्व में,
एक साथ न कोई लभता है।
समय-समय पर युग-युग में फिर,
हर नव-नव ज्ञान प्रगटता है।।
नहीं किसी को है ज्ञान पूर्ण,
केवल ईश्वर सर्वज्ञाता है।
ईश्वर तो है अपार समुद्र,
प्राणी पात्र कहलाता है।।
दोनों के हैं प्रकार असंख्य,
पार न जिनका हम पाते।
यथाशक्ति जन पाकर उनको,

निज इच्छा हैं पूर्ण कराते।।
कराता ज्ञान जो ईश्वर का,
अध्यात्म-ज्ञान वह कहलाता।
देता है जो सुख-सुविधाएँ,
वह भौतिक ज्ञान है कहलाता।।
रामायण-गीता अति पवित्र,
जो ज्ञानामृत वर्षाते हैं।
जीवन जीना जो सिखलाते,
जीवन का अर्थ बताते हैं।।
वे तन-मन-धन करते सुखमय
आदर्श उपस्थित हैं करते।।
अनुप्राणित करते हैं सबको,
दुनिया को है स्वर्गिक करते।।
गीता का है अति ज्ञानपूर्ण,
ईश्वर के मुख से जो आया है।
समझा है जिसने श्रद्धा से
ईश्वर में वही समाया है।।
आसक्तिहीन हो ज्ञानी जो,
शुचि मनन ज्ञान का है करता।
हर इन्द्रिय अरु मन के द्वारा,
तुरत लीन आत्मा में करता।।
हो जाता उसको आत्मज्ञान,
घट-जल समुद्र में है रमता।
नश जाता पर्दा माया का,
वह पूर्ण रूप में रम जाता।।[1]
ज्ञान ईश्वरीय और दैविक,
आनन्द अलौकिक है देता।

---

1. ऊपर जल है नीचे जल है,
बाहर अरु भीतर पानी।
फूटा कुंभ जल जलहि समाना,
एहि तथ्य कह्यो गियानी।।

– सन्त कबीरदास

होता विस्मृत 'तेरा', 'मेरा',
वह ब्रह्म रूप में है होता।।
साधन पवित्र धर्म ज्ञान का,
कर्त्तव्य पवित्र जनाता है।
कर्त्तव्य बिना है ज्ञान नहीं,
नहिं ज्ञान बिना कुछ आता है।।
शम-दम-नियम धर्म के साधन,
जो ज्ञान-मार्ग बतलाते हैं।
नित पालन करता इनका जो,
वे ज्ञानी अति बन जाते हैं।

– लेखक

Magnificence of Jñāna

If the word 'Jñāna' would not be explored,
Darkness of ignorance would sustain.
Living and unliving beings would be unknown,
Illiterate and uncivilised world maintain.
The Word 'Jñāna' is most abstruse,
Emitting every meaning of the word.
As a vast and lofty light-pillar
Illuminating knowledge-rays in the world
None is vestal like Jñāna,
It is really like ambrosia.
Who sips it, having true faith,
Becomes eternal, having this panacea
Knowledge is one as a whole
God is only the omniscient.
Have, nobody its repletion
In every, only its part is present.
In the world, the knowledge is boundless
At one time, it never be received.
From time to time, epoch to epoch,
Every new knowledge is revealed.
Nobody has repletion of knowledge,

Only God is omniscient.
God is unlimited sea of Jñāna,
Living being as a vessel, important.
By which, a man becomes knower of soul,
That knowledge is called spiritual.
Which provides sources of mundane mirths
That knowledge is called physical.
There are numberless kinds of both,
Men can never find out their end.
Receiving them according to capacities
Make their desires completed, friend.
Rāmāyaṇa, Gītā are most vestal,
That shower the ambrosia of knowledge.
Which teach how to live a life.
Reveal the meaning of life, with homage.
They make our body mind-health mirthful,
And install the highest ideals.
Animating all in the world,
Make the universe blissful and celestial.
The knowledge of Gītā bears repletion
Emanated from the lips of God.
Who has perceived it faithfully,
He is immersed in the same abode.
Those wisers without attachment,
Meditate vestal knowledge all.
Through their sense organs and minds
Become dissolved in their soul.
They feel their intuitive knowledge,
The pitcher-water is mingled in the sea.
The mesh of illusion perished forever
Get repletion in the form of He.[2]

Jañāna is Godly and divine
Provides the supernatural mirth
'Mine' and Thine' are forgotten

---

2. ऊपर जल है नीचे जल है,
बाहर अरु भीतर पानी।
फूटा कुंभ जल जलहि समाना,
एहि तथ्य कह्यो गियानी।।

– सन्त कबीरदास

We remain in Brahma, on earth.
Virtue as a vestal source of knowledge
Makes familiar to us sanctified.
No knowledge without duty
Without knowlede nothing qualified.
Śama, dama niyamas
which pave to the Jñāna system.
Who always carry out faithfully,
They become the Wielders of wisdom.

- Writer

महाकवि वाल्मीकि

आदि कवि ऋषि वाल्मीकि जी ने,
परोपकारी जल बरसाया।
नव-नव लिखने सब रामायण
भावी कवि को पथ दिखलाया।।
चित्रित कर अनुपम संस्कृति प्राची,
लोक को व्यावहारिक रूप दिया।
किया जिन्होंने अनुप्राणित समाज,
मैंने सादर उन्हें प्रणाम किया।।
है पूर्णचन्द्र समान रामायण,
सदा अमृत-किरण है बरसाती।
महाकाव्याकाश में विचरण कर
सबके हैं जीवन सुखी बनाती।।
देती है ज्ञान गूढ़ जीवन के,
सबको मानवता है सिखलाती।
बताकर ज्ञान सुखमय समाज का,
सुखमय स्वर्गिक है विश्व सजाती।।
वाल्मीकि रामायण अति पवित्र ग्रंथ,
रामायण-शिरोमणि सबल कहलाती।
नहिं केवल है पूजित यह भारत में,
आदर अत्यन्त विश्व में है पाती।।
आदि महाकवि विख्यात वाल्मीकि ने,
सरस सार रामायण का दान किया।
सुख-आनन्द-कल्याणप्रद बना इसे,
पूज्य पवित्र रूप-विश्व प्रदान किया।।
आदि महाकवि रामायण के,
ऋषि वाल्मीकि ने उपकार किया।
नतमस्तक होकर अमित बार,

उन्हें है मैंने प्रणाम किया।।
रामराज्य किया चित्रित वाल्मीकि ने,
विशाल राज्य में जन-जन प्रसन्न हुआ।
नतमस्तक होकर बार-बार उन्हें,
मैंने सादर साष्टांग प्रणाम किया।।

– लेखक

The Epic Poet Vālmīki

The prime epic poet Vālmīki
Who showered the water of benevolence
Impelled those future epic-poets
Composed Rāmāyaṇas in new sense.
They depicted the peerless ancient culture,
For the society to impliment.
Who animated the society to elevate itself,
I offer my numerous compliments.
Rāmāyaṇa, alike a full moon
Showering the ambrosial beams.
Straying in the ether of epics
Making blissful life esteem.
Providing the abstruse Jñāna of life
Teaching humanity to us.
Telling the spells of ecstatic society
Adorning the celestial universe.
Vālmīki Rāmāyaṇa, the most vestal,
Rāmāyaṇas' head-diadem accepted.
Adored not only in India,
Abroad also esteemed percepted.
World famous epic-poet Vālmīki
Composed Rāmāyaṇa resonant.
Composed blissful joyous for the world,
Adored vestal and benevolent.
The prime epic-poet of Rāmāyaṇa

The sage Vālmīki performed benevolence.
Bowing my head again and again
To him, I offer my obeisance.
Vālmīki who depicted Rām-Rājya
Everyone was blissful in the vast state.
Bowing my head numerously
I offer my esteemed prostrate.

- Writer

भूमिका

हमारे प्राचीन ऋषि-मुनि एवं संत पूर्ण रूप से इस वास्तविक तथ्य से भलीभाँति परिचित थे कि मानव जाति का सर्वतोमुखी विकास एवं कल्याण केवल पवित्र ज्ञान से ही संभव है। इसलिए उन्होंने अपने दीर्घकालिक त्याग, तपस्या, तथा परिश्रम से ज्ञान का अनुपम तथा अथाह खजाना विश्व को प्रदान किया।

वे न केवल भौतिक, आध्यात्मिक एवं आत्मिक ज्ञान के प्रकाण्ड पण्डित थे अपितु सभी प्रकार के विज्ञान के प्रवीण जानकार थे- भाषा विज्ञान, ध्वनिविज्ञान, छन्दशास्त्र, भौतिक विज्ञान, जीव विज्ञान, ज्योतिष विज्ञान, आदि जो दैविक एवं पवित्र ग्रंथों में इधर-उधर विकीर्णित हैं। जैसे- वेद, ब्राह्मण, उपनिषद् तथा आरण्यक ग्रंथ तथा षड्वेदाङ्-(कल्प, शिक्षा, व्याकरण, ज्योतिष, निरुक्त तथा छन्दशास्त्र)।[3] कल्प का सम्बन्ध गृहस्थ, रेखा गणित, भवन निर्माण कला आदि से है, शिक्षा का संबंध आदर्श गुरु तथा शिक्षक के गुण, शिक्षण के सिद्धान्त तथा युक्तियाँ आदि से है। नारद शिक्षा, पाणिनीय शिक्षा, याज्ञवल्क्य शिक्षा आदि शिक्षा-ग्रंथ प्राप्त होते हैं। यह सब ऋषि-मुनियों की सतत रूप से खोज करने की उत्कट लालसा एवं अदम्य इच्छाशक्ति के द्वारा संभव हुआ। धरोहर के रूप में, अनेक विद्याओं से संबंधित अमूल्य ग्रंथों से विश्व वंचित हो गया, क्योंकि क्रूर विदेशी आक्रान्ताओं ने नालन्दा, तक्षशिला, विक्रमशिला तथा अन्य दूसरे विश्वविद्यालयों के विशाल पुस्तकालयों को जला दिया तथा उन्हें जलाकर खाक कर दिया। विदेशी यात्री अलबरुनी के अनुसार पुस्तकें छः मास तक जलती रहीं।

श्रीमद्वाल्मीकि रामायण, श्रीमद्भगवद्गीता तथा श्री रामचरितमानस ग्रन्थों के कारण विश्व आधुनिक सांसारिक संतापों, पीड़ाओं एवं संघर्षों से विमुख होकर मानसिक, आध्यात्मिक तथा आत्मिक शान्ति तथा वास्तविक

---

3. छन्दः पादौ तु वेदस्य हस्तौ कल्पोऽथ पठ्यते।
ज्योतिषार्नयनं चक्षुर्निरुक्तं श्रोत्रमुच्यते।।
शिक्षा घ्राण तु वेदस्य मुखं व्याकरणंस्मृतम्।
तस्मात्साङ्गमधीत्यैव ब्रह्मलोके महीयते।।
अर्थात् छन्द, कल्प, ज्योतिष, निरुक्त, शिक्षा तथा व्याकरण वेद के क्रमशः पैर (चरण), हाथ, नेत्र, कान, नासिका तथा मुख हैं।

आनन्द–प्राप्ति की ओर अग्रसर हो रहा है। आशा है कि पाठकगण, भोगवाद के ज्वालामुखी की विनाशकारी भौतिकवादी इन लपटों को इन पवित्र एवं अमरग्रंथों की अमृतमयी धाराओं से शान्त करने में समर्थ होंगे और इन पवित्र ग्रंथों के अनूदित ज्ञानयुक्त श्लोकों तथा चौपाइयों को पढ़कर कल्याण–मार्ग की ओर अग्रसर होंगे।

ज्ञान और 'ज्ञान' शब्द की महिमा वर्णन हेतु मैंने गीता प्रेस गोरखपुर द्वारा मुद्रित तथा प्रकाशित श्रीमद् वाल्मीकि रामायण, श्रीमद् भगवद्गीता तथा श्रीरामचरिम मानस का दीर्घ समय तक ध्यानपूर्वक अक्षरशः अध्ययन किया, परिणामतः मुझे ज्ञात हुआ कि वाल्मीकि रामायण 24000 (चौबीस हजार) श्लोक सात काण्ड, अयोध्याकाण्ड, अरण्यकाण्ड, किष्किंधा काण्ड, सुन्दरकाण्ड, युद्ध काण्ड तथा उत्तर काण्ड के 500 सर्गों में समाहित है। 'ज्ञान' शब्द वाल्मीकि रामायण में कुल उन्नीस बार आवृत्त हुआ है। बालकाण्ड में पाँच बार, अयोध्याकाण्ड में चार बार, किष्किंधा काण्ड में दो बार, सुन्दर काण्ड में एक बार, युद्ध काण्ड में एक बार तथा उत्तकाण्ड में चार बार। महर्षि वाल्मीकि ने ज्ञान की अपेक्षा धर्म पर अधिक बल दिया है। रामायण में एक हजार से भी अधिक बार 'धर्म' शब्द का प्रयोग हुआ है, क्योंकि शम, दम, नियम, ध्यान, धारणा समाधि आदि धर्म में समाहित हैं। मानसिक शान्ति, इन्द्रिय–निग्रह तथा मस्तिष्क की एकाग्रता के बिना ज्ञान पूर्ण रूप से कभी प्राप्त नहीं हो सकता। 'ज्ञान' शब्द श्रीमद्भगवद्गीता में त्रेसठ (63) बार तथा श्री रामचरितमानस में एक सौ सैंतालीस (147) बार आवृत्त हुआ है।

ऋषि वाल्मीकि जी ने अत्यन्त चित्रात्मक एवं स्पष्ट रूप से व्यापक, प्रभावशाली, अन्तर्वेधक, उच्चतम्, भव्य तथा हृदयस्पर्शी मनोभावों, मनोवेगों, भावों, विचारों को अत्यन्त अनुकूल, उपयुक्त, सटीक, रूपात्मक, अनुप्रासात्मक, इन्द्रियग्राह्य, बोधगम्य, सूत्रात्मक एवं अत्यन्त लचीली भाषा में चित्रित किया है। मुझे आशा है कि पाठकगण इन पवित्र ग्रन्थों में निहित ज्ञान की महिमा के द्वारा अपनी क्षमता के अनुसार आध्यात्मिक एवं आत्मिक लाभ प्राप्त करने में सफल होंगे।

डॉ. कृष्णदेव 'अरविन्द'

Introduction

Our ancient Ṛṣi, hermits and saints were completely and properly were known to this real fact that the versatile development and welfare of the human race would be possible through the vestal Jñāna (knowledge) only. So, they provided the peerle and fathomless treasure of Jñāna to the human race through their renunciation, penance and diligence for a long time.

They were not only the erudites of physical, spiritual and intuitive jñāna, but also expert knowers of all kinds of science like linguistics, phonetics, sematics, syntex, etymology, prosody, physics, biology, chemistry, astrology, astronomy and ethernal mysteries, strewed in divine scriptures – Veads, Brāhman, upaniṣads, Āraṇyakas scriptures and ṣaḍ vedāṅgas (Kalpa[4] Śikṣā, vyākaraṇa jyotiṣ, Nirukta and cḥanda.

Kalpa is related to the Knowledge of householding duties and activities, geometry and art of house-building, Śikṣā is related to the full knowledge about most ideal teachers and pupils, their qualities maxims and tacts of teaching. At present, Nārada Śikṣā, Pāninya Śikṣā, Yāgyavalkya Śikṣā and some others are also preserved. All this became possible because of the long, rununciation ardent and wistful lust and yearning of continuous discovering, perceiving capacities and invincible will-power.

The world became deprived of so many precious scriptures related to different knowledge-skills in the form of heritage, because the foreign invaders burnt the vast and large libraries of Nalanda, Takṣaśilā, Vikramśilā and other universities cruelly. They turned them into ashes. According to a foreign traveller mamed Albaruni, "These scriptures and precious books going on burning for six months."

The world is proceeding towards achievement of mental, spiritual and intuitive calmness and real rapture aversing to the modern mundane torments, agonies and struggles because of Vālṃki Rāmāyaṇa Srī madbhagvadgitā and Śrī Rām caritamānasa.

---

4. Cḥandah padau tu Vedasya hastau kalpo'th paṭhyate.
Jyotiṣarnaynaṁ chakṣhurniruktaṁ srotaṁuchyate.
Śikṣā ghrāṇaṁ the vedasya mukhaṁ vyākaraṇaṁ smṛtaṁ.
Tasmātsāṅgamadhtyaiva brāhma loke mahīyate.
– Pāṇanīya śikṣā śloka-41-42
[Cḥanda, Kālpa, jyotiṣ, Nirukta Śikṣā, and Vyākarṇa are respectively feet, hands, eyes ears, nose and mouth of Ved-Puruṣa]

I hope that readers and people shall be able to quench or putout these annihilating and physical flames of the volcano of hedonism through the ambrosial streams of these sacred scriptures and having studied the translated ślokas and chaupāis of these everliving scriptures, shall proceed towards the path of welfare for all.

I studied Śīrmad Vālmīki Rāmāyaṇa, Śrīmad Bhagwvadgītā and Śrī Rāmcarita Mānasa printed and published by Gītā press, Gorakhpur, very attentively and literaly to describe the magnificance of Jñāna and the word 'Jñāna, I came to know that twenty four thousand (24000) Ślokas of five hundred cantos (sargas) are vested in seven Kāṇḍas (Bālkāṇḍa, Ayodhyā Kāṇḍa, Araṇya Kāṇḍa, Kiṣkindhā Kāṇḍa, Sunder Kāṇḍa, Yuddha Kāṇḍa and Uttar Kāṇḍa of Śrīmad Vālmīki Rāmāyaṇa.

The word 'jñāna' has been repeated 19 times in Vālmīki Rāmāyaṇa-five times in Bālkāṇḍa, four times in Ayodhyā Kāṇḍa, two times in Araṇya Kāṇḍa, two times in Kiṣkindhā Kāṇḍa, one time in Sunder Kāṇḍa, one time in Yuddha Kāṇḍa and four times in Uttar Kāṇḍa.

Ṛiṣi Vālmīki emphasised on religion 'Dharma' more than knowledge (Jñāna). The word 'Dharma' has been used more than one thousand times because, śama (spiritual and mental calmness and contentment), dama (control over sense organs) niyama (moral, ethnic social, rituals and customs, rules and regulations) Dhyāna (Attention), Dhāraṇā (Power of retention), Samādhi (Power of Meditation) etc. are vested in dharma. In fact, the achievement of Jñāna or knowledge can never be possible properly, without mental peace, control over sense organs, and concentration of mind.

The word 'Jñāna' has been used in Śrīmadbhagvadgītā, sixty three times and one hundred forty seven times in Śrī Rāmacarita Mānasa.

Ṛiṣi Vālmịki jī has depicted the pervasive, persuasive, penetrative, poignant, supreme, superb and subline passions, emotions, spirits, ideas, tendencies, (purpose), qualities and natures through very congenial, apt, accurate, propitious allegorical, alliterative, sensuous, comprehensible, aphoristic and very flexible language very visually and perspectively.

I hope that readers, shall be able to get the spiritual advantage through the 'Magnificence of Jñāna' vested in these sacred and vestal scriptures according to their capacities and efficiency.

Dr. Krishna Dev 'Arvind'

Key to Transliteration into Roman Letters

हिन्दी-संस्कृत-मूलपाठ के अक्षरों का रोमन में लिप्यन्तरण की कुञ्जी।

क	ka	त	ta	श	śa	अ	a
ख	kha	थ	tha	ष	ṣa	आ	ā
ग	ga	द	da	स	sa	इ	i
घ	gha	ध	dha	ह	ha	ई	ī
ङ्	ṅ	न	na	क्ष	kṣa	उ	u
च	ca or cha	प	pa	त्र	tra	ऊ	ū
छ	cḥa	फ	pha	ज्ञ	jña	ऋ	ṛ
ज	ja	ब	ba			ॠ	ṛī
झ	jha	भ	bha			ए	e
ञ	ṅ	म	ma			ऐ	ai
ट	ṭa	य	ya			ओ	o
ठ	ṭha	र	ra			औ	au
ड	ḍa	ल	la			अं	ṁ
ढ	ḍha	व	va			अः	ḥ
ण	ṅa					ऽ	s or '
						ँ	ँ

भाग-1

Śrī Vālmīki Rāmāyaṇa

श्रीमद्वाल्मीकि रामायण

1. बाल काण्ड (Bāla Kāṇḍa)

प्रथम सर्ग

ऋषि वाल्मीकि जी मुनि नारद से अनेक प्रश्न पूछते हैं, जैसे- संसार में सर्वोत्तम धर्मज्ञ कौन है? सर्वोत्तम सत्यवक्ता कौन है? सर्वोत्तम गुणवान कौन है? नारदजी प्रश्नों के उत्तर देते हुए उन्हें बतलाते हैं कि भगवान राम इक्ष्वाकु वंश के एक वंशज थे। आगे नारद जी निम्नलिखित श्लोक में उत्तर देते हैं-

धर्मज्ञः सत्यसंधश्च प्रजानां च हिते रतः।
यशस्वी ज्ञानसम्पन्नः शुचिर्वश्यः समाधिमान। (1.1.12)

श्री राम धर्म के ज्ञाता, सत्यप्रतिज्ञ तथा प्रजा-कल्याण के साधनों में संलग्न रहने वाले हैं। वे यशस्वी, ज्ञानी, पवित्र जितेन्द्रिय और एकाग्रचित्त वाले हैं। (1.1.12)

The Sage Vālmīki asks so many questions to the ascetic Nārada, as- who is the best knower of righteousness? Who is the best spokesman and eloquent? Who is the best meritorius in the world? Answering many questions, Narada tells him that Lord Rama was one of the descendents of king Ikṣwāku dynasty. Further, Narada answers in the following śloka-

Dharmajñaḥ satya sandhaśca prajānāṁ ca hite rataḥ|
yaśasvī, jñāna saṁpannaḥ śucirvaśyaḥ samādhimāna||

(1.1.12)

Lord Rāma is the best knower of righteousness, true to his word, and remain immersed or rapt in providing facilities and sources for the subjects, welfare, glorious possessor of wisdom, sanctified, subduer of senses and possessor of concentrated mind. (1.1.12)

सवे ज्ञानोपसम्पन्नाः सर्वे समुदिता गुणैः
तेज़ामपि महातेजा रामः सत्य पराक्रमः॥ (1.18.26)

दशरथ जी के सभी राजकुमार, ज्ञानवान और सभी सद्गुणों से सम्पन्न थे, किन्तु उनमें श्रीरामचन्द्रजी महा तेजस्वी और सत्य पराक्रमी थे।

Sarve Jñānopa saṁpannāḥ sarve samuditā guṇaiḥ|
Teṣāmapi mahātejā Rāmaḥ satya parākramaḥ||

(1.18.26)

All the princes of king Dashrath were full of wisdom (knowledge) and meritorious, but Srī Rām Chandra was great vigorous and velorous among them.

बभूव परमप्रीतो देवैरिव पितामहः।
ते यदा ज्ञानसम्पन्नाः, सर्वेसम्मुदितागुणैः। (1.18.34)

राजा दशरथ को अपने चार भाग्यशाली एवं प्रिय पुत्रों से अत्यधिक प्रसन्नता प्राप्त होती थी, जैसे सृष्टिकर्त्ता ब्रह्मा जी चार देवताओं (दिक्पालों) से प्रसन्न होते हैं। वे सब बालक जब समझदार हुए, तब समस्त गुण-सम्पन्न हो गए।

टिप्पणीः 'ज्ञानसम्पन्नाः' शब्द का अर्थ है राजा दशरथ के चारों पुत्रों ने अपने गुरु जी से भौतिक और आध्यात्मिक शक्तियों के विषय में पूर्ण रूप से ज्ञान प्राप्त कर लिया था।

Babhūva paramprito devairiva pitāmaḥ|
Te yadā jñāna saṁpannāḥ sarve samuditāguṅaiḥ||
(1.18.34)

King Daśarath was supremely rejoiced or exalted by his providential and beloved four sons, as Brahma, the creator of Brahmāṇda, feels mirth with his four guardian deities (Indra, Varuṇa, Yama and Kubera) of the different quarters when all the princes, became deliberative, then became meritorious completely.

Note : The word 'gyansampanna' means that the four sons of King Dashratha had attained the complete Jñāna (knowledge) about the physical and spiritual powers from their Guru Vashishtha.

अयोध्या के निकट, सरयू नदी के तट पर विश्वामित्र जी ने श्रीराम को सर्वशक्तिशाली एवं सर्वज्ञ होने के लिए बहुत से मन्त्र प्रदान किए। उनमें से निम्नलिखित श्लोक में आशीर्वाद देते हुए कहते हैं-

न सौभाग्ये न दाक्षिण्ये न ज्ञाने बुद्धिनिश्चये।
नोत्तरे प्रतिवक्तव्ये समो लोके तवानघ।। (1.22.16)

हे निष्पाप राम! सौभाग्य, चातुर्य, ज्ञान और बुद्धि सम्बन्धी निश्चय में तथा किसी के प्रश्न का उत्तर देने में भी कोई तुम्हारी तुलना नहीं कर सकेगा। (1.22.16)

Guru Viśwāmitra provided many incantations (Mantras) to Shree Rāma to be omnipotent and omniscient on the bank of Saryū River near Ayodhyā. Among them, blessing him, says in the following śloka -

Na Saubhāgye na dākṣiṇye na jñāne buddhi niṣcaye|
Nottare prativaktavye samoloke tavānagha||

(1.22.16)

O sinless Rāma, none will be able to compete you, in fortune, dexterity, wisdom Knowledge (Jñāna) intellectual ascertainity (Judgment) and answering the question of some one. (1.22.16).

एतदविद्याद्वये लब्धेन भवेत् सदृशतव।
बला चातिबला चैव सर्वज्ञानस्य मातरौ।। (1.22.17)

इन दोनों विद्याओं को प्राप्त करने के पश्चात्, कोई तुम्हारी समता नहीं कर सकेगा, क्योंकि ये बला और और अति बला नामक विद्याएँ सभी प्रकार के ज्ञान की जननी हैं।

टिप्पणी- बला विद्या का अर्थ है समस्त भौतिक तथा आध्यात्मिक और अति बला विद्या का अर्थ है समस्त शक्तियों का ज्ञान प्रदान करने वाली विद्या।

Etadvidyādvaye labdhena Bhavet sadṛstava|
Balā cātibalā caiva sarva jñānasya mātarou||

(1.22.17)

After receiving aforementioned spells, none will be able to compete you or will be equal to you.

Note : Bala vidhya means that which is vest over of all physical and spiritual gyan and Ati-bala means the bestower of gyan above all powers.

2. अयोध्याकाण्ड (Ayodhyā Kāṇḍa)

श्रीराम, लक्ष्मण व सीता जी का वन-गमल

श्री राम के कुछ भक्त अयोध्यावासियों ने श्रीराम को नहीं छोड़ा और वन-गमन करते समय भी श्रीराम के मार्ग का सतत रूप से पीछा करते रहे तब श्री राम ने उन्हें अयोध्या लौटने का आग्रह किया और कई बार समझाया कि मेरे प्यारे छोटे भाई भरत तुम्हारे सर्वप्रिय एवं रक्षक राजा सिद्ध होंगे। निम्नलिखित श्लोक में भी भरत के विशेष ज्ञान आदि गुणों की प्रशंसा करते हुए अयोध्यावासियों को समझाते हैं-

ज्ञानवृद्धो वयोबालो मृदुर्वीर्यगुणान्वितः।
अनुरूपः स वो भर्ताभविज्यति भयापहः॥ (2.45.8)

"वे आयु में छोटे होने पर भी ज्ञान में बड़े हैं। पराक्रमोचित गुणों से सम्पन्न होने पर भी स्वभाव से बड़े कोमल हैं। वे आप लोगों के लिये योग्य पोषक राजा होंगे और प्रजा के भय को दूर करेंगे"। (2.45.8)

टिप्पणी - ज्ञान और विद्या प्राप्त करने के लिये कोई निश्चित आयु नहीं होती।

Some residents of Ayodha, devotees of Lord Rāma, did not leave Shree Rāma and they continued to follow the way of Shri Rāma in the forest for exile. Then Shri Rāma urged them to return to Ayodhyā and inculcated them that his lovely younger brother Bharat will be proved as your loveliest saviour.

Jñāna vṛdho vayobālo mṛdurvrya guṇānvitaḥ|
Anurūpaḥ sa vo bhartā bhaviṣyati bhayāpaḥ||
(2.45.8)

Being juvenile in age, he is elder in wisdom (Jñāna, knowledge). Being full of valorous qualities, he is placid by nature. He will prove to be a worthy fosterer (nourisher) king and will-eliminate the fears of subjects. (2.45.8)

Note: There is no certain age for the achievement of gyan.

पिछले एक श्लोक में राजा दशरथ अपनी प्रजा की हिंसक पशुओं से रक्षा करने हेतु सरयू नदी के तट के समीप भ्रमण कर रहे थे। अपने अन्धे माता-पिता का पुत्र, श्रवणकुमार नामक तपस्वी सरयू नदी से घड़े में जल लाने के लिए गया। दशरथ ने घड़े में भरते हुए पानी की आवाज सुनी। उसने हाथी की आवाज समझा और उस पर तीर मार दिया। उनको ज्ञात हुआ कि वह अन्धे साधु का बेटा है। वह साधु के पास गये और अपना अक्षम्य अपराध स्वीकार किया। उपर्युक्त श्लोक में मृत तपस्वी पुत्र का साधु पिता राजा दशरथ को उपेदश देता है-

क्षत्रियेण वधो राजन् वानप्रस्थे विष्ठोज़तः।
ज्ञानपूर्व कृतः स्थानाच्च्यावयेदपि वज्रिणम्।। (2.64.23)

"हे राजन्! यदि एक क्षत्रिय जान बूझकर विशेषतः किसी वानप्रस्थी की हत्या करता है, तो वह अपने स्थान से दूषित हो जाता है, चाहे वह वज्र का स्वामी इन्द्र ही क्यों न हो।" (2.64.23)

स्पष्टीकरण-पिछले श्लोकों में ऋषि मार्कण्डेय, मौद्गल्य, वामदेव, कश्यप, कात्यायन, गौतम, महायशस्वी जावाली- सभी ब्राह्मण श्रेष्ठ शाही परिवार के राजपुरोहित वशिष्ठजी की उपस्थिति में अन्य मन्त्रियों के साथ राजदरबार में आकर अपनी-अपनी राय प्रकट करते हैं कि राजा की अनुपस्थिति में विद्वानों का समुचित आदर नहीं हो पाता, सुचारु रूप से ज्ञान एवं कलात्मक विद्याओं का प्रसारण नहीं हो पाता, आदि। निम्नलिखित श्लोक में भी वे ज्ञान कराने वाले तथ्यों के विषय में अलंकृत शैली में राय प्रकट करते हैं-

In an aforementioned, śloka, king was staying near the bank of Saryū River to protect his subjects from the violent animals. An ascetic named śravaṇa Kumār, the son of his blind parents went to bring the water in the pitcher from the Saryū River. King Dashratha heard the sound of a pitcher being filled in water. He understood this sound of an elephant and arrowed at it. He came to know that he was the son of a blind sage. He went to the sage and he confessed his unpardonable fault.

Kṣatriyeṇa vadho Rājan vānprasthe Viśeṣataḥ|
Jñānapūrva kṛtaḥ sthānāchyāvayedapi vajrinām||

(2.64.23)

In the above śloka, The sage father of demise ascetic son, teaches (precepts) Daśaratha –

"O king! if a kṣatriya, knowingly, specially, slaughters a hermit he vitiates his position, even he may be Indra, the Lord of thunderbolt." (2.64.23).

In the previous ślokas, ascetic Mārkaṇdaya, Maudgalya, Vāmadeva, Kaśyapa, Kātyāyana, Gautam Superior braāhmans and renowned Jābāli, with other ministers come in the royal court and in the presence of the arch-priest Vaśiṣṭha of the royal family express their different advice and opinions, that adroits are not honoured duely (properly) Dissemination of Jñāna (knowledge wisdom) and artistic knowledge and skills are not performed properly in the absence of the king. In the following śloka, express their advice about the facts revealed by knowledge – in an ornate style–

ध्वज़ो रथस्य प्रज्ञानं धूमो ज्ञानं विभावसोः।
तेज़ां यो नो ध्वजो राजा स देवत्वमितोगतः।। (2.67.30)

जिस प्रकार ध्वज रथ का ज्ञान कराता है और धूम अग्नि का बोधक होता है, उसी प्रकार राजकाज देखने वाले हम लोगों के अधिकार को प्रकाशित करने वाले जो महाराज थे, वे यहाँ से देवलोक को चले गए।"

टिप्पणी- महाकवि वाल्मीकि जी राजा दशरथ के स्वर्गवास को अत्यंत विविध अलंकृत तथा दृष्टांतक भाषा में चित्रित करते हैं।

In some aforesaid ślokas, Bharata reached the hut built of leafy twigs in Cittrakūta situated on the bank of Mandākinī River to meet Rāma, Sītā and Lakṣamaṇa having ardent and wistful desire with the arch-priest Vaśiṣtha. After the elegiac meeting, in the following śloka, Shrī Rāma preaches Bharat to be cautious against the King's pernicious (Destructive) fourteen inculpations

Dhwajo rathasya prajñānaṁ dhūmo jnānaṁ vibhāvasoḥ|
tiṣāṁ yo no dhwajo rājā sa devatvaṁitogataḥ||

(2.67.30)

As the banner reveals the knowledge about a chariot while smoke indicates the presence of fire, in the same way, king Daśaratha, the revealer of right of our supervision related to state-activities, has left for heaven from here. (2.67.3)

Note: The epic quote Valmiki ji depicts the leaving of demise King Dashratha for heaven through very multi-ornate and parabolic language.

स्पष्टीकरण-पिछले कुछ श्लोकों में भरत जी, राजपुरोहित वशिष्ट जी तथा परिवार के साथ बड़ी उत्कट इच्छा के साथ श्री राम, सीता जी तथा लक्ष्मण, जी से मिलने के लिए मन्दाकिनी नदी के तट पर चित्रकूट में बनी पत्तों की बनी कुटिया में पहुँचे। अत्यंन्त करुणाजनक मिलन के पश्चात् निम्नलिखित श्लोक में श्री राम ने राजा के विनाशकारी चौदह दोषों के प्रति सावधान रहने का उपदेश दिया है।

नास्तिक्यमनृतं क्रोधं प्रमादं दीर्घसूत्रताम्।
अदर्शनं ज्ञानवतामालस्यं पञ्चवृत्तिताम्॥ (2.100.65)

"नास्तिकता असत्य भाषण, क्रोध, प्रमाद, दीर्घसूत्रता, ज्ञानी पुरुषों का संग न करना, आलस्य, नेत्रादि पाँचों इन्द्रियों के वशीभूत होना, आदि राजा के इन चोदह दोषों से अपने को सदैव बचाना"। (2.100.65)

Clarification: In some aforesaid slokas, Bharata reached the hut built of leafy twigs in Chittrakuta situated on the bank of Mandakini river to meet śri Rāma, Sīta and Lakṣamaṇa having ardent and wistful desire with the arch priest Vasiṣṭha jī. After the elegiac meeting, śri Rāma preaches Bharata to be cautious against the king's pernicious (Destructve) *fourteen inculpations.*

Nāstikyamanṛtaṁ krodhaṁ Pramādaṁ dīrghasūtratāṁ
Adarśanaṁ, jñānavatāmālasyaṁ paṅca vṛttitāṁ||
(2.100.65)

"Atheism, false speech, anger, negligence, dilatoriness, to be deprived of accompanying the erudites of knowledge (ormen of letters) lethargy (laziness) to become fascinated or subdued by five sense etc. Always protect yourself from these king's fourteen inculpations." (2.100.65)

3. अरण्य काण्ड Araṇya Kāṇḍa

जब श्रीराम सीता जी के अपहरण के कारण तीव्र रूप से पीड़ित होते हैं, तो अपनी धनुष की डोरी की ओर क्रोध से घूरते हुए समस्त विश्व को नष्ट करने तथा भस्म करने के लिए विनाशकारी हो जाते हैं। उस समय, लक्ष्मण जी बड़ी नम्रतापूर्वक अपने ज्येष्ठ भ्राता को अनेक प्रकार से समझाते तथा सान्त्वना देते हैं। वे सम्पूर्ण विश्व को नष्ट न करने की प्रार्थना करते हैं। वे सान्त्वना देते हुए कहते हैं कि उनको निश्चय करना चाहिए कि क्या उचित है और क्या अनुचित है? आप विश्व में सम्पूर्ण ज्ञान एवं कौशल के प्रकाण्ड पंडित हैं। आप महान् कृपालु, विनम्र, निर्दोष, उदार चरित, दानशील तथा परोकारी रहे हैं क्योंकि उत्तम ज्ञानवान एवं विवेकशील विद्वानगण ही 'क्या अच्छा है, क्या बुरा है' को जानने में समर्थ होते हैं। निम्नलिखित श्लोक में भी लक्ष्मण जी श्रीराम को विनम्रता पूर्वक कहते हैं-

बुद्धिश्च ते महाप्राज्ञ देवैरपि दुरन्वया।
शोकेनाभिप्रसुप्तं ते ज्ञानं सम्बोधयाम्यहम्॥ (3.66.19)

"हे महाप्रज्ञ! देवताओं के लिए भी आपकी बुद्धि का पता पाना कठिन है। इस समय शोक के कारण आपका ज्ञान सोया-खोया-सा जान पड़ता है। इसलिए मैं उसे जगा रहा हूँ।" (3.66.19)

राक्षस कबन्ध-वध

वन में जब राम और लक्षण लम्बी भुजाओं एवं लम्बी दाढ़ों वाले भयानक मुख को खोलकर निगलने के लिए विशाल एवं भयावह कबन्ध नामक राक्षस को उनकी ओर आगे बढ़ते हुए देखा तो श्रीराम ने उसकी दाहिनी भुजा तथा

लक्ष्मण जी ने बाई भुजा तलवार से काट दी, तब भयानक आवाज उत्पन्न करते हुए वह धरा पर गिर पड़ा। उसने श्रीराम लक्ष्मण को अपनी पिछली जीवन-कथा सुना दी कि एक दिन जंगल में उसने विशाल और भयानक रूप धारण कर ऋषि स्थूलशिरा नामक ऋषि पर आक्रमण कर दिया, क्रोधित होकर ऋषि ने उसे शाप दिया-

"इस क्रूर और निन्दनीय रूप में तुम सदैव रहो।"

मेरी अनुनय-विषय को सुनकर दयालु ऋषि ने कहा, "जब श्रीराम और लक्ष्मण तुम्हारी दोनों भुजाएँ काटकर तुम्हें निर्जन वन में जलाएँगे तब तुम पुनः अपने प्राथमिक तथा सुन्दर शरीर को प्राप्त कर लोगे।"

When Shri Ram was accutely agonised by the abduction of Sītā, gazing at his stringed bow, He becomes pernicious to annihilate the whole world and to turn it into ashes, at that time, Lakshmaṇa inculcates and solaces his elder brother in many ways. Modestly. He requests Him not to destroy the world. He praises that he is the most erudite of the complete knowledge, jñāna and skills. He has been the most compassionate bounteous, modest, impeccable and benevolent in the world. Solacing him, he tells that he must ascertain about what is suitable or unsuitable? because highly intelligent and discreet scholars are able to know about what is good and what is evil? In the following śloka also, he inculcates Shri Rama very humbly.

Buddiśea te maha prājña devairapi duranvayā.
Śoke nābhi prasuptaṁ te jñānaṁ saṁbodhayānyahaṁ||
(3.66.19)

"Nay, your intelligence, O highly sagacious prince can not be fathomed even by gods. I simply try to awaken your wisdom which has been dimmed, as it were, by grief." (3.66.19)

In the forest, when Rāma and Lakṣimaṇa saw a gigantic and terrible demon having long arms and opening his mouth with fearful jaws proceeding towards them to devour them. Shri Rāma severed his right arm and Lakṣmaṇa his left arm with their swords and the ogre fell down on the earth creating frightful sound. He told them.

"Once upon a time, bearing a gigantic and terrible form of demon, I assualted Ṛiṣi sthūlśirā and he cursed on me,

"When having severed both your arms, śrī Rāma cremates you in a lonely forest, then you will regain your native and attractive form (body). In the following śloka, śrī Rām wants to get knowability about Sītā jī, as being an eloquent speaker, Kabandha answers Śrī Rām.

निम्नलिखित श्लोक में श्रीराम सीता जी के विषय में कबन्ध से जानना चाहते हैं तो कबन्ध एक अच्छा वक्ता होते हुए श्रीराम को उत्तर देता है–

प्रोवाच कुशलो वक्ता वक्तारमपि राघवम्।
दिव्यमस्ति न मे ज्ञानं नाभिजानामि मैथिलीम्॥ (3.71.27)

"हे श्रीराम! मुझे इस समय दिव्य ज्ञान नहीं है, इसलिए मैं मैथिली कुमारी के विषय में कुछ भी नहीं जानता।" (3.71.27)

टिप्पणी – महाकवि ने इसी श्लोक में वर्णित करते हैं कि राक्षसी प्रवृत्ति के द्वारा कोई भी व्यक्ति कभी भी दिव्य ज्ञान प्राप्त नहीं कर सकता।
In the following sloka śrī Rāma wants to know about Sita ji from Kabandha thenas being a great eloquent he answers Śrī Rāma.

Provāca Kuśalovaktā vakṭāramāpi Rāghavam
Divyamasti na me jñānaṁ nābhijñānāmi Maithilīṁ.
(3.71.27)

"I have no divine knowledge, nor am I aware of Sītā, the Princess of Mithila [because of curse of Ṛiṣi, Kabandh can regain his knowledge after his cremation, after regaining his native form]. (3.71.27)

Note: Epic quote elicit that nobody can attain the divine gyan (knowledge) through the demonic mental dispositions.

4. किष्किंधा काण्ड (Kiṣkindhā Kāṇḍa)

पिछले कुछ श्लोकों में जब सुग्रीव श्रीराम जी का आशीर्वाद प्राप्त कर अपने भाई बाली को घर पर जाकर युद्ध के लिए जोर से ललकारता है, जो उस समय अपने अन्तःपुर में था। सुग्रीव की गर्जना सुनकर, बाली अत्यन्त क्रोधित तथा हिंसक होकर युद्ध करने हेतु बाहर आने लगा तो उसी समय उसकी पत्नी तारा ने अनेक प्रकार से समझाते हुए बाली का सम्बन्ध श्रीराम और लक्ष्मण के साथ बताया, जो गुप्तचरों के द्वारा पुत्र अंगद को ज्ञात हुआ था। उसने बाली को जाने से रोका। निम्नलिखित श्लोक में श्रीराम के गुणों एवं ज्ञान का यशगान करती हुए कहती है–

बाली-वध

आर्तानां संश्रयश्चैव यशसश्चैक भाजनम्।
ज्ञान-विज्ञानसम्पन्नो निदेशनिरतः पितुः॥ (4.15.20)

"श्रीराम आर्त पुरुषों के आश्रय, यश के एकमात्र भाजन, ज्ञान-विज्ञान से सम्पन्न तथा पिता की आज्ञा में स्थित रहने वाले हैं।" (4.15.20)

जब श्रीराम बार-बार चारों तरफ उत्सुकता के साथ देख रहे थे, तभी बाली की पत्नी तारा अपने पति को बार-बार बाहों में लेती हुई, चूमती हुई विलाप करती हुई दिखाई दी। किसी प्रकार वह लड़खड़ाती हुई, पति-वियोग में तड़पती हुई रोती हुई भी राम के पास किसी प्रकार पहुँची और उसे भी उसी बाण से मारने की प्रार्थना की जिसने बाली को मारा था, क्योंकि वह न तो अपने पति के बिना एक पल के लिए भी रह सकती और न ही पति मेरे बिना रह सकते।

In some previous ślokas, when on receiving the blessing of Śrī Rāma, Sugrīva challenges (defies) his brother Vāli to fight loudly; at that time, who was in his gynaeceum of his house. Hearing the loud roar of Sugrīva, being angry and violent became ready to go out of the house to fight, at once, his wife Tārā, inculcating Vāli, told him about the relation of Sugrīva with Rāma and Lakṣmaṇa, about which her son Aṅgada came to know through the spies. She prevented Vāli from going out. In the following śloka, she praises Rāmā's virtues and wisdom and says –

Ārtānaṁ śaṁśraya śchaiva bhājanaṁ
Jhāna vijñāna sampanno nidesh niratah pituh.
(4.15.20)

He is the refuge of agonised people, exquisite repository of celebrity:

Richly endowed with spiritual wisdom (I jñāna knowlede) and terrestiral science, he is fully devoted to the direction (command) of his father." (4.15.20)

When Rāma was looking around again and again curiously, at once Vāli's wife Tāra looked waling bitterly fonding, kissing and embracing her husband again and again. On seeing Śrī Rāma, any how she reached Śhrī Rāma and requested humbly to shoot her by the same arrow which shot Vāli, because neither my husband live in heaven without me nor I remain here without him for a moment. I can never endure our segregation for a moment. In the following śloka, he provided scriptual arguments and knowledge for the united activities of husband and wife -

निम्नलिखित श्लोक में वह धार्मिक ग्रन्थों के तर्क और ज्ञान प्रस्तुत करती हुई कहती है-

शास्त्र प्रयोगाद विविधाश्च वेदा-ददन्यरूपाः पुरुज़स्य दाराः।
दारप्रदानाद्धि न दान मन्यत्, प्रदृश्यते ज्ञानवतां हि लोके॥
(4.24.38)

"शास्त्रोक्त यज्ञ-यागादि कर्मों में पति और पत्नी दोनों का संयुक्त अधिकार होता है- पति को साथ लिए बिना पुरुष यज्ञ-कर्म का अनुष्ठान नहीं कर सकता, इसके सिवाय नाना प्रकार की वैदिक श्रुतियाँ भी पत्नी को पति का आधा शरीर बतलाता है। दूसरे स्त्रियों का अपने पति से अभिन्न होना सिद्ध होता है।

(अतः मुझे मारने से आपको स्त्रीवध का दोष नहीं लग सकता और वाली को स्त्री की प्राप्ति हो जाएगी, क्योंकि) संसार में ज्ञानी पुरुषों की दृष्टि में स्त्रीदान से बढ़कर दूसरा कोई दान नहीं है।"- (4.24.38)

In the following śloka presenting the proof and knowledge from the religious scriptures, she says –

śāstraprayogātividhāsca vedā -
dadanyarūpāḥ puruṣāsya dārāḥ |
Dārapradānādhi na dāna maṇyat,
pradṛśyate jñānavatāṁ hi loke || (4.24.38)

"The little to perform sacrifice etc, enjoined in the scriptures being enjoyed in particular by a man in conjunction with his wedded wife only and also according to various vedic texts, wife is identical with her husband. Hence by man of wisdom no gift is actually regarded as greater than that of a wife in the world." (4.24.38)

5. सुन्दर काण्ड (Sunder Kāṇḍa)

पिछले श्लोकों में सीता जी हनुमान जी से राम-लक्ष्मण-हनुमान जी का परस्पर परिचय के विषय में प्रश्न पूछती है- राम-लक्ष्मण अब कैसे हैं? आदि प्रश्न पूछती हैं। प्रश्नों के उत्तर देते हुए हनुमान जी निम्नलिखित श्लोक में भगवान के ज्ञान आदि योग्यताओं की प्रशंसा करते हैं-

राजनीत्यां विनीतश्च ब्राह्मणानुपासकः।
ज्ञानवान् शीलसम्पन्नो विनीतश्च परंतप॥ (5.35.13)

"वे राजनीति में पूर्ण शिक्षित, ब्राह्मणों के उपासक, ज्ञानवान, शीलवान, विनम्र तथा शत्रुओं को संताप देने में समर्थ हैं"। (5.35.13)

In the previous ślokas Sītā ji asks the quetion to Hanumān about the Rāma's, Lakshman's and Hanumān's mutual identity and meeting she asks, "Now, Rāma, Lakṣmaṇa how are they? in the following ślokas Hanumān praises Rām's knowledge and abilities etc.

Rāja nityāṁ vinītas ca brāhmaṇānupāsakah.
Jñānvāna ślasaṁpanno vinītasca parantapaḥ.
(5.35.13)

"He is well versed in politics and a worshipper of brāhmaṇas, is full of wisdom and richly endowed with amiability, has subdued his passions and is the torment of his foes." (5.35.13)

6. युद्धकाण्ड (Yuddha Kāṇḍa)

पिछले श्लोकों में भगवान राम सीता जी को अपनाने में मना करते हैं। वे उनके चरित्र पर सन्देह करते हैं। भगवान राम के संदेहपूर्ण शब्द सुनकर सीता जी विपुल लोगों की भीड़ में लज्जा से नीचे गड़ गईं। भगवान् शिव, ब्रह्मा जी, इन्द्र तथा सभी देवता श्रेष्ठ और ब्राह्मण श्रेष्ठ लंका में आ पहुँचे। निम्नलिखित श्लोक में, सभी देवतागण भगवान राम से सीता की उपेक्षा न करने की प्रार्थना करते हैं–

सीता जी की अग्नि परीक्षा

कर्ता सर्वस्य लोकस्य श्रेष्ठो ज्ञानविदां विभुः।
उपेक्षसे कथं सीतां पतन्तीं हव्यवाहने॥ (6.117.6)

"श्रीराम! आप सम्पूर्ण ब्रह्माण्ड के उत्पादक, ज्ञानियों में श्रेष्ठ और सर्व व्यापक हैं। फिर इस समय आग में गिरी हुई सीता की उपेक्षा कैसे कर रहे हैं? आप समस्त देवताओं में श्रेष्ठ विष्णु ही हैं। इस बात को कैसे नहीं समझ रहे हैं।" (6.117.6)

In previous ślokas, Lord Rāma refused sīta to adopt. He doubts about her character, hearing the doubtful words of Śrī Rāma, in the large presence of gathering, Sītā stood bent low with shame. In the following ślokas all gods request not to avoid and renounce Sītā ji.

Kartā Sarvasya lokasya śreșṭho jñāna vidāṁ Vibhuḥ
Upekșase kathaṁ Śītāṁ pataṅtīṁ havyavāhane.

(6.117.6)

"O Rāma! you are maker of the entire cosmos, the foremost of those well-versed in the spiritual love, and the suzerain lord of the cosmos, how do you ignore Sīta falling into fire, the bearer of sacrificed offerings? How do you not recognize yourself to be the foremost of the hosts of gods. Then why are you not perceiving this matter?" (6.117.6)

7. उत्तरकाण्ड (Uttara Kāṇḍa)

पिछले श्लोकों में महर्षि वाल्मीकि जी ने अपने दो हृष्टपुष्ट शिष्यों से कहा- "तुम दोनों भाई एकाग्रचित हो सब जगह घूमफिर कर बड़े आनन्द के साथ सम्पूर्ण-रामायण-काव्य का गान करो"। लव और कुश अपने मधुर गान के लिये सर्वत्र प्रसिद्ध हो गये। निम्नलिखित श्लोकों में काव्य-प्रेमी श्रीरामजी ने अपनी सभा में दोनों बालकों का मधुर एवं सुरीला गीत सुनने के लिए संगीत शास्त्र के बड़े-बड़े प्रेमियों तथा अनेक प्रकार के ज्ञान के पण्डितों प्रकाण्ड पंडितों को बुलाया। प्रस्तुत श्लोकों में विभिन्न दोनों बालकों को सभा में बैठाया-

"तुम दोनों भाई एकाग्रचित्त हो कर सब ओर घूम फिर कर बड़े आनन्द के साथ सम्पूर्ण रामायण-काव्य का गान करो।"

लव-कुश अपने मधुर गान के लिये सर्वत्र प्रसिद्ध हो गए। भगवान राम ने निम्नलिखित श्लोकों में काव्य-प्रेमी श्री रामजी ने अपनी सभा में दोनों बालकों का मधुर और सुरीला गीत सुनने के लिए संगीतशास्त्र के प्रेमियों तथा अनेक प्रकार के ज्ञान के प्रकाण्ड पंडितों को अश्वमेध यज्ञ समारोह में बुलाया। प्रस्तुत श्लोक में दोनों बालकों को भी सभा में बैठाया।

भाषा ज्ञानिङ्ग नैगमांश्चाप्य शेषतः।
हेतूपचार कुशलान हेतुकांश्च बहु श्रुतान्॥ (7.94.8)
छन्दोविदः पुराणज्ञान् वैदिकान् द्विजसत्तमान।
चित्रज्ञान् वृजसूत्रज्ञान् गीतनृत्य विष्ठारदान्॥ (7.94.9)

शास्त्रज्ञान् नीतिनिपुणान् वेदान्तार्थ प्रबोधकान्।
एतान् सर्वान् समीनीय गातारौ समवेशयत्॥ (7.94.10)

श्रीराम जी का अश्वमेघ यज्ञ

"उदात्त एवं उदार चरित श्री राम ने अश्वमेध यज्ञ के अवसर पर तर्क के प्रयोग में निपुण नैयायिकों[5] युक्तिवादी एवं बहुज्ञ विद्वानों, छन्दों, पुराणों और वेदों के ज्ञाता श्रेष्ठ ब्राह्मणों, चित्रकलाओं के जानकारों, धर्मशास्त्र के अनुकूल सदाचार के ज्ञाताओं, दर्शन एवं कल्पसूत्र के विद्वानों, नृत्य और गीत में प्रवीण पुरुषों (कलाकारों) विभिन्न शास्त्रों के ज्ञाताओं नीति-निपुण पुरुषों तथा वेदान्त के अर्थ को प्रकाशित करने वाले ब्रह्मवेत्ताओं को भी वहाँ बुलाया। इन सबको एकत्र करके भगवान श्रीराम ने रामायण-गान करने वाले उन दोनों बालकों (लव-कुश) को सभा में बुलाकर बिठाया।" (7.94.8-10)

5. In the above mentioned ślokas, the epic poet has usually depicted all the branches of knowledge aphoristically through the erudites of knowledge.
उपर्युक्त चार श्लोकों में महाकवि ने ज्ञान के प्रकाण्ड पण्डितों के द्वारा ज्ञान की प्रायः सभी शाखाओं के सार को सूत्रात्मक रूप में चित्रित कर दिया है।

In the previous ślokas Vālmīki said to his two stout disciples – "You two brothers, with concentrated unity, roaming everyone, sing the complete Ramayaṇa epic with rapture." Lova and Kusha became famous for their sweet and sonorous songs. In the following ślokas, Lord Rāma, invited great lovers of Music and erudicates of various knowledge in the ceremony of Aśvamedha yajna if you. In the present ślokas, Lord Rama made love and Kush sit in the Royal court also.

Bhaṣa jñāniṅgi naigṁāścāpya śiṣataḥ.
Hetūpucār kuśalān hetukānśca bahu śrutān

(7.94.8)

Cḥandovidaḥ purānajñān vaidikān dvij sattamān.
Chittrajñān vṛja sūtrajñān gīta nṛtya viśārdān.

(7.94.9)

Śāstrajñān nītinipuṇān vedāntārthaṁ prabodhakān.
Etān sarvān samānīya gātārou samaveśayat.

(7.94.10)

Besides these, expert logicians in the usage of arguments, well knowers of prosody, purāṇas[6] and the excellent knowers of Vedas, well-versed in the art of painting and portraitive skills, knowers of righteousness, congenial according to scriptures or holy writ, superior scholars of philosophy and kalp sūtras, (on righteous conduct) dexterous scholar of dance and songs, well-versed in ethics and policymaking and knowers of Brahma to elicit the real meaning of Vedānta were called on the occasion of Aśvamedhayajña bringing all them together, made the two singers (Lova, Kusha), sit in the assembly of all thee." (7.94.8-10)

---

6. In chāndogyopāniṣad', Nārda calls purāṇa as the fifth Veda.
'Ithihās-purāṇaṁ paṅcamaṁ vedānāṁ vedaṁ
नारद जी ने इतिहास तथा पुराण को छान्दोग्यापनिषद् (7.1.2) में पंचम वेद कहा है।
इतहासि-पुराणं पञ्चमं वेदानां वेदम्-छोन्दोग्योपनिषद्-7.1.2
    1. Sāttvik (vaisnav) Purāṇa- viṣṇu, nārada, Bhāgvat, Garuḍa, Padma and Varāh purāṇa.
    सात्त्विक विष्णु, नारद, भगवात, गरूड़, पद्म, वराह पुराण
    2. Tāmas (purāṇa)- matsya, kūrma'linga, shiva, agni, and skanda.
    तामस (शैव) पुराण - मत्स्य, कूर्म, लिंग, छिाव, अग्नि, स्कन्द
    3. Rājas (Brāhma purāṇa) - Brahmānd, Brahama Vaivarta, Mārkandeya (Brāhma) – Brahma, Vāman and Bhaviṣya purāṇa.
    राजस (ब्राह्म) पुराण- ब्रह्माण्ड, ब्रह्मवैवर्त, मार्कण्डेय, ब्रह्म, वामन, भविष्य।

पुराणों का विषय-

सर्गश्च प्रतिसर्गश्च वंशो मन्वन्तराणि च।
वंशानुचरितं चैव पुराणं पञ्च लक्षणम्॥

- विष्णुपुराण- 3.6.24

पुराणों में पाँच विषयों का प्रतिपादन है-

1. सर्ग अर्थात् विश्व की सृष्टि की प्रक्रिया
2. प्रतिसर्ग- प्रलय तथा पुनः सृष्टि का वर्णन
3. वंश-देवताओं और ऋषियों के वंशों का वर्णन
4. मन्वन्तर- प्रत्येक मनु का काल और उस काल की घटनाओं का निरूपण एवं
5. वंशानुचरित- सूर्यवंश तथा चन्द्र वंश के राजाओं का जीवन-चरित।

Subjects of Purāṇas -

Sargaṣca pratisargaśca vaṅśo manvantarāṇi ca.
Vaṅśānucaritaṁ caiva purāṇaṁ paṅca lakṣaṇaṁ

Vishnu Purana (3.6.24)

Five subjects are interpreted and described in Purāṇas –

1. Sarga – The process of the creation of the universe is described.
2. Prastisarg – Description of final annihilation of the universe and its new creation again.
3. Vanśa – Description of dynasties of gods and Ṛiṣis
4. Manvantar – Period of every Manu (the progenitor of human race. They were fourteen sons of Brahmā) and the description of events and incidents happened during that period.
5. Vaṅshānucarita – Description of biographies of kings of sūrya and chandra dynasties.

"छन्दः पादौ तु वेदस्य हस्तौ कल्पोऽथपठ्यते।
ज्योतिषार्नयनं चक्षुर्निरुक्तं श्रोत्रमुच्यते॥"

छन्द वेद के पैर हैं, कल्प हाथ है। ज्योतिष नेत्र हैं, निरुक्त वेद-पुरुष के नेत्र और कान हैं।

chaṅdaḥ pādautu Vedasya hastau kalpo'th paṭhyate
Jyotiṣārnayanaṁ cakṣurniruktaṁ śrotaṁucyate-

- Pāṇinīya śikṣā (śloka-41-42).

Chhands are the feet of vedas, Kalpas are the hands, jyotiṣa is the eyes and nirukta is the eyes and ears of the Veda-puruṣa.

"शिक्षाघ्राणं तु वेदस्य मुखं व्याकरणं स्मृतम्।
तस्मात्सांगमधीत्यैव ब्रह्मलोके महीयते।।"

-पाणिनीय शिक्षा- श्लोक सं. 41-42

शिक्षा (उच्चारण-विज्ञान) वेद की नासिका है। व्याकरण वेद-पुरुष का मुख है। व्याकरण को वेदांगों में प्रधान कहा गया है।

कल्प के चार भेद हैं- 1. श्रौतसूत्र 2. गृह्यसूत्र 3. धर्मसूत्र तथा 4. शुल्वसूत्र।

वास्तव में, कल्पादि वेदांगों का मुख्य उद्देश्य विश्व के स्वर्गिक एवं आनन्दपूर्ण जीवन के लिए धार्मिक ग्रन्थों में वर्णित पवित्र एवं धार्मिक कर्मों आचार-विचार, व्यवहार तथा वेदों में निहित कल्याणकारी पवित्र अथाह ज्ञान की विभिन्न शाखाओं के प्राथमिक एवं मूल रूपों को सुरक्षित कायम करके रखना है।

sikṣā grāhṇaṁ tu vedasya mukhaṁ vyakaraṇaṁ smṛtaṁ
Tasmātsāṇgmadhityaiva brahma loke mahi-yate

(Pāṇinīya śikṣa śloka 41-42)

Śikṣa (Phonetics) is the nose of the Veda-Puruṣa, vyākarṇa (Grammar) is – His mouth. Vyākaraṇa is regarded as the chief subject of the six vedāṅgas. Kalpa consists of four kinds (1) śrouta sūtra (2) Grahya sūtra (3) Dharma sūtra and (4) śulva sūtra.

In fact, main aim of Vedāṅgas is to preserve and maintain the native and original forms of ritual and vestal rites, righteousness, conducts and behaviours described inscriptures and different branches of sanctified and fathomless knowledge vested in vedas for the celestial and mirthful life of the universe.

वेदान्त- वेद के अन्तिम भाग को वेदान्त कहते हैं, जो उपनिषद् के रूप में है। 'वेदान्त' शब्द का सर्व प्रथम प्रयोग महानरायण उपनिषद (10.8) तथा श्वेतरोपनिषद (10.8) में मिलता है।

वेद शब्द का अर्थ है वेद अर्थात ज्ञान और अन्त का अर्थ है समाप्ति, अतः उपनिषद् ज्ञान का अन्त अर्थात् पूर्णता या पराकाष्ठा उपनिषदों का वर्ण्य विषय है। वैदिक ज्ञान का अन्त ब्रह्मज्ञान में समाहित है।

ब्रह्म ज्ञान- वेदान्त को ब्रह्म सूत्र भी कहते हैं। सातवीं-आठवीं श.ई.पू. में पराशर जी के पुत्र बादरायण ने वेदान्त दर्शन या उपनिषदों को ब्रह्मसूत्र के रूप में लिखा, जिसके चार अध्यायों में 550 सूत्र निहित हैं। ब्रह्मसूत्र वेदान्त का आकर ग्रंथ है।

Vedānta : The last part of Veda is called Vedānta in the form of Upaniṣada. At first, the word Vedānta is used in śwetāśwetaro panişad (6.22) and Mahānārāiṅ-Upaniṣad. The word 'Veda' means jñāna (veda) and 'Anta' means 'The end'. Upaniṣad is the end of jñāna which means the repletion and culmination of jñāna is the discribable subject of upaniṣadas. The end of vaidik jñāna vested in brahma jñāna.

Brahma jñāna

Vedānta or Brahma jñāna is also called Brahma sūtra. Bādarāiṇa, the son of Ṛṣi Parāśar wrote 'Brahma sūtra in the form of Vedānta Darśan or Upaniṣadas. It consists of five hundred fifty sūtras vested in four chapters. 'Brahma sūtra' is the store-home of Vedānta Darśan.

पिछले श्लोकों में भगवान राम ने महर्षि वाल्मीकि, ऋषि दुर्वासा आदि सन्तों मुनियों को शपथ समारोह में बुलाया। सभी श्रेष्ठ ब्राह्मण, क्षत्रिय, वैश्य, शूद्र वहाँ शपथ-ग्रहण समारोह में उपस्थित थे। वे शपथ-ग्रहण का दृश्य देखने के लिये उत्कट रूप से उत्सुक थे। निम्नलिखित श्लोक में श्रेष्ठ ज्ञानियों एवं लोगों की उपस्थिति का वर्णन किया गया है-

ज्ञाननिष्ठाः कर्मनिष्ठा योगनिष्ठास्तथापरे।
सीताशपथवीक्षार्थं सर्व एव समागतः॥ 96.9

"सीता जी का शपथ-ग्रहण समारोह देखने के लिए ज्ञाननिष्ठ, कर्मनिष्ठ और योगनिष्ठ सभी तरह के लोग पधारे थे।"

टिप्पणी- धर्मशात्रीय नियमों की दृष्टि से वेद तीन भागों में विभाजित किए कए हैं - कर्म, योग और ज्ञान जिन्हें क्रमशः वेदों (संहिता), ब्राह्मण तथा आरण्यक धर्म-ग्रन्थों में वर्णित किया गया है, इन तीनों धार्मिक ग्रन्थों का संबंध क्रमशः ब्रह्मचारी (वेदाध्ययन हेतु), गृहस्थी (सांसारिक घरेलू क्रियाकलापों के लिए) तथा वानप्रस्थी और सन्यासी (आश्रमों में एकान्त, शान्तिपूर्ण तथा पवित्र जीवन-निर्वहण हेतु) से है।

In the previous, ślokas Shri Rama called Ṛṣi vālmīki, Durvasā, and other ṛṣis and esteemed saints in the oath-ceremony to be held in yajña shālā. All the supreme brahmaṇs kṣtriya, Vaiśya and śūdras were present in the Oath-ceremony. They were wistfully anxious to see this oath ceremony. In the following śloka, the presence of supreme and sublimemen of wisdom and people is described.

jñāna niṣṭhāḥ karma niṣṭhā yoganiṣṭhāstathāpare
sītās'apath vkṣārthaṁ sarva eva samāgataḥ

"A huge number of celibates, gṛhasthies (House holders), Vānprastha and saṅyāss came from different places to witness the oath-taking of Sītā."

Note - From the veiw point of religious prescript of scriptures, Vedas are divided into three parts – Karma, yoga and jñāna which are interpreted respectively in vedas (Saṅhitās) Brāhmaṇas) and Āraṇyaka scriptures, related to celibates (To study vedas associated to get knowledge) gṛhasthies (Householders for the mundane duties) and vānprasthies and saṅyāsis (To live a chaste and vestal life all alone).

भाग–2

Śrimadbhagvadgītā

श्रीमद्भगवद्गीता

मङ्गलाचरण

1. गीतामृत-गङ्गा भूमौ वहति सततं,
   स्नात्वा यस्यां जनैः तरितं भव-सागरात्।
   विश्व-वाङ्मयस्य शुचि सारभूता या,
   गीता मूलदर्शना जीवन-पद्धतेः॥

हिन्दी–

गीतामृत गंगा धरती पर
सतत रूप से बहती रहती।
करा स्नान निज पावन जल में,
भव पार जीव करती जाती॥

2. प्रकाश-स्तंभा आत्मविद्यायाः
   ज्ञानं प्रकाशयति भूमण्डले।
   ज्वालौपतितान् जनान् मोक्षयति,
   तम-मण्डलं नाशयति भूतले॥

हिन्दी–

आत्मविद्या का प्रकाश-स्तंभ,
जग ज्ञान-प्रकाश दिखाती है।
विषय-ज्वाल में जो गिर हुए,
उनका उद्धार कराती है॥

3. न कस्मिन् धर्मविशेषे,
इयं गीता आधृता।
मानव-धर्म कथ्यते,
अत्र किमपि न संशयम्॥

हिन्दी-

किसी धर्म विशेष पर जग में,
गीता कभी न आधारित है।
मानवधर्मा कहलाती यह,
संशय न कुछ यहाँ भास्वित है॥

4. कृष्णस्य अन्यतमागीता,
नूनं ज्ञान-भक्ति-कर्मणाम्।
नास्ति कोऽपि ईदृशः ग्रन्थः,
गीता ब्रह्माण्डे दुर्लभा।

हिन्दी-

गीता अनुपम श्री माधव की,
कर्म-भक्ति-ज्ञान सिखाती है।
गीता सम है ग्रन्थ नहीं,
गीता ही विश्व समाती है॥

5. मार्ग-दर्शिका भूतानां,
लोकस्य मङ्गलकारिका।
ज्ञानामृता कथ्यते या,
सततं तस्यै नमाम्यहम्॥

हिन्दी-

यह मार्ग दिखाती जीवों को,
कल्याण लोक का है करती।
सतत नमन मैं करता इसको,
ज्ञानामृत जो निज में धरती॥

6. गीतायाः पठनं-पाठनं ततः,
यस्यां वेदैः उपनिषदैः किं प्रयोजनम्।

यस्यां विद्यते सारशास्त्राणाम्
तस्यै ज्ञानस्रोतायैः नमाम्यहम्॥

हिन्दी-

पठन-पाठन जहाँ गीता का,
वेदोपपनिषद न जरूरी हैं।
शास्त्रों का जिसमें सार भरा,
गीता सदैव यह पूरी है॥
जितने भी है जो वेद शास्त्र,
यश-गायन उनका मैं करता।
गीता है अनुपम ज्ञान-स्रोत,
मैं कोटि नमन उसको करता॥

7. सुर-नर-मुनि यं भजन्ते सततं,
सर्वाः कलाः यस्मिन् रमन्ते।
सकलं विश्वं पोषितं येन,
तस्मै कृष्णाय नमाम्यहम्॥

हिन्दी-

सुर-नर-मुनि भजते जिसे सतत,
कला सकल जिसमें हूँ लखता।
जो सकल विश्व का पोषक है,
उस कृष्ण को नमन हूँ करता॥

- लेखक

Benediction

1. Gītāmṛta Gaṅgā Bhūmau vahati satataṁ
Snātvā yasyāṁ janaiḥ taritaṁ bhavasāgaraṁ
Viśva vāṅgmayasya śuchi sārbhūtāyā,
Gītā mūldarśanā jvanapaddhateḥ

[The Gangā River, flowing continuously on the earth, making living beings take bath in her vestal water and crossing the world-sea (emancipating from the sea of the world)]

2. Prakāś-staṁbhā ātmavidyāyāḥ,
jñānaṁ prakāśayati bhūmāṇḍale

Jvālou patitān janān mokṣayati
Tama-maṇḍalaṁ nāshayati bhūtale

[Being a light-pillar of intuitive knowledge or metaphysical knowledge illuminates the world and gets those emancipate, who are fallen in the mundane hedonistic objects.]

3. **Na kasmin dharma viśeṣe,**
Iyaṁ Gītā ādhṛtā.
Mānavadharma katthyate,
Atra kimapi na sanśayaṁ

[Gītā is not based on any particular religion but it is a cosmopolitan (Philanthropic) religious scripture without any doubt.]

4. **Kṛṣṇasya anyatamā Gītā,**
Nūnaṁ jñāna bhaktī-karmṇāṁ
Nāsti ko'pīdṛśaḥ granthaḥ
gītā brahmāṇḍe durlabhā.

[The peerless Gītā of Lord Krishna teaches about action, devotion and jñāna (knowledge) and none scripture exists like Gītā vested in the universe.]

5. **Mārga darśikā bhūtānāṁ**
Lokasya maṅgalkārikā
Jñānāmṛtā katthyate yā
Satata tasyai nāmāmyahaṁ

[I offer my incessant obeisances to Gītā that is a true guide of living beings, true benevolent of the universe and full of ambrosial jñāna (knowledge)].

6. **gītāyāḥ paṭhanaṁ pāṭhanaṁ tataḥ**
yasyā vedaiḥ upaniṣadaiḥ kiṁ prayojanaṁ
Yasyāṁ vidyate sārshāstrānaṁ
Tasyai jñāna srotāyaiḥ namāmyahaṁ

[Teaching and reading of Gītā full of compendium of scriptures and repletion need not ved-upaniṣadas eulogized by me. I offer my innumerable obeisances to Gītā.]

7. **Sura-nara-muni yaṁ bhajante satataṁ**
sarvvāḥ kalā yasmin ramante
Sakalaṁ viśwaṁ poṣitaṁ yena,
Tasmai kṛṣṇāya namāmyahaṁ

[I offer my prostrated obeisance to Lord Kṛṣṇa, who is adored incessant by gods, human beings and sages, full of all skills and arts and the nourisher of all the universe].

- Writer

गीता-ज्ञान की प्रशस्ति

1. गीता ज्ञान की अनुपम खान अपार,
ज्ञान का पाठ-विस्तार पढ़ाती है।
देती प्रमाण है सबको एक-एक,
ज्ञानी व कर्त्तव्यनिष्ठ बनाती है।।

2. आध्यात्मिक आत्मिक गीता अति पवित्र
जग में जन-जन को है प्रेरित करती।
है नितान्त निर्दोष और गेय विश्व,
सबको निश्छल पावन सम्मति देती।।

3. यह सार्वभौमिक रूप उपकारी,
हर भाव-स्रोत-संगम कहलाती।
यह अनन्त, नहिं सीमित पृथ्वी तक,
यह वैश्विक कृपा-दृष्टि बरसाती।।

4. स्वर्गिक आनन्दपूर्ण श्लोक प्रत्येक,
अनुपम उदार श्लोक सुनाती है।
दे जन-जन को आशीर्वाद अलौकिक,
बंधन सांसारिक मुक्त कराती है।।

5. वेद महाकाव्यों धार्मिक शास्त्रों की,
अनुपम सार रूप अति कहलाती।
व्यापक मार्मिक धार अति उदार शब्द,
यह सब की हृदयस्पर्शी है, बन जाती।।

6. अति सरस सुबोध मनोहर गीता,
मानवता की शुचि अमर धरोहर है।
होती रहती गुंजित जग-अंबर में,
अनुप्राणित करती कुटिया, घर-घर है।।

7. जिस विश्वव्यापी ईश की दृष्टि बिना,
कोई परिवर्तन-कार्य न हो सकता।
जिसके हृदय में समाहित सकल विश्व,
मैं तुच्छ, असंख्य नमन क्या कर सकता?

–कृष्णदेव 'अरविंद'

Eulogy of Gītā-Jñāna

1. Being fathomless treasure of Jñāna, the Gītā,
Teaches the extensive lessons of knowledge.
Providing all the proofs one by one,
Prepares all dutiful, full of knowledge.
2. Gītā is most spiritual
Metaphysical and inspiring
It is impeccable and versified,
Precepting Wileless, sacred advising.
3. It is philenthropic, beneficent
confluencing streams of all passions
Being endless, not confined to earth only
It is cosmic showering compassion.
4. Every ślok emits celestial, ecstatic.
Peerless precepts bounteous raptured.
Everybody enjoys divine blessings,
Not by mundane meshes captured.
5. It is epitomic microcosm,
Of vedas and all scriptures.
Using congeneal exact words,
Is for all, poignant like pictures.
6. It is most sonorous melodious
Being immortal of human heritage.
Enomatoepoeing in the world-sky,
Always will be animating every house cottage.
7. All the universal events and changes,
Happen constantly in whose omnipresence.
The whole univese vested in Whose Heart,
Being trivial, how can I offer innumerate obeisance.

Dr. Krishna Dev 'Arvind'

भूमिका

ज्ञान की महिमा का वर्णन करने से पूर्व इसकी (गीता-ज्ञान) की पृष्ठभूमि पर प्रकाश डालना आवश्यक है। हस्तिनापुर के प्रसिद्ध कुरुवंशी राजा शान्तनु-राजकुमार पाण्डु, धृतराष्ट्र तथा विदुर के दादा जी थे। धृतराष्ट्र जन्मान्ध थे इसलिए पाण्डु हस्तिनापुर के राजा बने। उनकी कुन्ती तथा माद्री दो रानियाँ थी। माद्री अपने पति पाण्डु के साथ सती होकर मृत्यु को प्राप्त हो गई थी। पाण्डु की मृत्यु के पश्चात् पाण्डु के ज्येष्ठ भ्राता धृतराष्ट्र हस्तिनापुर के राजा घोषित किए गए। उनके सौ पुत्र थे, जिनमें दुर्योधन सबसे बड़ा था, जो बहुत महत्वाकांक्षी था। वह हमेशा पाण्डवों के प्रति ईर्ष्यालु एवं डाह करने वाला था तथा दिन-प्रतिदिन उन्हें मारने हेतु कोई न कोई षड्यन्त्र रचता था। भविष्य में किसी अनहोनी घटना तथा संघर्ष के होने के डर से धृतराष्ट्र ने अपने राज्य का खाण्डव वन नामक एक भाग पाण्डवों को दे दिया, जो अत्यन्त ऊबड़-खाबड़, ऊँचा-नीचा तथा हिंसक पशुओं से युक्त था, किन्तु पाण्डवों ने अपने कठिन परिश्रम तथा अदम्य इच्छाशक्तियों द्वारा उसे अत्यन्त स्वर्गिक, सुखद, रमणीय, आकर्षक, समृद्धशाली तथा हरा-भरा बना दिया। दुर्योधन पाण्डवों का पतन चाहता था। इसलिये उसने युधिष्ठिर एवं अपने कपटी मामा शकुनी के मध्य जुआ-प्रतियोगिता का प्रबन्धन किया। शकुनी जुआ खेलने विशेष रूप से छल-कपट के साथ पाशे फैंकने में अत्यन्त प्रवीण था। परिणामतः पाण्डव अपना राज्य, स्वयं एवं अपनी पत्नी द्रोपदी को जुए में हार गए और उन्हें तेरह वर्ष के लिए वनवास दे दिया गया।

वनवास से लौटने के पश्चात् पाण्डवों ने दुर्योधन से अपना राज्य वापिस करने को कहा तो उसने पूर्ण रूप से लौटाने के लिये मना कर दिया। भगवान कृष्ण ने कई बार बिना युद्ध के किए दोनों में समझौता कराने के पूर्ण प्रयास किए किन्तु, सब कुछ व्यर्थ था। युद्ध ही केवल मात्र विकल्प शेष रह गया था। दोनों पक्षों की सेनाएँ कुरुक्षेत्र के युद्ध-क्षेत्र में एकत्रित हो गई। अर्जुन के सारथी बने भगवान कृष्ण ने अर्जुन की इच्छानुसार रथ को हाँककर दोनों सेनाओं के मध्य खड़ा कर दिया। जब अर्जुन ने दोनों सेनाओं के योद्धाओं, विशेष रूप से अपने दादा भीष्मपितामह, गुरु

द्रोणाचार्य, अपने भाई दुर्योधन आदि सगे सम्बन्धियों को देखा तो वह यह सोचकर कि क्या वह केवल अपनी राज्य-प्राप्ति के लिए उन्हें मारेगा, तब उसने बेहोश, निराश, अकर्मण्य एवं शिथिल होते हुए युद्ध करने से मना कर दिया और अपने गाण्डीव धनुष को फैंककर, एक तरफ बैठ गया। इस समय पर, भगवान कृष्ण अर्जुन को अनुप्रणित करने के लिए गीता-ज्ञान का उपदेश देते हुए कहते हैं- "हे अर्जुन काम के द्वारा तुम्हारा ज्ञान ढके जाने के कारण तुम अकर्मण्य हो गए हो। जैसे धुँआ अग्नि को, धूल दर्पण को तथा जेर गर्भ को ढक देता है।"[7] यहाँ भगवान कृष्ण ज्ञान की महत्ता को सिद्ध करने हेतु अनेक उदाहरण (दृष्टान्त) प्रस्तुत करते हैं तथा दृष्टांत अलंकार के साथ आलंकारिक भाषा का प्रयोग करते हैं।

आगे वे अर्जुन को प्रेरित करते हुए कहते हैं- "हे अर्जुन कायर मत बनो, क्योंकि अपमान तो मृत्यु से भी अधिक बुरा होता है। भविष्य में लोग तुम्हें कलंकित एवं अपमानित करेंगे।[8]

तुम बिना किसी लाभ की इच्छा करते हुए, अपने अधिकारों एवं अस्तित्व की रक्षार्थ, अन्याय, अत्याचार, नृशंसत्ता एवं पापों के विरुद्ध लड़कर एक सच्चे क्षत्रिय के कर्त्तव्य का अनासक्ति एवं निष्काम भाव से पालन करो।

आगे समझाते हुए कहते हैं-

"जय-पराजय, लाभ-हानि, सुख-दुःख को समान समझकर, युद्ध के लिए तैयार हो जा, इस प्रकार युद्ध करने से तू पाप को प्राप्त नहीं होगा।"[9]

भगवान कृष्ण ज्ञानोपदेश देने के पश्चात् अर्जुन से पूछते हैं- "हे पार्थ क्या इस (गीता-शास्त्र) को तूने एकाग्रचित से श्रवण किया? और हे धनञ्जय, क्या तेरा अज्ञान जनित मोह नष्ट हो गया।"[10] तब अर्जुन उत्तर देते हुए कहता है- "हे अच्युत। आपकी कृपा से मेरा मोह नष्ट हो गया और मैंने अपनी स्मृति पुनः प्राप्त कर ली है, अब मैं संशय रहित होकर स्थित हूँ। अतः आपकी

---

7. धूमेनाव्रियते वह्निर्यथादर्शो मलेन च।
यथोल्बेनावृतो गर्भस्तथा तेनेदमावृतम्।। गीता- 3.38

8. अकीर्तिं चापि भूतानि कथयिष्यन्ति तेऽव्ययाम्।
सम्भावितस्य चाकीर्तिर्मरणादतिरिच्यते।। गीता- 2/34

9. सुखदुःखे सये कृत्वा लाभालाभो जया जयौ।
ततो युद्धाय युज्यस्व नैवं पापमवाप्स्यसि।। 2.38

10. काच्चिदेच्छ्रूतं पार्थ त्वयैकाग्रेण चेतसा।
कच्चिदज्ञानसम्मोहः प्रनष्टते धनञ्जय।। 18.72

आज्ञा का पालन करूँगा।"[11]

इस प्रकार, गीता का गूढ़ तथा सूक्ष्म ज्ञान अत्यन्त अनुप्राणित तथा प्रोत्साहित करने वाला, विश्व के लोगों को जन्म-मरण के चक्र से मुक्ति दिलाने वाला तथा सम्पूर्ण सांसारिक दु:खों और पापों से मुक्त करने वाला है। गीता-ज्ञान मानव जाति को संसार में दुराचारियों, दुष्टों तथा कामी लोगों से बचाने एवं उनके छल-कपट, अत्याचारों, पीड़ाओं तथा क्रूरताओं बचाकर एक सदाचारी, धार्मिक एवं आनन्दमय जीवन जीने की अदम्य प्रेरणा एक साहस पूर्ण शक्ति प्रदान करता है।

कृष्णदेव 'अरविंद'

---

11. नष्टो मोह: स्मृतिर्लब्धा त्वत्प्रसादान्मयाच्युत।
    स्थितोऽस्मिगतसन्देह: करिष्ये वचनं तव।। 18.73

Introduction

Before describing the mangificence of Jñāna, it is necessary to light upon the background of it. Prince Pāṇḍu, Dhṛtarāṣṭra and Vidura were grandsons of the famous king Shāntanu of Kuru dynasty who ruled over a large kingdom from the capital Hastināpur. Dhṛtarāṣṭra was blind by birth, so, Pāṇḍu became the king of this kingdom. He had two wives-named Kuntī and Mādrī. Mādrī sacrificed herself as satī with her husband's corpse in the burning pyre. After the death of Pāṇḍu, his elder brother Dhṛtarāṣṭra became the king of Hastṭnāpur. He had hundred sons, the eldest one was Duryodhana who was most ambitious. He always remained envious and jealous of Pāṇḍavas and used to perform any new conspiracy day by day to kill them.

Being afraid of any future mishappening and struggle, the king gave a part of his kingdom named Khāṇḍavana, later renamed the Indraprastha.

The area of Khāṇḍavavana was very ruffled and uneven and terrible because of violent animals. But Paṇḍavas converted it into a celestial, blissful, elegant, captivative, prosperous, vernal and versant kingdom with their hard dilligence, arduous and invincible will-powers.

Envious Duryodhan wanted to see Pandavas' downfall, so, he organised an attractive gambling-match between Yudhiṣṭhira and his most crafty maternal uncle Shakuni who was most dexterous in gambling, specially in throwing the dice with guiles and wiles. Consequently, Pandavas lost their entire Kingdom, themselves even Dropadī also and were exiled for thirteen years.

On returning from exile, they reclaimed their kingdom but Duryodhan refused to return at all. Lord Krishna endeavoured many times to compromise between them without fight but all in vain, the fight was only the option. Armies of both sides assembled in the battlefield of Kurukṣetra. Arjuna said to Lord Krishna to carry his chariot in the middle of both armies and Lord Krishna as his Chariator, did so. When Arjuna saw the warriors and his nears and dears, specially like his grand father Bhīṣma, his Guru Dronāchārya, his brother Duryodhana and other real relatives, he began to be unconscious, desparate, indolent and laxit, thinking about how he would kill them for his only kingdom, and he refused to fight against them throwing his Gāṇḍīva and sat aside. At this time, Lord Krishna animates him by precepting the jñāna of Gītā- "Arjuna, you have become indolent because your jñāna (knowledge) has been covered with propensity (bad tendency of desire) a like smoke covers fire, dust covers' mirrors and amnion covers embryo (womb).[12]

Here, Lord Krishna proves the importance of jñāna presenting many instances in a very ornate language using the figure of speech, 'Paradigma' (Dṛṣtānta). Further He impels him, "Arjuna, do not be coward because dishonour is worse than death.[13] People shall blemish and dishonour you in future. Perform your duty of a true kṣatriya against unjustice, oppression, atrocity, and sins for your rights and existence without expecting any reward." "Equating bliss and affliction (agony) gain and loss, victory and defeat equanimously without propensity of desire. Get ready for fight you will never achieve sin."[14] Lord Krishna, after the providing the precepts of jñāna, asks Arjuna, "Did you hear what I said with single minded attention. Has your delusion, born out of ignorance been destroyed."[15]

Arjuna answers, "Kṛṣṇa! with your compassion. my delusion has been perished and have regained my memory. and I exist without all doubts. I will do as you say."[16] Thus, jñāna of Gītā is most animating and encouraging full of true, abstruse and subtle jñāna (knowledge to emancipate the world from the recycling of rebirth and death and the bondages of all terrestrial agonies and sins). Jñāna of Gītā enables every man to fight against dissolutes, vicious and voluptuous people and their wiles, guile, oppression, tortures, cruelty to live a righteous, virtuous and mirthful life in the world.

Krishna Dev 'Arvind'

---

12. Dhūmenāvṛyate vahniryathadarśo malen ca.
Yatholbeṅāvṛato garbhastathā tenedamāvṛtaṁ - Gītā – 3/38
13. Akrti chāpi bhūtāni kathayiṣyantī te' vyayāṁ.
Saṁbhāvitasya chākrtirmarṇādatirichyate. – 2/34
14. Sukh duhkhe same kṛtvā lābhālābhoujayājayou.
Tato yuddhāya yujyasva naivaṁ pāpamvāpsyasi – 2.38
15. Kachchideta chrataṁ pārtha tvayaikāgreṇa chetasā.
Kacchhidajnñānaṁ oḥsomemohaḥ pranastate Dharaṅjaya – 18.72
16. Naṣto mohaḥ smṛtir labdhā tvatprasādān mayāchuta
sthito'śmi gata sandehaḥ kariṣye vachanaṁ tava – 18.72

श्रीमद्भगवद्गीता

लोकेऽस्मिन्द्विविधा निष्ठा पुरा प्रोक्ता मयानघ।
ज्ञानयोगेन साङ्ख्यानां कर्मयोगेन योगिनाम् (3.3)

श्रीभगवान् बोले– हे निष्पाप! इस लोक में दो प्रकार की निष्ठा मेरे द्वारा पहले कही गयी है। उनमें से सांख्ययोगियों की निष्ठा तो ज्ञानयोग और योगियों की निष्ठा कर्मयोग से होती है। (3.3)

स्पष्टीकरण–पिछले श्लोकों में भगवान कृष्ण, अर्जुन को दुष्ट, पापी और अत्याचारी लोगों के विरुद्ध लड़ने के लिए एक सच्चे क्षत्रिय का कर्त्तव्य करने का उपदेश देते हैं तो कभी कर्मयोग का उपदेश देते हुए बतलाते हैं कि विवेकशील ज्ञानी लोग अपनी एक निश्चित बुद्धि धारण करते हैं जबकि अज्ञानी पुरुष अनिश्चित चंचल और अनन्त बुद्धि को धारण करते हैं।[17] पुनः वे उपदेश देते हैं, "तुम्हें केवल अपने कर्मों को करने का अधिकार है न कि उनके फलों की इच्छा करना।"[18] भगवान के उपदेश को सुनकर अर्जुन घबड़ाकर बोले– "यदि आपके अनुसार ज्ञान ही कर्म से श्रेष्ठ है तो आप मुझे विनाशकारी कर्म करने के लिये क्यों आग्रह कर रहे हैं? कृपया ज्ञान और कर्म दोनों के मिश्रित शब्दों एवं उपदेशों से मुझे आप भ्रमित न करें, कृपया सार रूप से मेरे लिए कल्याणकारी एक ही बात बताएँ। भगवान कृष्ण बोले "हे अर्जुन! परम परमात्मा की प्राप्ति हेतु दो मार्ग– (साधनामार्ग) हैं– पहला साधना मार्ग है– ज्ञान मार्ग तथा दूसरा है कर्म मार्ग, दोनों कहूँगा।

योग का अर्थ ब्रह्म के साथ स्वयं को जोड़ना है। चित्तवृत्तियों का निरोध ही योग है।[19] ज्ञान योग का अर्थ है, निश्चत बुद्धि तथा एक चित्त होकर चित्तवृत्तियों पर नियंत्रण करते हुए ज्ञान–प्राप्ति के द्वारा ब्रह्म के साथ अपना तादात्म्य स्थापित करना। और कर्मयोग का अर्थ है– सतत रूप से

---

17. व्यवसायात्मिका बुद्धिरेकेह कुरुनन्दन।
बहुशाखा ह्यनन्ताश्च बुद्धयोऽव्यसायिनाम्।। 11–2/41 गीता

18. कर्मण्येवाधिकारस्ते मा फलेषु कदाचन
मा कर्मफल हेतुर्भूर्मा ते सङ्गोऽस्त्वकर्मणि।। 2/47 गीता

19. चित्तवृत्ति निरोधः योगः।
पतंजलि योगसूत्र–1.2

धर्मशास्त्रानुकूल कार्य करते हुए, कर्त्तापन का अहंकार, सभी प्रकार के क्रियात्मक अधिकारों आसक्ति एवं वासनाओं तथा फलों का त्याग करते हुए, अपने सभी कर्मों को ईश्वर को समर्पित करते हुए, स्वयं को ईश्वर के साथ मिलाना या तादात्म्य स्थापित करना।"

साङ्ख्यदर्शन

भगवान् कृष्ण अर्जुन को सांख्यदर्शन के माध्यम से कर्मयोग समझाते हैं। कपिल कृत सांख्य दर्शन अत्यन्त प्राचीन दर्शनों में से एक है। सांख्यदर्शन के छः अध्यायों में 527 सूत्र समाहित हैं। अमरकोश के अनुसार[20] सांख्य के दो अर्थ होते हैं- पहला है- ज्ञान तथा दूसरा गणना करना, तत्त्वों की गणना करने एवं ज्ञान प्रदान करने के कारण ही यह सांख्य दर्शन कहलाया। यद्यपि कपिल ने पच्चीसवाँ तत्त्व[21] 'प्रकृति' को स्वीकार किया। याज्ञवल्क्य ऋषि के अनुसार कपिल मुनि सांख्यदर्शन के संस्थापक न होकर एक प्रवर्त्तक तथा उन्नायक थे। वास्तव में सांख्य दर्शन का वर्ण्य-विषय वेदोपनिषदों में यत्र-तत्र विकीर्णित है। निम्नलिखित तत्त्व हैं- पाँच ज्ञानेन्द्रिय (पाँच कार्यों सहित, पाँच कर्मेंद्रि यह हाथ-पैर आदि) पाँच भौतिक तत्व- पृथ्वी, जल, वायु, अग्नि तथा आकाश, मन, पुरुष, अहंकार। चौबीसवाँ तत्त्व परमात्मा के अमर अंश के रूप में आत्मा है जो सभी को जीवित रखती है। पच्चीसवाँ तत्त्व प्रकृति है। कपिल मुनि के अनुसार वस्तु के स्वरूप में परिवर्तन होता है, वस्तु में नहीं। न तो उत्पत्ति होती है और न विनाश ही। उत्पत्ति और विनाश तो वस्तु के गुण या धर्म है, वस्तु नहीं।

loke'smin dividhā niṣthā purā proktā mayānagha |
jñānayogena sāṅkhyānāṁ karmayogena yognāṁ|| (3.3)

Śrī Bhagavān said: "Arjuna, in this world two coruses of Sādhanā (spiritual discipline) had been enunciated by Me in the past. In the case of the Sāṅkhyayoga, the Sādhanā proceeds along the path of Knowledge; whereas in the case of the Karmayoga, it proceeds along the path of Action." (3.3)

Clarification: In the previous ślokas, Lord Kṛṣṇa sometimes precepts Arjuna about jñāna to perform his duty of a true kṣyatriya to fight against dissolutes, vicious, and oppressors. Sometimes, he tells

---

20. अमर कोश- पृ. 225
21. संख्यां प्राकुर्वते चैव प्रकृति च प्रचक्षते।
तत्त्वानि च चतुर्विंश् तेन साख्यं प्रकीर्तितम्।।
श्रीकण्ठ पाण्डेय- भारतीय दर्शन, पृ. 266

him in Karmoyoga' about discreet persons have only one decisive jñāna or wisdom (knowledge) while mutable, irrational and desirous and ignorant persons have indecisive and mutable endless wisdoms or jñāna.[22] Again he precepts "You should only have the right to perform your duty not to their fruits".[23]

Hearing the precepts, Arjuna is bewildered and asks Lord Kṛṣṇa, "O Kṛṣṇa! If in your tenet jñāna (knowledge) is preferable to karma (action), then why are you urging me to commit a destructive deed? (to fight). Please do not confuse me with your mixed words of Karma and jñāna. Please tell me one, conclusively which is beneficent for me."

In the above śloka, He tells two paths - the pāth of jñāna yoga (wisdom) and the path of karma yoga (action) for the achievement of ultimate the Supreme God.[24]

'Yoga' means to blend himself with Brahma Jñāna yoga means to identify himself with Brahma meditation and jñāna through immutable wisdom and controlling or subduing over all mental dispositions equanimously.[25] Karma yoga means to unite himself with Supreme God doing all actions (vestal, religious and spiritual) incessantly, dedicating to God – renouncing senses of possessions, attachments. The Vanity of doership and propensity of desires in respect of all actions and fruits.

Sāṁkhya Philosophy

Lord Kṛṣṇa inculcates Arjuna about Karma Yoga through the Sāṁkhya philosophy. It is one of the most ancient schools of philosophies which consists of 527 sūtra in its 6 chapters. In Amarkosha – Meaning of 'The Sāṁkhya is two-fold. The jñāna and to enumerate.[26] According to Śri Kaṇṭha Pāṇḍeya the writer of 'Bhāratiyadarśana'. "It is called 'Sāṁkhya' because of the interpretation of twenty five elements.[27] Kapilo Muni accepted the

22. Gītā 2/41
23. Gītā 2/47
24. yoga cḥttavṛtti nirodhaḥ yogaḥ – Patañjali – Yogsūtra – 1.2
25. Sāṁkhyāṁ krakurvrte chaiva krakṛtiṁ cha prachakṣate
Tattvāni chatuvinśa tena sānkṣaṁ. Bhartya Darśana p. 266.
(Śrī Kaṇṭha Pāṇḍeya)
26. Amarkośa – page 205.
27. Saṁkhyāṁ prakrvrarte chaiva prakṛtiṁ cha prachakhate
Tattvāni cha turvinsa tena Sāmkhyaṁ prakrtitaṁ

twenty fifth element as 'The Prakṛati'. According to Yājñavalkya, Kapil Muni was not the founder of this philosophy but was an actuator and elevator. According to Kapil Muni any body may be able to emancipate the self from the mundane efflictions through the real jñāna of 25 elements. The elements are the following – Five organs (with five senses) Five action organs (like legs, hands, etc.), five physical elemens – earth, water, air, fire, ether and mana (mind or inner-self), Puruṣa, egoism or arrogance, and the last is Ātmā or the eternal soul in the form of an immortal fragment of the Supreme God to enliven all elements. The twenty fifth element is Prkṛti. Kapil Muni says that there is change in the appearance or form of the thing, not in the thing. There is neither creation nor annihiliation. These creation and annihiliation of a thing are its attributes or dharma, not thing.

ये त्वेतदभ्यसूयन्तो नानुतिष्ठन्ति मे मतम्।
सर्वज्ञानविमूढ़ांस्तान्विद्धि नष्टानचेतसः॥ (3.32)

परन्तु जो मनुष्य मुझमें दोषारोपण करते हुए मेरे इस मतके अनुसार नहीं चलते हैं, उन मूर्खों को तू सम्पूर्ण ज्ञानों में मोहित और नष्ट हुए ही समझ। (3.32)

स्पष्टीकरण-पिछले तथा उपर्युक्त श्लोकों से श्रीकृष्ण द्वारा अर्जुन को दिए गए ज्ञान में हमें ज्ञात होता है कि जो ज्ञानी लोग बिना किसी लाभ तथा आशा या लालसा के अपने सच्चे विश्वास, श्रद्धा और भक्ति के साथ अपने सभी कर्मों को सर्व अन्तर्यामी श्री कृष्ण को समर्पित कर देते हैं, वे सांसारिक बंधनों से मुक्त हो जाते हैं। यदि वे भगवान कृष्ण के इस मत का अनुसरण नहीं करते तो वे सभी ज्ञानों में मोहित और नष्ट हुए दिखाई देते हैं।

ye tvetad abhyasūyanto nānutiṣthanti me mataṁ|
sarvajñānavimūḍhāṁs stānviddhi naṣṭāna acetasaḥ|| **(3.32)**

"But they, however, who finding fault with this teaching of Mine, do not follow it, take those fools to be deluded in the matter of all knowledge as lost." (3.32).

Clarification– Through the jñāna given to Arjuna by Lord Krishna, in previous and the above ślokas, we come to know that those knowers or jñānis, who dedicate their all actions (Karmas) to Lord Krishna without any yearning of reward and expect with their

Śri Kanṭha Pāṅḍeya – "Bhārītya Darśana – Page 266.

true faith and devotion, are emancipated from the bondages of all mundane agonies, if do not follow this tenet of Lord Krishna, are looked destroyed in the matter of all jñāna (knowledge) as lost.

आवृतं ज्ञानमेतेन ज्ञानिनो नित्यवैरिणा।
कामरूपेण कौन्तेय दुष्पूरेणानलेन च॥ (3.39)

"और हे अर्जुन! इस अग्निके समान कभी न पूर्ण होने वाले काम रूप ज्ञानियों के नित्य वैरी के द्वारा मनुष्य का ज्ञान ढका हुआ है। (3.39)

स्पष्टीकरण-पिछले श्लोक में भगवान ने अर्जुन को ज्ञान देते हुए बताया कि काम रजोगुण से उत्पन्न होकर क्रोध को भी उत्पन्न करता है। यह ज्ञानियों का स्थायी शत्रु है, जो ज्ञानियों के ज्ञान को ढकता है। इसलिए हमको अधिक कामना नहीं करनी चाहिए। क्योंकि काम कभी भी सांसारिक भोगों से अग्नि के समान तृप्त नहीं होता है।

āvṛtaṁ jñānam etena jñānino nityavairiṇā|
kāmarūpeṇa kaunteya duṣpureṇānalena ca.|| (3.39)

"And, Arjuna, Knowledge stands covered by this eternal enemy of the wise known as desire, which is insatiable like fire." (3.39)

Clarification – Lord Krishna precepted in the previous śloka that kārma or bad tendency of desire is begotten by Rajoguṇa (the passion of love and desire). So, desire is a eternal enemy for jñānī because it is never satisfied and covers the jñāna (knowledge) of knowers. We should not be too desirous.

इन्द्रियाणि मनो बुद्धिरस्याधिष्ठानमुच्यते।
एतैर्विमोहयत्येष ज्ञानमावृत्य देहिनम् ॥ (3.40)

"इन्द्रियाँ, मन और बुद्धि- ये सब इसके वासस्थान कहे जाते हैं। यह काम इन मन, बुद्धि और इन्द्रियों के द्वारा ही ज्ञानको आच्छादित करके जीवात्मा को मोहित करता है॥" (3.40)

स्पष्टीकरण-ज्ञान के द्वारा ही आत्मा तथा परमात्मा का मिलन होता है, किन्तु मन, बुद्धि इन्द्रियों में स्थित यह काम इन्हीं के द्वारा ही आत्मा और परमात्मा के मध्य अज्ञान का पर्दा डाल देता है।

Indriyāṇi mano buddhir asyādhiṣṭhānam ucyate|
Atair vimohayatyeṣa jñānam āvṛtya dehināṁ || (3.40)

"The sense, the mind and the intellect are declared to be its seat; covering the knowledge through these, (desire) deludes the embodied soul." (3.40)

Clarification – Union of soul and God is possible because of jñāna only residing seated in the mind, intellect and sense-organs, it spreads the veil of ignorance between soul and supreme God through these three mind, intellect and senses..

तस्मात्त्वमिन्द्रियाण्यादौ नियम्य भरतर्षभ।
पाप्मानं प्रजहि ह्येनं ज्ञानविज्ञाननाशनम्॥ (3.41)

"इसलिये हे अर्जुन! तू पहले इन्द्रियों को वश में करके इस ज्ञान और विज्ञान का नाश करने वाले महान् पापी काम को अवश्य ही बलपूर्वक मार डाल।" (3.14)

स्पष्टीकरण–पिछले श्लोक में भगवान श्री कृष्ण, अर्जुन को उपदेश देते हैं कि काम रजोगुण से उत्पन्न होकर क्रोध को उत्पन्न करता है। काम हमारे मन, बुद्धि तथा इन्द्रियों में स्थित होकर उन्हीं के द्वारा ज्ञान को मोहित करता है। इसलिए हे अर्जुन! सर्वप्रथम तुम्हें अपनी इन्द्रियों को नियंत्रित करना होगा ताकि हमारा ज्ञान इस स्थायी शत्रु काम से सुरक्षित एवं निर्मल रह सके। यह काम, अग्नि की तरह सदैव असन्तुष्ट रहता है।

ज्ञान हमें निराकार ब्रह्म का ज्ञान कराता है, जबकि विज्ञान इस साकार ब्रह्माण्ड तथा उसमें निहित असंख्य जीव एवं निर्जीव चीजों का ज्ञान कराता है। ब्रह्माण्ड ब्रह्म की अभिव्यक्ति एवं प्रकाशन है।

tasmāt tvam indriyāṇyādau niyamya bharatarṣabha।
pāpmānaṁ prajahi hyenaṁ jñānavijñānanāśanam॥ **(3.41)**

"Therefore, Arjuna, you must first control your sense, and then kill this evil thing which obstructs jñāna (knowledge of the Absolute or Nirguṇa Brahma) and vijñāna (knowledge of Sākāra Brahma or manifest Divinity)." (3.41)

Clarification – In previous ślokas, Lord Krishna preached Arjuna that kama (bad tendency of desire) is begotten by Rajoguṇa and wrath also is created by kāma. It is always seated in our mind, intellect and senses and deludes our jñāna through these three constituents, so we should control over sense organs first of all, so that our jñāna may be clear and protected from this eternal enemy (desire) or Kāma which remains unsatiable.

Jñāna is related to the knowledge of formless Brahma and Vijñāna related to different knowabilities about the form of Bramāṇḍa which consists numerless livings and unlivings. Brahmāṇḍa is the expression or revelation of Brahma with the help of Yogamāyā.

वीतरागभयक्रोधा मन्मया मामुपाश्रिताः।
बहवो ज्ञानतपसा पूता मद्भावमागताः॥ (4.10)

"पहले भी जिनके राग, भय और क्रोध सर्वथा नष्ट हो गये थे और जो मुझमें अनन्य प्रेमपूर्वक स्थित रहते थे, ऐसे मेरे आश्रित रहने वाले बहुत-से भक्त उपर्युक्त ज्ञान रूप तप से पवित्र होकर मेरे स्वरूप को प्राप्त हो चुके हैं।" (4.10)

स्पष्टीकरण-पिछले श्लोक में भगवान कृष्ण उपदेश देते हैं कि "जो ज्ञानी तात्विक (वास्तविक) रूप से दैनिक रूप से अजन्मा, सर्वव्यापक, सर्व अन्तर्यामी (सर्वज्ञाता), सर्वशक्तिमान, सम्पूर्ण ब्रह्माण्ड के पालक और आश्रय के रूप में मुझे जानते हैं, ऐसे ज्ञानी जन्म-मरण के बन्धन से मुक्त होकर मुझमें ही समाहित हो जाते हैं। निम्नलिखित श्लोक में भी ज्ञान-तप के महत्त्व को बताते हुए कहते हैं कि "ज्ञान के तप से पवित्र हुए ज्ञानी जन मुझ में ही लीन हो जाते हैं।"

vitarāgabhayakrodhā manmayā mām umpāśritāḥ|
bahao jñānatapasā pūtā madbhāvam āgatāḥ || (4.10)

"Completely rid of attachment, fear and anger, wholly absorbed in Me, depending on Me, and purified by the penance of wisdom, many have become one with Me even in the past." (4.10)

Clarification – In the previous ślokas, Lord Krishna has preached that those true jñānais who know Him, in reality, as divinely unbirthable, omnipresent, omniscent, omnipotent, supreme cherisher and refuge of the universe, are emancipated from the bondage of birth and death. In the above śloka also, Lord Krishna tells that those jñānīs who are sanctified by the penance of wisdom (jñāna) have absorbed in Me.

यस्य सर्वे समारम्भाः कामसङ्कल्पवर्जिताः।
ज्ञानाग्निदग्धकर्माणं तमाहुः पण्डितं बुधाः॥ (4.19)

"जिसके सम्पूर्ण शास्त्रसम्मत कर्म बिना कामना और संकल्प के होते हैं तथा जिसके समस्त कर्म ज्ञान रूप अग्नि के द्वारा भस्म हो गये हैं, उस महापुरुष को ज्ञानीजन भी पण्डित कहते हैं।" (4.19)

स्पष्टीकरण-पिछले श्लोकों में भगवान कृष्ण, अर्जुन को ज्ञान देते हुए कहते हैं कि बड़े प्रवीण ज्ञानी जन भी, क्या कर्म है? क्या अकर्म है? प्रश्नों को सुनकर भ्रमित हो जाते हैं। वे वास्तविक कर्मों का ज्ञान प्रदान करते हुए कहते हैं कि किसी फल की प्राप्ति की आशा के बिना निस्पृह होकर प्रत्येक कर्म किया जाना चाहिए। उपर्युक्त श्लोक में भी भगवान कृष्ण अर्जुन को ज्ञान की अग्नि से सब कर्मों को जलाकर पवित्र करने का उपदेश देते हैं।

yasya sarve samārambhāḥ kāmasaṅkalpavarjitāḥ|
jñānāgnidagdhakarmāṇaṁ tam āhuḥ paṇḍitaṁ budhāḥ.|| (4.19)

"Even the wise call him a sage, whose undertakings are all free from desire and Saṅkalpa (thoughts of the world) and whose actions are burnt up by the fire of wisdom." (4.19)

Clarification- In previous ślokas Lord Krishna provides the precept of jñāna about what is action and what is inaction? Expert jñāns also become dismayed and bewildered over these questions. He tells him about the jñāna of real forms of action (karmas). He precepts not to have lust or craving for the expect of any reward or fruit. Being desireless, every action must be done. In the above śloka also He tells to burn up actions by the fire of jñāna.

गतसङ्गस्य मुक्तस्य ज्ञानावस्थितचेतसः।
यज्ञायाचरतः कर्म संग्रहं प्रविलीयते॥ (4.23)

"जिसकी आसक्ति सर्वथा नष्ट हो गयी है, जो देहाभिमान और ममता से रहित हो गया है, जिसका चित्त निरन्तर परमात्मा के ज्ञान में स्थित रहता है- ऐसा केवल यज्ञसम्पादन के लिये कर्म करने वाले मनुष्य के सम्पूर्ण कर्म भलीभाँति विलीन हो जाते हैं।" (4.23)

स्पष्टीकरण-तात्विक रूप से परमात्मा के ज्ञाता, समस्त कर्मों के प्रति अनासक्त, समस्त चित्तवृत्तियों के नियंत्रक कुशाग्र बुद्धिमान ज्ञानीजन सांसारिक कर्मों के बन्धनों में न बँधकर परमात्मा में विलीन हो जाते हैं। उपर्युक्त श्लोक में भी परमात्मा के इसी तात्त्विक एवं वास्तविक ज्ञान पर बल दिया गया है।

gatasaṅgasya muktasya jñānāvasthitacetasaḥ|
yajñāyācarataḥ karma saṁgraṁ pravilīyate || (4.23)

"All his actions get dissolved entirely, who is free from attachment and has no identification with the body and is free from the feeling of mineness, whose mind is established in the knowledge of Self and who works merely for the sake of sacrifice." (4.23)

Clarification – In previous ślokas, it is precepted that those sagacious jñānis, detached to all actions, controlled over all mental dispositions, are not bounded by mundane actions and become blent in God equanimously. In the above śloka also, this true jñāna of Supreme God is emphasised.

सर्वाणीन्द्रियकर्माणि प्राणकर्माणि चापरे।
आत्मसंयमयोगाग्नौ जुह्वति ज्ञानदीपिते॥ (4.27)

"दूसरे योगीजन इन्द्रियों की सर्म्पूण क्रियाओं को और प्राणों की समस्त क्रियाओं को ज्ञान से प्रकाशित आत्म-संयमयोगरूप अग्नि मे हवन किया करते हैं"। (4.27)

स्पष्टीकरण-पिछले श्लोकों में भिन्न-भिन्न यज्ञों को भिन्न-भिन्न कार्यों की अग्नि से किया हुआ बताया गया है, कुछ ज्ञानी लोग देवों की पूजा की अग्नि द्वारा, कुछ तपस्या की अग्नि द्वारा हवन करते हैं तो कुछ आत्म-संयम की अग्नि से। उपर्युक्त श्लोक में भी दैविक ज्ञान के प्रकाश से प्रकाशित प्राणवायु, इन्द्रियों के कार्यों का योग रूपी अग्नि में हवन दिखाया गया है।

Sarvāṇindriyakarmāṇ prāṇakarmāṇi cāpare।
ātmasaṁyamayogāgnau juhvati jñānadipite ।। (4.27)

"Others sacrifice all the functions of their senses and the functions of the vital airs (Prāṇa) into the fire of Yoga in the shape of self-control, kindled by wisdom." (4.27)

Clarification – In the previous ślokas, it is inculcated that different jñānis or yogis perform different sacrifices (yojñas) through different fires of different functions. Some perform through the fire of worship of gods, some through the fire of self control and through the fire of penance. In the above śloka, all the functions of sense and vital air are sacrificed into the fire of yoga (self-control). Through the celestial light of jñāna or knowledge.

द्रव्ययज्ञास्तपोयज्ञा योगयज्ञास्तथापरे।
स्वाध्यायज्ञानयज्ञाश्च यतयः संशितव्रताः॥ (4.28)

"कई पुरुष द्रव्य सम्बन्धी यज्ञ करने वाले हैं, कितने ही तपस्यारूप यज्ञ करने वाले हैं तथा दूसरे कितने ही योगरूप यज्ञ करने वाले हैं और कितने ही अहिंसादि तीक्ष्ण व्रतों से युक्त यत्नशील पुरुष स्वाध्यायरूप ज्ञानयज्ञ करने वाले हैं"। (4.28)

स्पष्टीकरण–पूर्वोक्त श्लोकों में हवन अथवा यज्ञ के प्रकारों को प्रकाशित किया गया है, किन्तु कोई यज्ञ या हवन पवित्र ज्ञान के बिना पूर्ण नहीं हो सकता। पवित्र ज्ञान के द्वारा निश्चल एकचित्त तथा वृत्तियुक्त होकर परमात्मा में स्थित होना ही एक सच्चा एवं वास्तविक हवन करना या यज्ञ करना है। उपर्युक्त श्लोक में भी सभी यज्ञों में ज्ञान–यज्ञ श्रेष्ठ प्रतीत होता है।

dravyayajñās tapoyajñā yogayajñās tathāpare |
svādhyāyajñānayajñās ca yatayaḥ saṁśitavratāḥ || (4.28)

"Some perform sacrifice with material possessions; some offer sacrifice in the shape of austerities; others sacrifice through the practice of Yoga; while some striving souls, observing austere vows, perform sacrifice in the shape of wisdom through the study of sacred texts." (4.28)

Clarification – In the above said ślokas, many types of sacrifice and yajñā are elicited, but no any sacrifice or yojña is complete without jñāna (knowledge), concentrating immutating mind and all the mental dispositions, to be blent in the supreme God is really a true sacrifice or jaña. In above śloka, Jñāna yajña looks superior to all.

एवं बहुविधा यज्ञा वितता ब्रह्मणो मुखे।
कर्मजान्विद्धि तान्सर्वानेवं ज्ञात्वा विमोक्ष्यसे॥ (4.32)

"इसी प्रकार और भी बहुत तरह के यज्ञ द वेदी की वाणी में विस्तार से कहे गये हैं। उन सबको तू मन, इन्द्रिय और शरीर की क्रिया द्वारा सम्पन्न होने वाले जान, इस प्रकार तत्त्व से जानकर उनके अनुष्ठान द्वारा तू कर्मबन्धन से सर्वथा मुक्त हो जायगा"। (4.32)

स्पष्टीकरण–वास्तविक ज्ञान को जानने की क्षमता के अनुसार विभिन्न ज्ञानीजन विभिन्न यज्ञ करते हैं, किन्तु बिन वास्तविक ज्ञान के किया गया यज्ञ पूर्णता को प्राप्त नहीं करता। उपर्युक्त श्लोक में, अधिकतर यज्ञ मन, बुद्धि, इन्द्रिय तथा शरीर की क्रियाओं के द्वारा सम्पन्न होते हैं, किन्तु ब्रह्मज्ञान के द्वारा सम्पन्न किए गए यज्ञ सभी को सांसारिक कर्मों के बन्धन से मुक्त करते हैं।

Evaṁ bahuvidhā yajñā vitatā brahmaṇo mukhe |
karmajānviddhi tānsarvānēvaṁ jñātvā vimōkṣyasē || (4.32)

"Many such forms of sacrifice have been set forth in detail in the Vedas; know them all as involving the action of mind, senses and body.Thus, knowing the truth about them you shall be freed from the bondage of action through their performance." (4.34)

Clarification – According to their capability of real jñāna, different jñānis perform different yajñas. But without real jñāna, none yājña reaches repletion. In the above śloka, most of yajña are performed through the functions of mind, wisdom and senses, but the yajña performed through the Brahm-jñāna enables us to be free from the bondage of mundane actions.

श्रेयान्द्रव्यमयाद्यज्ञाज्ज्ञानयज्ञः परन्तप।
सर्वं कर्माखिलं पार्थ ज्ञाने परिसमाप्यते॥ (4.33)

"हे परंतप अर्जुन! द्रव्यमय यज्ञ की अपेक्षा ज्ञानयज्ञ अत्यन्त श्रेष्ठ है, तथा यावन्मात्र सम्पूर्ण कर्म ज्ञानमें समाप्त हो जाते हैं"। (4.33)

स्पष्टीकरण–पिछले श्लोक में भगवान कृष्ण ने मन, बुद्धि, इन्द्रिय तथा शरीर के कर्मों द्वारा सम्पन्न होने वाले अनेक प्रकार के यज्ञों का वर्णन किया है, जो ज्ञान की पवित्र एवं निर्मल भावना के द्वारा नहीं किये जाते। उपर्युक्त श्लोक में भगवान कृष्ण जी अर्जुन को उपदेशित करते हुए समझाते हैं कि ज्ञान यज्ञ ही सांसारिक द्रव्यों द्वारा किये गये सभी यज्ञों से श्रेष्ठ है। सभी कर्म ज्ञान-यज्ञ की अग्नि में जलकर समाप्त हो जाते है।

Śrēyāndravyamayādyajñājjñānayajñaḥ parantapa |
sarvaṁ karmākhilaṁ pārtha jñānē parisamāpyate || (4.33)

Arjuna, sacrifice through knowledge, is superior to sacrifice performed with material things. For all actions without exception culminate in knowledge, O son of Kuntī. (33)

Clarification – In the previous ślokas, different kinds of yajñas have been told by Lord Krişna which are performed through the functions of mind, intellect, senses and body, are not performed through limpid and vestal sprit of knowledge or jñāna in reality, but in the above śloka Lord Krişna tells Arjuna that jñāna yajña is the best of all sacrifices performed through mundane things. All the actions (karmas) are burnt up in the fire of jñāna yajña.

तद्विद्धि प्रणिपातेन परिप्रश्नेन सेवया।
उपदेक्ष्यन्ति ते ज्ञानं ज्ञानिनस्तत्त्वदर्शिनः॥ (4.34)

उस ज्ञान को तू तत्त्वदर्शी ज्ञानियों के पास जाकर समझ, उनको भलीभाँति दण्डवत्-प्रणाम करने से, उनकी सेवा करने से और कपट छोड़कर सरलतापूर्वक प्रश्न करने से वे परमात्म तत्त्व को भलीभाँति जानने वाले ज्ञानी महात्मा तुझे उस तत्त्वज्ञान का उपदेश करेंगे। (4.34)

स्पष्टीकरण-पिछले श्लोकों में ज्ञान-यज्ञ को सभी यज्ञों से श्रेष्ठ बतलाया है, किन्तु इस सत्य को कौन बता सकता है? उपर्युक्त श्लोक में भगवान कृष्ण अर्जुन को सलाह देते हैं कि तुम सत्य ज्ञान की पराकाष्ठा के सूक्ष्मदर्शी ज्ञानियों के पास भलीभाँति सेवा सुश्रूषा करते हुए तथा अत्यन्त निर्मल एवं पवित्र मन बुद्धि के साथ उनसे उत्तर जानने के लिए प्रश्न पूछो।

Tadviddhi praṇipātēna paripraśnēna sēvayā I
upadēkṣyanti tē jñānaṁ jñāninastattvadarśinaḥ II (4.34)

"Understand the true nature of that Knowledge by approaching seers of Truth. If you prostrate at their feet, render them service and question them with an open and guileless heart, those wise seers of Truth will instruct you in that Knowledge." (34)

Clarification – In the previous ślokas, the jñāna yajña has been told superior to all yajñas, but who can tell this truths. In the above śloka, Lord Kṛṣna advises Arjuna to go to the sagacious and culminated seers of truth of jñāna in reality with immaculate, limpid and wileless heart and mind, prostrating at their feet, esteemly and venerably serving them, ask them question to know the answer.

अपि चेतसि पापेभ्यः सर्वेभ्यः पापकृतत्तमः।
सर्वं ज्ञानप्लवेनैव वृजिनं सन्तरिष्यसि॥ (4.36)

"यदि तू अन्य सब पापियों से भी अधिक पाप करने वाला है; तो भी तू ज्ञानरूप नौकाद्वारा निःसंदेह सम्पूर्ण पाप-समुद्र को भलीभाँति तर जायगा।" (4.36)

स्पष्टीकरण-पिछले श्लोक में भगवान कृष्ण सत्य ज्ञान की वास्तविकता के सूक्ष्मदर्शी ज्ञानियों के पास जाने की सलाह देते हैं, तत्पश्चात् उपर्युक्त श्लोक में अर्जुन को ज्ञान-तत्त्व की अनुपम महिमा एवं गुणों को बतलाते हुए कहते हैं कि तुम सब पापियों के पापी होते हुए भी ज्ञान रूपी नौका के द्वारा इस भव-सागर से तर जाओगे।

Api chēdasi pāpēbhyaḥ sarvēbhyaḥ pāpakṛttamaḥ I
sarvaṃ jñānaplavēnaiva vṛjinaṁ santariṣyasi II (4.36)

"Even if you were the most sinful of all sinners, this knowledge alone would carry you, like a raft." (4.36)

Clarification – In the previous śloka Lord Krishna advises Arjuna to go to the sagacious seers, of truth to know the real jñāna yajña. In the above śloka Lord Krishna tells the culminated and peerless quality and magnificence of real Jñāna. He tells that being the most sinful of all sinners, you (Arjuna) will cross the sea of sins through the boat of jñāna.

यथैधांसि समिद्धोऽग्निर्भस्मसात्कुरुतेऽर्जुन।
ज्ञानाग्निः सर्वकर्माणि भस्मसात्कुरुते तथा॥ (4.37)

"क्योंकि हे अर्जुन! जैसे प्रज्वलित अग्नि ईंधनों को भस्ममय कर देता है, वैसे ही ज्ञानरूप अग्नि संपूर्ण कर्मों को भस्म कर देता है"। (4.37)

स्पष्टीकरण-पिछले श्लोकों में भगवान कृष्ण अनेक प्रकार के यज्ञों से ज्ञान-यज्ञ को श्रेष्ठ बतलाते हैं, और ज्ञान की महिमा व्यक्त करते हैं। उपर्युक्त श्लोक में श्रीकृष्ण अर्जुन को बतलाते हैं कि जैसेः- अग्नि, ईंधन को भस्म कर राख कर देती है, वैसे ही ज्ञान की अग्नि सभी कर्मों को भस्मसात कर देती है।

yathaidhāṁsi samiddho'gnirbhasmasātkurute'rjuna |
jñānāgniḥ sarvakarmāṇi bhasmasātkurutē tathā || (4.37)

"For, as the blazing fire reduces the fuel to ashes, Arjuna, even so the fire of knowledge turns all actions to ashes." (4.37)

Clarification – In previous ślokas, the magnitude of jñāna is told in many ways through different kinds of yajñās. In the above śloka, at last, Lord Kṛṣṇa, tells the acme of truth of reality of jñāna that as fire turns the fuel into ashes, so the fire of jñāna burns all the actions.

न हि ज्ञानेन सदृशं पवित्रमिह विद्यते।
तत्स्वयं योगसंसिद्धः कालेनात्मनि विन्दति॥ (4.38)

"इस संसार में ज्ञान के समान पवित्र करने वाला निःसंदेह कुछ भी नहीं है। उस ज्ञानको कितने ही काल से कर्मयोग के द्वारा शुद्धान्तःकरण हुआ मनुष्य अपने-आप ही आत्मा में पा लेता है"।(4.38)

स्पष्टीकरण-पिछले श्लोकों में भगवान श्री कृष्ण ने अर्जुन के प्रति वास्तविक ज्ञान की अनुपम महिमा को वर्णित किया है। उपर्युक्त श्लोक में ज्ञान की महिमा की पराकाष्ठा एवं पूर्णता को प्रकाशित किया गया है। विश्व में ज्ञान के समान पवित्र कोई वस्तु नहीं है, दूसरे शब्दों में आत्मा ज्ञान के प्रकाश में ही परमात्मा को देख सकता है- "आत्मा (जीव) और परमात्मा प्रकृति रूपी वृक्ष पर दो मित्र पक्षियों के रूप में रहते हैं। दोनों चेतनाशक्ति युक्त है। आत्मा प्रकृति (माया) के सुख-दुःख स्वरूप फलों को उपभोग करती है जबकि परमात्मा उनसे निर्लिप्त रहकर सदैव प्रकाशमान रहता है।"[28]

---

28. द्वा सुपर्णा सयुजा सखाया समानं वृक्षं परिषस्वजाते।
तयोरण्यः पिप्पलं स्वाद्वत्वनश्नन्नन्यो अभिचाकशीति॥ - ऋग्वेद मण्डल-10 का श्लोक सं. 10

आत्मा उसके (परमात्मा) ज्ञान प्रकाश में परमात्मा को देख सकती है।

Na hi jñānēna sadṛśaṁ pavitramiha vidyatē |
Tatsvayaṁ yōgasaṁsiddhaḥ kālēnātmani vindati || **(4.38)**

"On earth there is no purifier as great as Knowledge, he who has attained purity of heart through a prolonged practice of Karmayoga automatically sees the light of Truth in the self in course of time." (4.38)

Clarification – In the previous ślokas, Lord Kṛṣṇa has precepted Arjuna, about the peerless magnificence of real truth of Jñāna in many ways. In the above śloka, the culmination and the repletion of magnificence of jñāna is revealed – as nothing is vestal than jñāna in the universe. In other words, the two birds soul (Ātma) and Supreme God live together friendly on the same tree of nature (Pṛkrti). The soul enjoys the fruits of joys and sorrows of nature ('Prakrti, nature) while supreme God remains detached and illuminating for ever soul can see God in His light of jñāna.[29]

श्रद्धावाँल्लभते ज्ञानं तत्परः संयतेन्द्रियः।
ज्ञानं लब्ध्वा परां शान्तिमचिरेणाधिगच्छति॥ **(4.39)**

"जितेन्द्रिय, साधनपरायण और श्रद्धावान मनुष्य ज्ञान को प्राप्त होता है तथा ज्ञान को प्राप्त होकर वह बिना विलम्ब के-तत्काल ही भगवत्प्राप्ति रूप परम शान्ति को प्राप्त हो जाता है"। (4.39)

स्पष्टीकरण-गत श्लोक में बतलाया गया है कि एक व्यक्ति अपनी निर्मल एवं पवित्र बुद्धि के साथ कर्मयोग के द्वारा सतत एवं दीर्घ अभ्यास से स्वतः ही ज्ञान को प्राप्त कर सकता है। उपर्युक्त श्लोक में भगवान कृष्ण बताते हैं कि परमात्मा को कैसे प्राप्त किया जा सकता है। कोई भी अति श्रद्धालु तथा आत्मसंयमी व्यक्ति ज्ञान को प्राप्त कर तत्काल परमात्मा के रूप में अमर एवं स्थायी शान्ति को प्राप्त हो जाता है।

śraddhāvāṁllabhatē jñānaṁ tatparaḥ saṁyatēndriyaḥ |
jñānaṁ labdhvā parāṁ śāntimachirēṇādhiga Çati || **(4-39)**

"He who has mastered his senses, is exclusively devoted to his practice and is full of faith, attains Knowledge; having had the revelation of Truth, he immediately attains supreme peace in the form of God-realization." (4.39)

---

29. Dwā suparnā sayujā sakhāyā samānaṁ vuṛkṣaṁ parisasvvajāte.
Tayoranyaḥpippalaṁ svādvattyanaśnannanyo abhi chākaśīti.
- Rigveda (Mandal 10 ślok-10)

Clarification – In the previous śloka, (verse). It is revealed that the jñāna (knowledge) can be attained automatically through the incessant and long practice by Karma yoga, through immaculate and vestal mind. In the above verse, Lord Kṛṣṇa tells that how the supreme God can be attained. Any man, having been a true credent and self-controller, can attain jñāna immediately, he becomes blent in the eternal peace in the form of the Supreme God.

योगसन्न्यस्तकर्माणं ज्ञानसञ्छिन्नसंशयम्।
आत्मवन्तं न कर्माणि निबध्नन्ति धनञ्जय॥ (4.41)

"हे धनञ्जय! जिसने कर्मयोग की विधि से समस्त कर्मों को परमात्मा में अर्पण कर दिया है और जिसने ज्ञान द्वारा समस्त संशयों का नाश कर दिया है, ऐसे वश में किये हुए अन्तःकरण वाले पुरुषों को कर्म नहीं बाँधते"। (4.41)

स्पष्टीकरण–गत श्लोक में भगवान कृष्ण ने बतलाया था कि ज्ञान तथा परमात्मा स्वरूप स्थायी शान्ति को कैसे प्राप्त किया जा सकता है। प्रस्तुत श्लोक में भी बतलाया गया है कि जिस आत्मसंयमशील ज्ञानी ने अपने ज्ञान के द्वारा समस्त संदेहों को नष्ट कर दिया है, उसे कर्मों के बन्धन में नहीं बाँधा जा सकता।

Yōgasannyastakarmāṇaṁ jñānasañ Çinnasaṁśayaṁ |
ātmavantaṁ na karmāṇi nibadhnanti dhanaṅjaya || (4.41)

"Arjuna, actions do not bind him who has dedicated all his actions to god according to the spirit of karmayoga, whose doubts have been dispelled by wisdom and who is self-possessed." (4.41)

Clarification – In the previous verse, Lord kṛṣṇa told "How can jñāna and supreme God's eternal peace be attained? In the above verse, is also told, "A subdued minded and self-controlled person who has distroyed all doubts by jñāna , or can never be bound by actions (Karmas).

तस्मादज्ञानसम्भूतं हृत्स्थं ज्ञानासिनात्मनः।
छित्त्वैनं संशयं योगमातिष्ठोत्तिष्ठ भारत॥ (4.42)

"इसलिये हे भरतवंशी अर्जुन! तू हृदय में स्थित इस अज्ञानजनित अपने संशय का विवेकज्ञानरूप तलवार द्वारा छेदन करके समत्वरूप कर्मयोग में स्थित हो जा और युद्ध के लिये खड़ा हो जा"। (4.42)

स्पष्टीकरण–पिछले श्लोक में बताया गया है कि जिस ज्ञानी ने अपने विवेक-ज्ञान से सब संशयों को नष्ट कर दिया है, उसे कर्म-बन्धन नहीं बाँध

सकते। उपर्युक्त श्लोक में भी भगवान कृष्ण अर्जुन को अज्ञानता से उत्पन्न सभी संशयों को ज्ञान-विवेक रूपी तलवार से काटने का उपदेश देते हैं।

Tasmādajñānasaṁbhūtaṁ hṛtsthaṁ jñānāsinātmanaḥ|
Çittvainaṁ saṁśayaṁ yōgamātiṣṭhōttiṣṭha bhārata|| (4.42)

"Therefore, Arjun, slashing to pieces with the sword of knowledge this doubt in your heart, born of ignorance, establish yourself in Karmayoga in the shape of even-mindedness, and stand up for the fight." (4.42)

Clarification – In the previous verse, it is told that discreet jñānī can never be bound by karma (actions). In the above śloka who has destroyed all doubts by his jñāna also Lord Kṛṣṇa precepts Arjuna to slash the all the doubts created by ignorance by the sword of discretion of jñāna.

नादत्ते कस्यचित्पापं न चैव सुकृतं विभुः।
अज्ञानेनावृतं ज्ञानं तेन मुह्यन्ति जन्तवः॥ (5.15)

"सर्वव्यापी परमेश्वर भी न किसी के पापकर्म को और न किसी के शुभकर्म को ही ग्रहण करता है; किन्तु अज्ञान के द्वारा ज्ञान ढका हुआ है, उसीसे सब अज्ञानी मनुष्य मोहित हो रहे हैं"। (5.15)

स्पष्टीकरण-पूर्वोक्त श्लोक में भगवान कृष्ण कहते हैं कि सांख्य योग के ज्ञानी सभी चित्तवृत्तियों को त्यागकर परमपिता परमात्मा के रूप में अलौकिक आनन्द में लीन हो जाते हैं, उपर्युक्त श्लोक में अज्ञानता के कारण अज्ञानी जन मोहित रहते हैं। सर्वव्यापक परमात्मा कभी भी किसी के पाप या पुण्य को प्राप्त नहीं करते।

Nādatte kasyacit pāpaṁ na caiva sukṛtaṁ vibhuḥ|
ajñānenavāṛtaṁ jñānaṁ tena muhyanti jantvaḥ|| (5.15)

"The omnipresent God does not partake the virtue or sin of anyone. Knowledge is enveloped by ignorance; hence, it is that beings are constantly falling a prey to delusion." (5.15).

Clarification – In the previous ślokas, Lord Kṛṣṇa tells that a jñānī of saṁkhya yoga and the subduer of mental dispositions, renunciating all actions of mind, immersed in the divine and supernatural exultation in the form of Supreme God. In the above śloka, because of ignorance or jñāna, all ignorant people are being deluded. 'The omnipresent Supreme God does not receive the virtue or sin of anyone.

ज्ञानेन तु तदज्ञानं येषां नाशितमात्मनः।
तेषामादित्यवज्ज्ञानं प्रकाशयति तत्परम्।। (5.16)

"परन्तु जिनका वह अज्ञान परमात्मा के तत्त्वज्ञान द्वारा नष्ट कर दिया गया है, उनका वह ज्ञान सूर्य के सदृश उस सच्चिदानन्दघन परमात्मा को प्रकाशित कर देता है"। (5.16)

स्पष्टीकरण-पिछले श्लोक की भाँति ही उपर्युक्त श्लोक में भी ज्ञान की महिमा तथा महत्त्व की प्रशंसा की गई है कि जिसके अज्ञान को ज्ञान ने विदीर्ण कर दिया है, उसके ज्ञान की सूर्य किरणें परम ब्रह्म को प्रकाशित करती रहती हैं, तात्पर्य यह है कि ज्ञानी और परमात्मा एक-दूसरे में समाहित हो जाते हैं।

Jñānena tu tad ajñānaṁ yeṣāṁ nāśitam ātmanaḥ
teṣām ādityavaj jñānaṁ prakāśayati tat param. (5.16)

"In the case, however, or those whose said ignorance has been destroyed by true knowledge of God, that wisdom shining like the sun reveals the Supreme." (5.16).

Clarification – Like previous ślokas in the above śoka, magnitude and importance of jñāna is praised that whose ignorance has been dispelled by Brahma jñāna, his jñāna- rays like those of the sun illuminate the Supreme God. It means both are united each other.

तद्बुद्धयस्तदात्मानस्तन्निष्ठास्तत्परायणाः।
गच्छन्त्यपुनरावृत्तिं ज्ञाननिर्धूतकल्मषाः।। (5.17)

"(ब्रह्म में) ही जिनकी निरन्तर एकीभावसे स्थिति है, ऐसे तत्परायण पुरुष ज्ञान के द्वारा पापरहित होकर अपुनरावृत्तिका अर्थात् परमगति को प्राप्त होते हैं"। (5.17)

स्पष्टीकरण-पूर्वोक्त श्लोक में वर्णित ज्ञान की महिमा की तरह ही भगवान कृष्ण उपदेशित करते हैं कि जिन ज्ञानियों के मन और बुद्धि सतत रूप से पाप रहित होकर ज्ञान द्वारा सच्चिदानन्द परमात्मा में निहित रहते हैं, वे जन्म-मरण के बन्धन से मुक्त हो जाते हैं।

Tadbuddhayas tadātmānas tanniṣṭhās tatparāyaṇāḥ.
gacchantyapunarāvṛttiṁ jñānanirdhūtakalmaṣāḥ (5.17)

"Those whose mind and intellect are wholly merged in Him, who remains constantly established in identity with Him, and have finally become one with Him, their sins being wiped out by wisdom, reach the supreme goal whenece there is no return." (17)

Clarification – Like the magnitude of jñāna in previous śloka, in the above śloka also, Lord Kṛṣṇa tells that whose mind and intellect are incessant bent in the Sacchidānand Supreme God, those truthful jñānīs being sinless through the real jñāna, are emancipated from the bondage of rebirth and death.

ज्ञानविज्ञानतृप्तात्मा कूटस्थो विजितेन्द्रियः।
युक्त इत्युच्यते योगी समलोष्टाश्मकाञ्चनः।। (6.8)

"जिसका अन्तःकरण ज्ञान-विज्ञान से तृप्त है, जिसकी स्थिति विकार रहित है, जिसकी इन्द्रियाँ भलीभाँति जीती हुई हैं और जिसके लिये मिट्टी, पत्थर और सुवर्ण समान हैं, वह योगी युक्त अर्थात् भगवत्प्राप्त है, ऐसे कहा जाता है"। (6.8)

स्पष्टीकरण–पिछले श्लोक में बताया गया था कि ज्ञानी (पापहीन) वास्तविक प्रकाशमान ज्ञान के द्वारा जन्म-मरण के बन्धन से मुक्त हो जाता है उपर्युक्त श्लोक में भी भगवान कृष्ण उपदेश देते हुए बतलाते हैं कि इन्द्रियसंयमी तथा ज्ञान-विज्ञान[30] से तृप्त रहने वाला ज्ञानी समचित्त होकर भगवान को प्राप्त होता है।

jñānavijñānatṛptātmā kūṭastho vijitendriyaḥ
yukta ityucyate yogī samaloṣṭāśmakāṅcanaḥ (6.8)

"The Yogi whose mind is stated with jñāna (Knowledge of Nirguṇa Brahma) and Vijñāna (Knowledge of manifest Divinity), who is unmoved under any circumstances, whose senses are completely under control, and to whom earth, stone and god are all alike, is spoken of as a God-realized soul.(6.8)"

Clarification – In the previous śloka, it is told that a jñānī being sinless, is emancipated from the bondage of rebirth through the real illuminating jñāna, in the above śloka also, Lord kṛṣṇa precepts that whose mind and wisdom are satiable with jñāna (divine and real knowledge about God) and vijñāma (jñāna about all terrestrial and hedonistic things) senses are surmountable, those attain supreme God equanimously.

ज्ञानं तेऽहं सविज्ञानमिदं वक्ष्याम्यशेषतः।
यज्ज्ञात्वा नेह भूयोऽन्यज्ज्ञातव्यमवशिष्यते।। (7.2)

30. ज्ञान- परमात्मा संबंधी पवित्र एवं वास्तविक ज्ञान
विज्ञान - संसार की समस्त चीजों तथा सभी भोगवादी वस्तुओं का सम्यक् ज्ञान।

"मैं तेरे लिये इस विज्ञानसहित तत्त्वज्ञान को सम्पूर्णतया कहूँगा; जिसको जानकर संसार में फिर और कुछ भी जाननेयोग्य शेष नहीं रह जाता है"। (7.2)

स्पष्टीकरण-छठे अध्याय में भगवान् श्री कृष्ण परमात्मा के विषय में वास्तविक ज्ञान प्राप्ति हेतु निस्पृह तथा अनासक्त भाव से एक सच्चा योगी बनने का उपदेश देते हैं। उपर्युक्त श्लोक में भगवान् कृष्ण, अर्जुन को उनसे ज्ञान-विज्ञान की पूर्णता प्राप्त करने हेतु प्रेरणा प्रदान करते हैं।

Jñānaṁ te'haṁ savijñānam idaṁ vakṣyāmyaśeṣataḥ
yaj jñātvā neha bhūyo'nyaj jñātavyam avaśiṣyate. (7.2)

"I shall unfold to you in its entirely this wisdom (Knowledge of God in His absolute formless aspect) alongwith the Knowledge of the qualified aspect of God (both with form and without form), having known which nothing else remains yet to be known in this world." (7.2)

Clarification – In the chapter six, Lord kṛṣṇa precepts Arjuna advising to be a true yogī without propensity of desire to know the real jñāna about the Supreme God. In the above śloka, Lord Krishna impels Arjuna to attain the repletion of jñāna and vijñāna from Him.

न मां दुष्कृतिनो मूढ़ा प्रपद्यन्ते नराधमाः।
माययापहृतज्ञाना आसुरं भावमाश्रिताः।। (7.15)

"माया के द्वारा जिनका ज्ञान हरा जा चुका है, ऐसे आसुर-स्वभाव को धारण किये हुए, मनुष्यों में नीच, दूषित काम करने वाले मूढ़लोग मुझ अविनाशी को नहीं भजपाते।"। (7.15)

स्पष्टीकरण-भगवान कृष्ण गत श्लोकों में बताते हैं कि मेरी त्रिगुणात्मक (सतोगुण, रजोगुण, तमोगुण) प्रकृति (माया) से प्रेरित किए गए कर्मों के द्वारा वशीभूत ज्ञानी लोग मुझे नहीं भजते। उपर्युक्त श्लोक में भी इसी सत्य को पुनः बताते हुए श्री कृष्ण कहते हैं कि मेरी माया द्वारा अपहृत ज्ञान वाले तथा आसुरी स्वभाव वाले नीच, दूषित, कर्म करने वाले मूढ़ मुझ अविनाशी को नहीं भज पाते।

Na māṁ duṣkṛtinō mūḍhāḥ prapadyantē narādhamāḥ ।
māyayāpahṛtajñānā āsuraṁ bhāvamāśritāḥ ॥ (7.15)

"Those whose wisdom has been carried away by Māya and are demoniac nature, such foolish and vile men of evil deeds do not adore me." (7.15)

Clarification – In the previous śloka Lord Kṛṣṇa tells that those jñānis, who are deluded by actions performed through three modes sattva, rajas and tāmas of pṛkṛiti (māya) do not adore me. In the above śloka. The same truth is repeated that those infernal natured, sordid, defied doer of actions, whose jñāna has been abducted by māya, do not adore Me as imperishable.

तेषां ज्ञानी नित्ययुक्त एकभक्तिर्विशिष्यते।
प्रियो हि ज्ञानिनोऽत्यर्थमहं स च मम प्रियः॥ (7.17)

"उनमें नित्य मुझमें एकीभाव से स्थित अनन्य प्रेमभक्ति वाला ज्ञानी भक्त अति उत्तम है, क्योंकि मुझको तत्त्व से जानने वाले ज्ञानी को मैं अत्यन्त प्रिय हूँ और वह ज्ञानी मुझे अत्यन्त प्रिय है"। (7.17)

स्पष्टीकरण-पिछले श्लोक में भगवान कृष्ण ने अर्जुन को चार प्रकार के आराधक वर्णित किए हैं- 1. सांसारिक वस्तुओं के उत्तम आराधक, 2. संकट-निवारण हेतु आराधक 3. ज्ञान को जानने के उत्सुक आराधक तथा 4. सात्त्विक रूप से ज्ञान को जानने के लिए ज्ञानी। उपर्युक्त श्लोक में भगवान कृष्ण अर्जुन को एक प्रतिभाशाली एवं सर्वोत्तम ज्ञानी के रूप में स्वीकार करते हैं, जो भगवान कृष्ण को सर्वाधिक प्रिय है और भगवान कृष्ण उसको प्रिय हैं।

Tēṣāṃ jñānī nityayukta ēkabhaktirviśiṣyatē|
priyō hi jñāninō'tyarthamahaṁ sa cha mama priyaḥ||
(7.17)

"Of these, the best is the man of wisdom, ever established in identity with Me and possessed of exclusive devotion. For, I am extremely dear to the wise man who knows Me in reality, and he is extremely dear to Me." (7.17)

Clarification – In the previous śloka, Lord Kṛṣṇa has told Arjuna four kinds of worshippers of Him. (1) Superior worshipper for mundane things (2) Afflicted worshipper to be free from perils (3) Anxious worshipper for wisdom and (4) jñānī as a worshipper of true jñāna. In the above śloka, Lord Kṛṣṇa accepts Arjuna as a jñānī who is extremely dear to Him and He is also to Him.

उदाराः सर्व एवैते ज्ञानी त्वात्मैव मे मतम्।
आस्थितः स हि युक्तात्मा मामेवानुत्तमां गतिम्॥ (7.18)

"ये सभी उदार हैं, परन्तु ज्ञानी तो साक्षात् मेरा स्वरूप ही है- ऐसा मेरा मत है; क्योंकि वह मद्गत मन-बुद्धि वाला ज्ञानी भक्त अति उत्तम गतिस्वरूप मुझमें ही अच्छी प्रकार स्थित है"। (7.18)

स्पष्टीकरण-गत श्लोक में भगवान कृष्ण ने अर्जुन को एक सर्वोत्तम ज्ञानी के रूप में स्वीकार किया था, प्रस्तुत श्लोक में भगवान कृष्ण के मतानुसार सभी प्रकार के आराधक अत्यन्त उदार हैं किन्तु भगवान को तात्त्विक ज्ञान पूर्वक जानने वाला आराधक ही भगवान में स्थित रहता है।

Udārāḥ sarva ēvaite jñānī tvātmaiva me mataṁ |
āsthitaḥ sa hi yuktātmā māmēvānuttamāṁ gatiṁ || (7.18)

"Indeed all these are noble, but the men of wisdom is My very self such is My view. For such a devotee, who has his mind and intellect merged to Me, is firmly established in Me, alone, the highest goal." (7.18)

Clarification– In the previous śloka, Lord Kṛṣṇa accepted Arjuna as the best jñānī, in the above śloka, Lord kṛṣṇa's tenet is that all are bounteous undoubtedly but the jñāni (knower) of Him in reality is always vested in Him.

बहूना जन्मनामन्ते ज्ञानवान्मां प्रपद्यते।
वासुदेवः सर्वमिति स महात्मा सुदुर्लभः।। (7.19)

"बहुत जन्मों के अन्त के जन्म में तत्त्वज्ञान को प्राप्त पुरुष, सब कुछ वासुदेव ही है- इस प्रकार मुझको भजता है, वह महात्मा अत्यन्त दुर्लभ है"। (।7.19)

स्पष्टीकरण-उपर्युक्त श्लोक में भगवान् कृष्ण अर्जुन को बतलाते हैं कि जो ज्ञानी जन जीवन पर्यन्त परमात्मा की 'अपना सब कुछ' समझते हैं, वो संसार में वास्तव में अत्यन्त दुर्लभ हैं।

Bahūnāṁ janmanāmante jñānavānmāṁ prapadyate |
vāsudēvaḥ sarvamiti sa mahātmā sudurlabhaḥ || (7.19)

"In the very last of all births the enlightened person worships Me by realizing that all this is God. Such a great soul is rare indeed." (7.19).

Clarification – In the above śloka, Lord Kṛṣṇa tells that a jñānī, who realizes God as "All in all", throughout his life are scarce, indeed.

कामैस्तैस्तैर्हृतज्ञानाः प्रपद्यन्तेऽन्यदेवताः।
तं तं नियममास्थाय प्रकृत्या नियताः स्वया।। (7.20)

"उन-उन भोगों का कामना द्वारा जिनका ज्ञान हरा जा चुका है, वे लोग अपने स्वभाव से प्रेरित होकर उस-उस नियम को धारण करके अन्य देवताओं को भजते हैं अर्थात् पूजते हैं"। (7.20)

स्पष्टीकरण-पूर्वोक्त श्लोकों में भगवान कृष्ण, अर्जुन को अपने भिन्न-भिन्न प्रकार के भक्तों के विषय में बतलाते हुए कहते हैं- "सभी भक्त उदार हैं", किन्तु जो भक्त अपनी निश्चल, निश्छल एवं निर्मल मन-बुद्धि तथा इन्द्रियों से युक्त होकर मुझ सर्वस्वरूप परमात्मा की पूजा करते हैं, वे मेरे सर्वप्रिय होकर मेरे को प्राप्त होते हैं।

उपर्युक्त श्लोक में भी भगवान कृष्ण अर्जुन को बतलाते हैं कि अपनी अपूर्ण कामनाओं के द्वारा अपहृत ज्ञानयुक्त तथा अपनी प्रकृति के अनुसार प्रेरित होकर कुछ भक्तगण अपने भिन्न-भिन्न विश्वास तथा मतानुसार, भिन्न-भिन्न पूजा-विधियों से भिन्न-भिन्न देवताओं की पूजा करते हैं।

Kāmaistaistairhṛtajñānāḥ prapadyante'nyade'vatāḥ I
taṁ taṁ niyamamāsthāya prakṛtyā niyatāḥ svayā II (7.20)

"Those whose wisdom has been carried away by various desires, being prompted by their own nature worship other deities, adopting norms relating to the jñāna" **(7.20)**

Clarification – In the previous ślokas, Lord Kṛṣṇa tells Arjuna, about the different types of his devotees, Who are all bounteous, but those wise devotees, who adore Me as All in All's with their immutable, wileless, limpid and subdued mind, intellect and senses incessantly, are dearest and immersed in Me.

In the above śloka, He tells Arjuna, about different devotees, having abducted wisdom by incomplete desires, impelled by their nature, adore different gods (deities) according to their different faith and tenets in different ways.

इदं तु ते गुह्यतमं प्रवक्ष्याम्यनसूयवे।
ज्ञानं विज्ञानसहितं यज्ज्ञात्वा मोक्ष्यसेऽशुभात्॥ (9.1)

"श्रीभगवान् बोले- तुझे दोषदृष्टिरहित भक्त के लिये इस परम गोपनीय विज्ञानसहित ज्ञान को पुनः भलीभाँति कहूँगा, जिसको जानकर तू दुःखरूप संसार से मुक्त हो जाएगा" (9.1)

स्पष्टीकरण-पिछले श्लोकों में भगवान कृष्ण को ज्ञान की महिमा के विषय में कई बार उपदेशित किया है किन्तु उपर्युक्त श्लोक में भगवान कृष्ण

सांसारिक दु:ख स्वरूप सागर से मुक्त कराने वाले ज्ञान को पुनः अधिक रूप में उपदेशित करते हैं।

Idaṁ tu te guhyatamaṁ pravakṣyāmyanasūyave |
jñānaṁ vijñānasahitaṁ yajjñātvā mo'kṣyase'śubhāt ‖ (9.1)

"Śrī Bhagvān said; To you, who are devoid of the carping spirit I shall now unfold the most secret knowledge of Nirgṇa Brahma with the knowledge of manifest Divinity, knowing which you shall be free from the evil of wordly existence." (9.1)

Clarification – In the previous ślokas, Lord Kṛṣṇa precepts Arjuna about the magnitude of jñāna many times, but in the above śloka, He tells more again by which any exclusive devotee is emancipated from the sea of mundane thoes.

मोघाशा मोघकर्माणो मोघज्ञाना विचेतसः।
राक्षसीमासुरीं चैव प्रकृतिं मोहिनीं श्रिताः॥ (9.12)

"वे व्यर्थ आशा, व्यर्थ कर्म और व्यर्थ ज्ञानवाले विक्षिप्तचित्त अज्ञानीजन राक्षसी, आसुरी और मोहिनी प्रकृति* को ही धारण किये रहते हैं।" (9.12)

स्पष्टीकरण–पूर्वोक्त श्लोक में भगवान कृष्ण सत्य तथा वास्तविक ज्ञान-तत्त्व से वंचित भक्तों के विषय में बतलाते हैं, किन्तु उपयुक्त श्लोक में भगवान कृष्ण ऐसे अज्ञानी लोगों के विषय में उपदेशित करते हैं, जिनका स्वभाव और ज्ञान व्यर्थ की आशाओं, नारकीय एवं आसुरी भावनाओं एवं प्रवृत्तियों के कारण भ्रमित हो जाता है।

Moghāśā mōghakarmāṇo moghajñānā vichetasaḥ |
rākṣasīmāsurīṁ chaiva prakṛtiṁ mōhinīṁ śṛitāḥ ‖
(9.12)

"Those bewildered persons with vain hopes futile actions and fruitful knowledge have embraced a friendish, demoniac and delusive nature." (9.12)

Clarification – In the previous ślokas, Lord Kṛṣṇa tells about the men deprived of true and real jñāna. But in the above śloka, Lord Kṛṣṇa precepts about these bewildered unwise men who always attain the deluded nature because of their trivial hopes infernal and demoniac spirits and tendencies. Such unwise men can never be bounteous and benefactors in the society.

ज्ञानयज्ञेन चाप्यन्ये यजन्तो मामुपासते।
एकत्वेन पृथक्त्वेन बहुधा विश्वतोमुखम्॥ (9.15)

"दूसरे ज्ञानयोगी मुझ निर्गुण-निराकार ब्रह्म का ज्ञानयज्ञ के द्वारा अभिन्न भाव से पूजन करते हुए भी मेरी उपासना करते हैं और दूसरे मनुष्य बहुत प्रकार से स्थित मुझ विराट् स्वरूप परमेश्वर की पृथक् भाव से उपासना करते हैं।" (9.15)

स्पष्टीकरण-पिछले श्लोकों में भगवान कृष्ण कहते हैं- मेरे प्रति अचल विश्वास युक्त, धर्मात्मा भक्त मेरे गुणों और नामों का लगातार गुणगान करते हैं। उपर्युक्त श्लोक में भगवान कृष्ण अपने भिन्न-भिन्न सच्चे धर्मात्मा भक्तों के विषय में कहते हैं कि वे मेरे भिन्न स्वरूपों के गुणों और नामों का भिन्न-भिन्न रूप से लगातार ध्यानपूर्वक गुणगान करते रहे हैं।

jñānayajñēna chāpyanye yajanto māmupāsate |
ēkatvena pṛthaktvena bahudhā viśvatomukhaṁ || (9.15)

"Others (who follow the path of knowledge) betake themselves Me through their offering of Knowledge, worshipping Me (in My absolute) formless aspect) as one with themselves; while still others worship Me. My Universe Form in many ways, taking Me to be diverse in diverse celestial forms." (9.15)

Clarification – In the previous śloka, Lord Kṛṣṇa tells "My devotees with their immutable faith and devotion for me, chant my virtues and names continuously". In the above śloka, Lord Kṛṣṇa says about his different true and virtuous devotees who chant Him in His different forms in different ways attentively and incessantly.

बुद्धिर्ज्ञानमसम्मोहः क्षमा सत्यं दमः शमः।
सुखं दुःखं भवोऽभावो भयं चाभयमेव च।। (10.4)
अहिंसा समता तुष्टिस्तपो दानं यशोऽयशः।
भवन्ति भावा भूतानां मत्त एव पृथग्विधाः।। (10.5)

"निश्चय करने की शक्ति, यथार्थ ज्ञान, असम्मूढ़ता, क्षमा, सत्य, इन्द्रियों का वश में करना, मनका निग्रह तथा सुख-दुःख, उत्पत्ति-प्रलय और भय-अभय तथा अहिंसा, समता, सन्तोष, तप, दान कीर्ति और अपकीर्ति- ऐसे प्राणियों के नाना प्रकार के भाव मुझ से ही होते हैं।" (10.4, 10.5)

स्पष्टीकरण-पिछले श्लोकों में भगवान कृष्ण अर्जुन को उपदेश देते हुए कहते हैं, हे अर्जुन! तुम अपनी आन्तरिक एवं अजेय आत्मिक शक्तियों को पहचानो क्योंकि तुम परमात्मा के अंश (आत्मा) एवं स्थायी तत्त्व हो[31]।

---

31. 2.24 श्रीमद्भगवद्गीता

और मैं, मनुष्य के रूप में साक्षात् परमात्मा हूँ।[32] और मैं सभी महर्षियों और देवताओं के अस्तित्व एवं शक्तियों का आदि श्रोत एवं कारण भूत हूँ।[33]

उपर्युक्त श्लोक में भगवान कृष्ण अर्जुन को अपनी अथाह एवं अतुलनीय शक्तियों से परिचित कराना चाहते हैं, ताकि उसका मोह किसी प्रकार दूर हो सके।

Buddhirjñānasaṁmohaḥ kṣamā satyaṁ damaḥ śamaḥ |
sukhaṃ duḥkhaṁ bhavo'bhāvo bhayaṁ chābhayameva cha ||
(10.4)

Ahiṁsā samatā tuṣṭistapo dānaṁ yaśo'yaśaḥ |
bhavanti bhāvā bhūtānāṁ matta eva pṛthagvidhāḥ ||
(10.5)

"Reason, right knowledge, unclouded understanding, forbearance, veracity, control over the senses and mind, joy and sorrow, evolution and dissolution, fear and fearlessness, non-violence, equanimity, contentment, austerity, charity, fame and obloquy –these diverse traits of creatures emanate from Me alone." (10.4-5).

Clarification – In previous ślokas Lord Kṛsṇa precepts him to realize his invincible internal and intuitive powers as He is also eternal element and attribute of the Supreme God.[34] He (Lord kṛṣṇa) is the Supreme God in the form of human being.[35] He is an original source of the existence and powers of all gods (deities) and sages.[36] In the above śloka, He makes Arjuna acquainted with His fathomless and matchless powers, so that anyhow, his delusion may be dispelled.

तेषामेवानुकम्पार्थमहमज्ञानजं तमः।
नाशयाम्यात्मभावस्थो ज्ञानदीपेन भास्वता।। (10.11)

"हे अर्जुन! उनके ऊपर अनुग्रह करने के लिये उनके अन्तः कारण में स्थित हुआ मैं स्वयं ही उनके अज्ञानजनित अन्धकार को प्रकाशमय तत्त्वज्ञानरूप दीपक के द्वारा नष्ट कर देता हूँ।" (10.11)

---

32. अवजानन्ति मां मूढ़ा मानुषीं तनुमाश्रितम् ।
परं भावमजानन्तो मम भूतमहेश्वरम् 9.11 वही
33. न मे विदुः सुरगणाः प्रभवं न महर्षयः ।
अहमादिहि देवानां महर्षीणां च सर्वशः 10.2
34. 2/24 Gita.
35. Avajānanti māṁ mūḍhā mānuṣīṁ tanumāśritaṁ |
paraṁ bhāvamajānanto maṁ bhūtamahēśvaraṁ ||9/11||
36. Na mē viduḥ suragaṇāḥ prabhavaṃ na maharṣayaḥ |
ahamādirhi dēvānāṁ maharṣīṇāṁ cha sarvaśaḥ || 10.2 ||

स्पष्टीकरण-पूर्वोक्त श्लोक में भगवान कृष्ण अर्जुन को उपदेशित करते हैं कि 'समस्त प्राणियों के गुण-दुर्गुण जैसे- निश्चय-शक्ति, सत्य ज्ञान, इन्द्रिय-निग्रह हिंसा, सुख-दुख, सृष्टि-प्रलय आदि मेरे ही द्वारा उत्पन्न किये जाते हैं।

उपर्युक्त श्लोक में भी इसी तथ्य को बतलाते हुए अर्जुन को कहते हैं कि उनके समस्त अज्ञानान्धकार मेरे द्वारा ही विदीर्ण किए जाते हैं।

Tēṣāmēvānukampārthamahamajñānajaṃ tamaḥ |
nāśayāmyātmabhāvastho jñānadīpēna bhāsvatā ||
(10.11)

"In order to bestow My compassion on them, I, dwelling in their hearts, dispel their darkness born of ignorance by illuminating lamps of knowledge." (10.11)

Clarification – In the previous śloka, Lord kṛṣṇa tells Arjuna that all the virtuous merits and sinful demands of all living beings like power of determination, true knowledge, truth, surmountableness over senses, creation and annihilation, violence, agonies etc. are eminated from Me.

In the above śloka, Lord kṛṣṇa tells Arjuna, that all the darkness of their ignorance, is dispelled only by Him.

दण्डोदमयतामस्मि नीतिरस्मि जिगीषताम्।
मौनं चैवास्मि गुह्यानां ज्ञानं ज्ञानवतामहम्।। (10.38)

"मैं दमन करनेवालों का दण्ड अर्थात् दमन करने की शक्ति हूँ, जीतने की इच्छा वालों की नीति हूँ, गुप्त रखने योग्य भावों का रक्षक मौन हूँ और ज्ञानवानों का तत्त्वज्ञान मैं ही हूँ।" (10-38)

स्पष्टीकरण-पूर्वोक्त श्लोक की तरह ही, उपर्युक्त श्लोक में भी भगवान कृष्ण अर्जुन को अपनी असीमित शक्तियों से परिचित कराते हैं, जो सभी मानवों के सामर्थ्य एवं योग्यताओं को उत्पन्न करती है।

Daṇḍō damayatāmasmi nītirasmi jigīṣatāṁ |
maunaṁ chaivāsmi guhyānāṁ jñānaṁ jñānavatāmahaṁ ||
(10.38)

"I am the subduing power of rulers; I am rightenousness in those who seek to conquer. Of things to be kept secret, I am the custodian in the form of reticence; and I am the wisdom of the wise." (10.38).

Clarification – Like that of the previous ślokas in the above śloka also, Lord Kṛṣṇa gets Arjuna acquained with His boundless powers which originate all the capabilities of the human beings.

श्रेयो हि ज्ञानमभ्यासाज्ज्ञानाद्ध्यानं विशिष्यते।
ध्यानात्कर्मफलत्यागस्त्यागाच्छान्तिरनन्तरम्॥ (12.12)

"मर्म को न जानकर किये हुए अभ्यास से ज्ञान श्रेष्ठ है; ज्ञान से मुझ परमेश्वर के स्वरूप का ध्यान श्रेष्ठ है और ध्यान से भी सब कर्मों के फल का त्याग श्रेष्ठ है; क्योंक त्याग से तत्काल ही परम शान्ति होती है।।"(12.12)

स्पष्टीकरण–उपर्युक्त श्लोक में अर्जुन भगवान श्री कृष्ण से प्रश्न करते हैं कि आपके सगुण और निर्गुण रूप की पूजा करने वाले योगियों में से कौन-से अच्छे हैं? भगवान् उत्तर देते हुए बतलाते हैं कि "दोनों ही प्रकार के योगी, मुझे ही प्राप्त होते हैं, किन्तु स्थिर चित्त एवं इन्द्रिय युक्त होकर मेरे सगुण रूप की उपासना करने वाले योगी मेरे निर्गुण स्वरूप की उपासना करने वाले योगियों से अधिक उत्तम हैं।

उपर्युक्त श्लोक में अर्जुन, फिर श्री कृष्ण से पूछते हैं कि योगियों में से सबसे अच्छा योगी कौन है? उत्तर देते हुए श्री कृष्ण कहते हैं कि "जो योगी अपने सभी कर्मों के फलों को त्यागकर मुझे अर्पित करते हैं, वे योगी तीन प्रकार के योगियों में सर्वश्रेष्ठ हैं, क्योंकि ऐसा करने से वे परम शान्ति को शीघ्र ही प्राप्त होते हैं, इसी बात को योगदर्शनकार महर्षि पतंजलि ने प्रणिधान[37] के रूप में स्वीकार किया है।

Śhreyo hi jñānam abhyāsāj jñānād dhyānaṁ viśhiṣhyate
dhyānāt karma-phala tyāgāch chhāntir anantaraṁ||
(12.12)

"Knowledge is better than practice (without discernment), meditation on God is superior to knowledge, and renunciation of the fruit of actions is even superior to meditations for peace immediately follows renunciation". (12.12)

Clarification – In the previous ślokas, Arjuna asks Lord Kṛṣṇa who is better than the others? Whether the worshippers of your manifested (incarnated being) or your unmanifested (cosmic being) form Lord Kṛṣṇa answers, both yogīs attain. Me, but yogīs, who adore incarnated form with immaculate mind and senses are superior to others, adoring My unmanifested form.

Further, in the above śloka, Arjuna asks Him a question, who is the best of the three types of yogīs? Lord kṛṣṇa answers – that those yogīs who

37. 'ईश्वर प्रणिधानाद्वा, प्रकर्षेण चित्तस्य निधानम्। - योगसूत्र-9.23

renunciate all the fruits of their all actions to Me, are superior to those of the three types of yogīs because they achieve the ultimate peace immediately. The same fact is accepted by Yogdarśana in the form of "Pranidhāna".[38]

क्षेत्रज्ञं चापि मां विद्धि सर्वक्षेत्रेषु भारत।
क्षेत्रक्षेत्रज्ञयोर्ज्ञानं यत्तज्ज्ञानं मतं मम।। (13.2)

"हे अर्जुन! तू सब क्षेत्रों में क्षेत्रज्ञ अर्थात जीवात्मा भी मुझे ही जान और क्षेत्र-क्षेत्रज्ञ को अर्थात् विकार सहित प्रकृति का और पुरुष का जो तत्त्व से जानना है, वह ज्ञान है - ऐसा मेरा मत है।" (13.2)

स्पष्टीकरण-पिछले श्लोकों में भगवान श्री कृष्ण के उपदेशों तथा विराट स्वरूप-दर्शन के द्वारा अर्जुन का अज्ञानान्धकार विदीर्ण हो जाता है। अब अर्जुन किसी बात का बोध करने हेतु एक स्पष्ट ज्ञाता है।

उपर्युक्त श्लोक में भगवान श्री कृष्ण अर्जुन को क्षेत्र, भौतिक शरीर तथा क्षेत्रज्ञ (आत्मा ब्रह्म के रूप में) का सच्चा ज्ञान कराना चाहते हैं।

Kṣhetra-jñaṁ chāpi māṁ viddhi sarva-kṣhetreṣhu bhārata
kṣhetra-kṣhetrajñayor jñānaṁ yat taj jñānaṁ mataṁ mama||
(13.2)

"Know myself to be the Kṣetrajña (individual soul) in all the Kṣetras (fields). Arjuna. And it is the knowledge of the Field (kṣetra) and knowers (kṣetrasjña) (i.e., of Matter with its evolutes and the spirit) which I consider as true knowledge." (13.2)

Clarification – In the previous ślokas, Arjuna's ignorance has been dispelled by spiritual precepts and vision of Universal Form of Lord Kṛṣṇa. Now Arjuna is a clear and immaculate knower or jñāni to perceive any thing apparently.

In the above śloka, Lord Kṛṣṇa wants Arjuna to be acquainted with true jñāna about kṣetra (physical body) and kṣetrajña (soul in the form of supreme God) this śloka reveals the identity of soul and oversoul through real jñāna.

अध्यात्मज्ञाननित्यत्वं तत्त्वज्ञानार्थदर्शनम्।
एतज्ज्ञानमिति प्रोक्तमज्ञानं यदतोऽन्यथा।। (13.11)

"अध्यात्मज्ञानमें नित्य स्थिति और तत्त्वज्ञान के अर्थरूप परमात्मा को ही देखना-यह सब ज्ञान है और जो इससे विपरीत है वह अज्ञान है- ऐसा कहा है" (l3.11)

---

38. Iśvar praṇidrāndādvā, prakarṣena chittasya nidhānaṁ - Yogsūtra 9.23

स्पष्टीकरण–पिछले श्लोकों में भगवान श्री कृष्ण अर्जुन को क्षेत्र एवं क्षेत्रज्ञ के विषय में बतलाते हैं कि क्षेत्र (भौतिक शरीर)तथा क्षेत्रज्ञ (आत्मा या परमात्मा) के विषय में तात्त्विक रूप से जानना ही सच्चा ज्ञान है। यह उनका मत है।

उपर्युक्त श्लोक में ज्ञान और अज्ञान के विषय में उदाहरण देकर समझाते हैं।

Adhyātma-jñāna-nityatvaṁ tattva-jñānārtha-darśhanaṁ
etaj jñānam iti proktam ajñānaṁ yad ato 'nyathā||
(13.11)

"Constancy in self-knowledge and seeing God as the object of true knowledge – all this is declared as knowledge, and what is contrary to this is called ignorance." (13.11)

Clarification – In the aforesaid śloka lord kṛṣṇa tells Arjuna about the jñāna of kṣetra (Physical body) and kṣetrajña (soul in the form of Supreme God). Further He tells that in reality, the jñāna (knowledge) about the field (Physical body) and knower (soul) is the true jñāna per His tenet. In the above śloka, He tells him about jñāna (knowledge) and Ajñāna (ignorance) giving instances.

ज्ञेयं यत्तत्प्रवक्ष्यामि यज्ज्ञात्वामृतमश्नुते।
अनादिमत्परं ब्रह्म न सतन्नासदुच्यते।। (13.12)

"जो जानने योग्य है तथा जिसको जान कर मनुष्य परमानन्द को प्राप्त होता है, उसको भलीभांति कहूँगा।। वह अनादिवाला परमब्रह्म सत ही कहा जाता है और न असत् ही।।" (13-12)

स्पष्टीकरण–पिछले श्लोक में भगवान कृष्ण ने उपदेश देते हुए बतलाया कि उस जानने योग्य परम ब्रह्म को भक्तगण कैसे जान सकते हैं। प्रस्तुत श्लोक में भगवान कृष्ण जानने योग्य परम ब्रह्म के विषय में उपदेश देते हैं।

Jñeyaṁ yat tat pravakṣhyāmi yaj jñātvāmṛitam aśhnute
anādi mat-paraṁ brahma na sat tan nāsad uchyate||
(13.12)

"I shall speak to you at length about that which ought to be known, and knowing which one attains supreme Bliss. That supreme Brahma, who is the Lord of the (two) beginningless entities – (Prakṛti and Jīva) is said to be neither Sat (being) nor Asat (non-being)." (13.12)

Clarification – In the previous ślokas He has preached Arjuna about how can devotees know the knowable or cognizable supreme God? In the present śloka He precepts about cognizable supreme God.

ज्योतिषामपि तज्योतिस्तमसः परमुच्यते।
ज्ञानं ज्ञेयं ज्ञानगम्यं हृदि सर्वस्य विष्ठितम्॥ (13.17)

"वह परब्रह्म ज्योतियों का भी ज्योति एवं माया से अत्यन्त परे कहा जाता है। वह परमात्मा बोधस्वरूप, जानने के योग्य एवं तत्त्वज्ञान से प्राप्त करने योग्य है और सबके हृदय में विशेष रूप से स्थित है।"(13-17)

स्पष्टीकरण-पूर्वोक्त श्लोकों में भगवान कृष्ण सर्वव्यापक सर्वज्ञ एवं सर्वशक्तिमान् परमात्मा के विषय में बतलाते हैं। उपर्युक्त श्लोक में भी भगवान कृष्ण अर्जुन को अनादि परमब्रह्म के विषय में उपदेश देते हैं। वह सभी प्रकाशों का प्रकाश एवं जानने योग्य है।

जिस प्रकार दीपक, बिना किसी अन्य दीपक के स्वयं प्रकाशमान रहता है उसी प्रकार प्रकाशमान भगवान को प्रकाशित करने के लिये अन्य किसी चीज की आवश्यकता नहीं होती।[39]

Jyotiṣhām api taj jyotis tamasaḥ param uchyate|
jñānaṁ jñeyaṁ jñāna-gamyaṁ hṛidi sarvasya viṣhṭhitaṁ||
(13.17)

"That supreme Brahma is said to be the light of all lights and entirely beyond Māyā. That godhead is knowledge itself, worth knowing and worth attaining through real wisdom, and is particularly abiding in the hearts of all." (13.17)

Clarification – In the previous ślokas, Lord Kṛṣṇa tells Arjuna about the Omnipresent, Omniscient and Omnipotent God-head.

In the above ślokas also, precepts about beginningless supreme God. He is light of all lights and cognizable.

Just as a earthen lamp is resplendent and illuminator without any other lamp, in the same way nothing is wanted to illuminate the Supreme God.[40]

---

39. न तत्र सूर्यो भाति न चन्द्रतारकं,
नेमाः विद्युतो भान्ति कुतोऽयमग्नि।
तमेव भान्तमनु भाति, सर्वं,
तस्य भाषा सर्वमिदं विभाति॥ मुण्डकोपनिषद् - 2.2.10

40. Na tatra sūryo bhāti na chanda tārakaṁ,
Nemāḥ vidyuto bhānti kuto'yamagṇi.
Tomeva Bhāntāmanu bhati sarvaṁ,
Tasya bhāṣā sarvamidaṁ vibhāti

Muṇḍakopanisad 2.2.10

इति क्षेत्रं तथा ज्ञानं ज्ञेयं चोक्तं समासतः।
मद्भक्त एतद्विज्ञाय मद्भावायोपपद्यते॥ (13.18)

"इस प्रकार क्षेत्र तथा ज्ञान और जानने योग्य परमात्मा का स्वरूप संक्षेप से कहा था। मेरा भक्त इसको तत्त्व से जानकर मेरे स्वरूप को प्राप्त होता है।" (13.18)

स्पष्टीकरण–पूर्वोक्त श्लोक में भगवान कृष्ण ने अर्जुन को क्षेत्र (भौतिक शरीर) तथा क्षेत्रज्ञ/परमात्मा के रूप में आत्मा) के विषय में उपदेशित करते है किन्तु उपर्युक्त श्लोक में भगवान कृष्ण बतलाते हैं कि किस प्रकार के भक्त उनको जान कर उन्हें प्राप्त करते हैं।

Iti kṣhetraṁ tathā jñānaṁ jñeyaṁ choktaṁ samāsataḥ
mad-bhakta etad vijñāya mad-bhāvāyopapadyate||
(13.18)

"Thus the truth of the kṣetra and knowledge, as well as of the object worth knowing i.e,, God, has been briefly discussed; knowing this in reality, My devotee attains to My being." (13.18)

Clarification – In the previos ślokas, Lord Krṣṇa precepts Arjuna about the Kṣetra (physical body) and kṣetrajña (Atmā or soul in the form of Supreme God). aphoristically. But in the above śloka tells about what type of this devotee can know and cognize Him?

क्षेत्रक्षेत्रज्ञयोरेवमन्तरं ज्ञानचक्षुषा।
भूतप्रकृतिमोक्षं च ये विदुर्यान्ति ते परम्॥ (13.34)

"कार्यसहित प्रकृतिसे मुक्त होने को जो पुरुष ज्ञान नेत्रों द्वारा तत्त्व से जानते हैं, वे महात्माजन परम परमात्मा को प्राप्त होते हैं।" (13-34)

स्पष्टीकरण–भगवान कृष्ण पूर्वोक्त श्लोकों में बताते हैं कि किस प्रकार के भक्त उनको कैसे प्राप्त कर सकते हैं? प्रस्तुत श्लोक में भी उसी तथ्य की पुनरावृत्ति करते हुए बतलाते हैं कि जो तत्त्वज्ञानी सांसारिक कार्यों से मुक्त होने के लिए तात्त्विक दृष्टि से मुझे जानते हैं, वे मुझ परम परमात्मा को प्राप्त करते हैं।

Kṣhetra-kṣhetrajñayor evam antaraṁ jñāna-chakṣhuṣā
bhūta-prakṛiti-mokṣhaṁ cha ye vidur yānti te paraṁ||
(13.34)

"Those who thus perceive with the eye of wisdom, the difference between the kṣetra and kṣetrajña, and the phenomenon of liberation from Prakṛti with her evolutes, reach the supreme eternal spirit" (13.34).

Clarification – In the previous ślokas, Lord Kṛṣṇa has described about what type of devotees; how can achieve Him. In the present ślokas also He repeats and continues the same fact that those cognizants who know Him with cognitive sight to be emancipated from all the earthly actions, achieve the Ultimate Brahma.

परं भूयः प्रवक्ष्यामि ज्ञानानां ज्ञानमुत्तमम्।
यज्ज्ञात्वा मुनयः सर्वे परां सिद्धिमितो गताः॥ (14.1)

"श्रीभगवान् बोले – ज्ञानों में भी अति उत्तम उस परम ज्ञान को मैं फिर कहूँगा, जिसको जानकर सब मुनिजन इस संसार से मुक्त होकर परम सिद्धि को प्राप्त हो गये हैं।" (14.1)

स्पष्टीकरण–पूर्वोक्त श्लोक में भगवान कृष्ण ज्ञान की दैविक एवं अत्यन्त प्रभावशाली शक्ति को वर्णित करते हैं, जिसके द्वारा कोई भी सांसारिक सुख दुःखमय कर्मों से मुक्त होकर परम ब्रह्म को प्राप्त कर सकता है। उपर्युक्त श्लोक में भी भगवान कृष्ण अर्जुन को परम परमात्मा को अपने में अन्तर्विष्टि कराने वाले ज्ञान के सर्वोत्तम स्वरूप का वर्णन करते हैं।

Paraṁ bhūyaḥ pravakṣhyāmi jñānānāṁ jñānam uttamaṁ
yaj jñātvā munayaḥ sarve parāṁ siddhim ito gatāḥ||
(14.1)

"Śrī Bhagavān said : I shall discuss once more the supreme wisdom, the best of all wisdoms, acquiring which all sages, have attained higher perfection, being liberated from this mundane existence." (14.1)

Clarification – In the previous ślokas, Lord kṛṣṇa tells the divine and persuasive power of jñāna, by which any body can emancipate oneself fom the mundane actions of bliss and thoes and achieve the exclusive. Supreme God through real jñāna only. In the above śloka Lord kṛṣṇa also tells and reveals the best form of jñāna by which we may be able to intervolve the supreme God in ourselves.

इदं ज्ञानमुपाश्रित्य मम साधर्म्यमागताः।
सर्गेऽपि नोपजायन्ते प्रलये न व्यथन्ति च॥ (14.2)

"इस ज्ञान को आश्रय करके अर्थात् धारण करके मेरे स्वरूप को प्राप्त हुए पुरुष सृष्टि के आदि में पुनः उत्पन्न नहीं होते और प्रलयकाल में भी व्याकुल नहीं होते।" (14-2)

स्पष्टीकरण-पिछले श्लोकों में भगवान् कृष्ण सांसारिक दुःखों से मुक्त कराने वाले ज्ञान का उपदेश सतत रूप से देते रहे हैं, उपर्युक्त श्लोक में भी भगवान कृष्ण उस रहस्यमय ज्ञान को उपदेशित करना चाहते हैं, जिसको प्राप्त कर उसके भक्त गण सृष्टि के आदि और अन्त में भी जन्म-मरण के बन्धन से मुक्त हो जाते हैं।

Idaṁ jñānam upāśhritya mama sādharmyam āgatāḥ
sarge 'pi nopajāyante pralaye na vyathanti cha||

(14.2)

"Those who, by practising this knowledge have entered into My being, are not born again at the cosmic dawn, nor feel disturbed even during the cosmic dissolution (Pralava)." (14.2)

Clarification – Since the previous ślokas, Lord Kṛṣṇa has been preaching about that Jñāna which enables His devotees to be free from all terrestrial agonies and to achieve the exclusive and ultimate abode. In the above śloka also He wants to precept and reveal about that mysterious jñāna by which these devotees shall neither rebirth in the beginning of the Creation nor at the time of dissolution.

तत्र सत्त्वं निर्मलत्वात्प्रकाशकमनामयम्।
सुखसङ्गेन बध्नाति ज्ञानसङ्गेन चानघ।। (14.6)

"हे निष्पाप! उन तीनों गुणों में सत्त्वगुण तो निर्मल होने के कारण प्रकाश करने वाला और विकाररहित है, वह सुख के सम्बन्ध से और ज्ञान के सम्बन्ध से अर्थात् उसके अभिमान से बाँधता है।" (14-6)

स्पष्टीकरण-पूर्वोक्त श्लोक में भगवान श्री कृष्ण प्रकृति से उत्पन्न तीन गुणों - सतोगुण, रजोगुण तथा तमोगुण विषयक ज्ञान समझाते हैं, जो प्राणियों की अमरआत्मा को भौतिक शरीर रूपी कारागार में बन्दी बना देते हैं।

उपर्युक्त श्लोक में भी वे सतोगुण के विषय में उत्कृष्ट ज्ञान प्रदान करते हैं।

Tatra sattvaṁ nirmalatvāt prakāśhakam anāmayaṁ
sukha-saṅgena badhnāti jñāna-saṅgena chānagha||

(14.6)

"Of these Sattva, being immaculate, is illuminating and flawless, Arjuna it binds through identification with joy and wisdom." (14.6)

Clarification – In the previous śloka, He instructs and inculcates Arjuna about the jñāna related to three-fold attributes created by Nature Satoguṇa (the noble or the quality of goodness), Rajoguṇa (the passion), and the tamoguṇa vice (evil) which imprison the immortal soul in prison of the physical body. In the above śloka also, He provides the exquisitive jñāna about the Satoguṇa.

सत्त्वं सुखे सञ्जयति रजः कर्मणि भारत।
ज्ञानमावृत्य तु तमः प्रमादे सञ्जयत्युत॥ **(14.9)**

"हे अर्जुन! सत्त्वगुण सुख में लगाता है और रजोगुण कर्म में तथा तमोगुण तो ज्ञान को ढककर प्रमाद में भी लगाता है।" (14-9)

स्पष्टीकरण–पूर्वोक्त श्लोक में भगवान कृष्ण ने तीन प्रकार के गुणों के विषय में ज्ञान उपदेशित किया है–

1. सतोगुण – सबको प्रकाशित करते हुए स्वयं प्रकाशमान है।
2. रजोगुण – भौतिकवादीकामनाओं से उत्पन्न तथा कर्म फलों के अनुसार आत्मा को शरीर के बन्धन में बांधने वाला है।
3. तमोगुण–अज्ञान से उत्पन्न ज्ञान को ढकने वाला है।

उपर्युक्त श्लोक में भगवान कृष्ण तीन गुणों के विषय में ज्ञान प्रदान करते हैं।

Sattvaṁ sukhe sañjayati rajaḥ karmaṇi bhārata
jñānam āvṛitya tu tamaḥ pramāde sañjayaty uta|| (14.9)

"Sattva draws one to joy and Rajas to action; while Tamas, clouding wisdom, impels one to error, sleep and sloth, Arjuna." (14.9)

Clarification – In the previous ślokas Lord Kṛṣṇa has precepted about the jñāna of three fold attributes:

1. The noble attribute or illuminator illuminating all
2. The passion attribute (Rajoguṇa) born of hedonistic desires chaining to soul to the body in pursuit of deeds and their fruits
3. The evil attribute (Tamoguṇa) born of ignorance covering the jñāna. In the above śloka Lord Kṛṣṇa reveals jñāna. about the basic features of three-fold attributes again.

सर्वद्वारेषु देहेऽस्मिन्प्रकाश उपजायते।
ज्ञानं यदा तदा विद्याद्विवृद्धं सत्त्वमित्युत॥ (14.11)

"जिस समय इस देह में तथा अन्त:कण और इन्द्रियों में चेतनता और विवेकशक्ति उत्पन्न होती है, उस समय ऐसा जानना चाहिये कि सत्वगुण बढ़ा है।" (41-11)

स्पष्टीकरण–पूर्वोक्त श्लोक में भगवान कृष्ण ने तीन प्रकार के गुणों के मुख्य लक्षणों और प्रभावों को अनेक प्रकार से स्पष्ट किया है। उपर्युक्त श्लोक में भी भगवान कृष्ण ने "सतोगुण किस प्रकार वृद्धि को प्राप्त होता है? प्रश्न का उत्तर देते हुए सतोगुण के प्रमुख लक्षणों को प्रकाशित किया है।

Sarva-dvāreṣhu dehe 'smin prakāśha upajāyate
jñānaṁ yadā tadā vidyād vivṛiddhaṁ sattvam ity uta||
(14.11)

"When light and discernment dawn in this body, as well as in the mind and senses, then one should know that Sattva is predominant." (14.11).

Clarification – In the previous ślokas Lord Kṛṣṇa has cleared the salient features and reactions of three-fold attributes in different ways. In the above śloka also Lord Kṛṣṇa again reveals the salient feature of the noble attribute by answering the question. How the noble attribute has been increased?

सत्त्वात्सञ्जायते ज्ञानं रजसो लोभ एव च।
प्रमादमोहौ तमसो भवतोऽज्ञानमेव च॥ (14.17)

"सत्वगुण से ज्ञान उत्पन्न होता है और रजोगुण से निस्सन्देह लोभ तथा तमोगुण से प्रमाद और मोह उत्पन्न होते हैं और अज्ञान भी होता है।"। (4.17)

स्पष्टीकरण–पूर्वोक्त श्लोक में भगवान श्री कृष्ण तीन गुणों से उत्पन्न भिन्न-भिन्न गुण अवगुणों की उत्पत्ति के विषय में ज्ञान उद्‌घाटित करते हैं।

उपर्युक्त श्लोक में भी भगवान कृष्ण – "सतोगुण, रजोगुण तथा तमोगुण–तीन प्रकार के गुण किस प्रकार हमारी मनोवृत्तियों जैसे ज्ञान, लोभ, प्रमाद, मोह आदि को उत्पन्न करते हैं? के विषय में ज्ञान प्रगट करते हैं।

Sattvāt sañjāyate jñānaṁ rajaso lobha eva cha
pramāda-mohau tamaso bhavato 'jñānam eva cha||
(14.17)

"Wisdom follows from Sattva, and greed, undoubtedly, from Rajas; likewise, obstinate error, stupor and also ignorance ensue from Tamas." (14.17)

Clarification – In the previous ślokas lord kṛṣṇa has revealed the jñāna about the emanation of different merits and demerits from the three-fold attributes. In the above śloka, Lord Kṛṣṇa provides the jñāna about 'How three-fold attributes emit different types of our mental despositions like jñāna, rapacity, obtusion and delusion etc.

उत्क्रामन्तं स्थितं वापि भुञ्जानं वा गुणान्वितम् ।
विमूढा नानुपश्यन्ति पश्यन्ति ज्ञानचक्षुषः ॥ (15.10)

"शरीर को छोड़कर जाते हुए को अथवा शरीर में स्थित हुए को अथवा विषयों को भोगते हुए को इस प्रकार तीनों गुणों से युक्त हुए को भी अज्ञानीजन नहीं जानते, केवल ज्ञानरूप नेत्रों वाले विवेकशील ज्ञानी ही तत्त्व से जानते हैं।" (115-10)

स्पष्टीकरण–पूर्वोक्त श्लोकों में भगवान कृष्ण अर्जुन को जीवात्मा की वास्तविक स्थिति का ज्ञान प्रदान करते हुए कहते हैं कि ''मेरा ही अंश यह जीवात्मा मृत शरीर को त्यागकर किए हुए कर्म-फलों से युक्त पांचों ज्ञानेन्द्रियों एवं मन को ग्रहण कर अन्य शरीर में प्रवेश करता है।

उपर्युक्त श्लोक में भगवान श्री कृष्ण जीवात्मा की प्रक्रिया के विषय में और अधिक ज्ञान प्रदान करते हैं, जिसको केवल विवेकशील ज्ञानी जन ही अनुभव कर सकते हैं।

Utkrāmantaṁ sthitaṁ vāpi bhuñjānaṁ vā guṇānvitaṁ
vimūḍhā nānupaśhyanti paśhyanti jñāna-chakṣhuṣhaḥ||
(15.10)

"The ignorant know not the soul departing from, or dwelling in the body, or enjoying the objects of senses, i.e., even when it is connected with the three Guṇas; only those endowed with the eyes of wisdom are able to realize it." (15.10).

Clarification – In the previous ślokas Lord kṛṣṇa imparts to Arjuna about the real position of Jivātmā or the soul as an eternal fragment of Him, leaving the demise body, enters the another abode with senses and mind in pursuit of the previous actions and their fruits. In the above śloka also He imparts more jñāna to Arjuna about jīvātmā or the soul about which, only the discreete jñānis are able to realize.

सर्वस्य चाहं हृदि सन्निविष्टो मत्तः स्मृतिर्ज्ञानमपोहनं च।
वेदैश्च सर्वैरहमेव वेद्यो वेदान्तकृद्वेदविदेव चाहम्॥
(15.15)

"मैं ही सब प्राणियों के हृदय में अन्तर्यामी रूप से स्थित हूँ तथा मुझसे ही स्मृति, ज्ञान और अपोहन होता है और सब वेदों द्वारा मैं ही जानने के योग्य हूँ तथा वेदान्त का कर्त्ता और वेदों को जानने वाला भी मैं ही हूँ।" (15.15)

स्पष्टीकरण-पूर्वोक्त श्लोकों में भगवान कृष्ण जीवात्मा के विषय में और अधिक ज्ञान प्रदान करते हुए कहते हैं कि अपनी इन्द्रियों, मन, बुद्धि आदि के द्वारा सांसारिक भोगों का उपभोग करने वाला यह जीवात्मका मेरा ही अमर अंश है, जिसे ज्ञानी ही जान सकते हैं। उपर्युक्त श्लोक में भी वे अपनी अमर शक्ति एवं साधन के विषय में बतलाते हैं, जिसे केवल वेद-ज्ञान व विवेकशील ज्ञानियों द्वारा ही जाना जा सकता है।

Sarvasya chāhaṁ hṛidi sanniviṣhṭo
mattaḥ smṛitir jñānam apohanaṁ cha
vedaiśh cha sarvair aham eva vedyo
vedānta-kṛid veda-vid eva chāhaṁ|| (15.15)

"It is I who remain seated in the heart of all creatures as the inner continuous of all and it is I who am the source of memory, knowledge and the ratiocinative faculty. Again I am the only object worth knowing through the vedas, I alone am the father of Vedānta and the knower of the Vedas too." (15.15)

Clarification – In the above ślokas Lord Krṣṇa imparts real jñāna about spirit or jivātmā as His eternal part enjoying the physical world through His organs of senses and actions, mind and wisdom.

In the above ślokas Lord kṛṣṇa preaches more real jñāna to Arjuna about His eternal power and source worthknowing through the jñāna of Vedas and can only be known by discreet jñānīs.

अभयं सत्त्वसंशुद्धिर्ज्ञानयोगव्यवस्थितिः ।
दानं दमश्च यज्ञश्च स्वाध्यायस्तप आर्जवम् ॥ (16.1)

श्री भगवान् बोले - "भय का सर्वथा प्रभाव, अन्तःकरण की पूर्ण निर्मलता तत्त्वज्ञान के लिए ध्यान योग में निरन्तर दृढ़ स्थिति और सात्त्विक दान इन्द्रियों का दमन, भगवान, देवता और गुरुजनों की पूजा तथा अग्निहोत्र आदि उत्तम कर्मों का आचरण एवं वेद-शास्त्रों का पठन-पाठन तथा भगवान के नाम और गुणों का कीर्तन, स्वधर्म पालन के लिए कष्ट-सहन और शरीर तथा इन्द्रियों के सहित अन्तःकरण की सरलता।" (16-1)

स्पष्टीकरण-भगवान कृष्ण सभी सांसारिक भोगों सुख-दुःखादि से मुक्त

करने वाले तथा परमात्मा के साथ सान्निध्य कराने वाले तत्त्वज्ञान के विषय में ज्ञान प्रदान करते हैं। उपर्युक्त श्लोक में भी भगवान श्री कृष्ण बतलाते हैं कि तत्त्व-ज्ञान भी दैवी सम्पदा का एक भाग है जो मुक्ति का कारण है और राक्षसी सम्पदा सांसारिक बन्धनों का कारण है।

Abhayaṁ sattva-sanśhuddhir jñāna-yoga-vyavasthitiḥ
dānaṁ damaś cha yajñaś cha svādhyāyas tapa ārjavaṁ ||
(16.1)

"Absolute fearlessness, perfect purity of mind, constant fixity in the Yoga of meditation for the sake of self-realization, and even so, charity in its Sātvika form, control of the senses, worship of God and other deities as well as of one's elders including the performance of Agnihotra (pouring oblations into the sacred fire) and other sacred duties, study and teaching of the Vedas and other sacred books as well as the chanting of God's names and glories, suffering hardships for the discharge of one's sacred obligations and uprightness of mind as well as of the body and senses."(16.1)

Clarification – In the previous ślokas Lord Kṛṣna reveals the real jñāna through which devotees attain the Supreme God emancipating them from all the mundane enjoyments, mirths and afflictions.

In the above ślokas also Lord Kṛṣna tells that realization of true jñāna and fiendish wealths are for mundane bondages.

सांख्यकारिका के अनुसार "तत्त्वज्ञान से पुरुष में कैवल्य ज्ञान होता है। यह संशय आदि से रहित होता है और शुद्ध होता है। ऐसी ही दशा में यह निश्चित् ज्ञान उत्पन्न होता है"।[41]

'तत्त्वज्ञान' का अर्थ है 'आत्म-ज्ञान' अर्थात् ब्रह्म-ज्ञान, क्योंकि आत्मा परम ब्रह्म का अमर अंश है।

According to the Sāmkhyakarika 'Tattvajñāna' emits knowledge of emancipation. It is devoid of all doubts and is vestal and limpid, in such a position, determined jñāña is created "Actually, tattva jñāna means Self-Realization (Soul) in the form of the Supreme God."[42]

41. एवं तत्त्वाभ्यासान्नास्मि न मे नाहमित्य परिशेषम्
अविपर्याद् विशुद्धं केवलमुपपद्यते ज्ञानम्। - सांख्यकारिका-64

42. Evaṁ tattvābhyāsānnāsmi name nāhamitya pariśesāṁ
Aviparyāda viśughaṁ kevalamurpapadyate jñānaṁ.
- Sāṁkhyakārikā-64

ज्ञानं ज्ञेयं परिज्ञाता त्रिविधा कर्मचोदना।
करणं कर्म कर्तेति त्रिविधः कर्मसंग्रहः॥ (18.18)

"ज्ञाता, ज्ञान और ज्ञेय ये तीन प्रकार की कर्म-प्रेरणा हैं और कर्ता कारण तथा क्रिया- ये तीन प्रकार का कर्म-संग्रह है।" (18-18)

स्पष्टीकरण-पूर्वोक्त श्लोकों में भगवान कृष्ण अर्जुन को ज्ञान प्रदान करते हुए कहते हैं कि सांख्य दर्शन के अनुसार किसी कर्म की पूर्णता के लिए पांच प्रमुख कारणों (1) अधिष्ठान (शरीर) (2) कर्त्ता (3) विभिन्न प्रकार के कारण (इन्द्रियाँ आदि) (4) विभिन्न प्रकार की चेष्टाएँ तथा (5) दैव (पूर्व कर्मों की अज्ञात शक्ति)। उपर्युक्त श्लोक में कर्म के तीन प्रेरक अथवा कर्म प्रेरणा तथा तीन कर्म-संग्रह होते हैं।

Jñānaṁ jñēyaṁ parijñātā trividhā karmachodanā ।
karaṇaṁ karma kartēti trividhaḥ karmasaṅgrahaḥ ॥
(18.18)

"The knower, knowledge and the object of knowledge –these three motivate action. Even so, the doer, the organs and activity – these are the three constituents of action." (18.18)

Clarification – In the previous ślokas Lord kṛṣṇa imparts the jñāna to Arjuna about the five salient factors for the repletion of any action in pursuit of Sāṁkhya school of philosophy – (1) Body (2) doer (3) different organs, different demeanours, and Daiva or the latent power of past actions.

In the above śloka Lord kṛṣṇa gets Arjuna realize the jñāna about the three impellents and three constituents of actions.

ज्ञानं कर्म च कर्ता च त्रिधैव गुणभेदतः।
प्रोच्यते गुणसङ्ख्याने यथावच्छृणु तान्यपि॥ (18.19)

"गुणों की संख्या करने वाले शास्त्र में ज्ञान और कर्म तथा कर्ता गुणों के भेद से तीन-तीन प्रकार के ही कहे गये हैं; उनकी भी तू मुझ से भलीभाँति सुन।" (18-19)

स्पष्टीकरण-पूर्वोक्त श्लोक में भगवान कृष्ण किसी कार्य की सिद्धि हेतु तीन कर्म-प्रेरणा तथा तीन कर्म-भागों (अंगो) का ज्ञान प्रदान करते हैं। पूर्वोक्त श्लोक में सांख्यदर्शनानुसार तीन गुणों के आधार पर कर्त्ता, कर्म तथा ज्ञान के तीन-तीन भेदों के विषय में भगवान ज्ञान का उपदेश देते हैं।

Jñānaṃ karma cha kartā cha tridhaiva guṇabhēdataḥ |
prōchyatē guṇasaṅkhyāne yathāvachChṛṇu tānyapi ||
(18.19)

"In the branch of knowledge dealing with the Guṇas or modes of Prakṛti knowledge and action as well as the doer have been declared to be of three kinds according to the Guṇa which predominates in each: hear them too duly from Me." (18.19).

Clarification – In the previous ślokas Lord kṛṣna imparted jñāna about the three impelants of replete action and three constituents of any action. But in the above śloka He tells about the three kinds of doer, deed (action) and the jñāna (knowledge) in pursuit of three guṇas according to the Sāṁkhya school of Philosophy.

सर्वभूतेषु येनैकं भावमव्ययमीक्षते।
अविभक्तं विभक्तेषु तज्ज्ञानं विद्धि सात्त्विकम्।। (18.20)

"जिस ज्ञान से मनुष्य पृथक्-पृथक् सब भूतों में एक विनाशी परमात्मभाव को विभागरहित समभाव से स्थित देखता है, उस ज्ञान को तो तू सात्त्विक जान।" (18-20)

स्पष्टीकरण-पूर्वोक्त श्लोक में भगवान कृष्ण तीन- तीन प्रकार के ज्ञान, कर्त्ता, तथा कर्म के विषय में ज्ञान प्रदान करना आरंभ करते हैं - उपर्युक्त श्लोक में ज्ञान के सात्त्विक रूप का ज्ञान प्रदान करते हैं।

Sarvabhūtēṣu yēnaikaṁ bhāvamavyayamīkṣatē |
avibhaktaṁ vibhaktēṣu tajjñānaṁ viddhi sāttvikaṁ ||
(18.20)

"That by which man perceives one imperishable divine existence as undivided and equally present in all individual beings, know that knowledge to be Sātvika" (18.20)

Clarification – In the previous ślokas Lord Kṛṣṇa begins to tell about the three kinds of knowledge (jñāna), doer and action. In the above ślokas, He tells about the noble jñāna.

पृथक्त्वेन तु यज्ज्ञानं नानाभावान्पृथग्विधान्।
वेत्ति सर्वेषु भूतेषु तज्ज्ञानं विद्धि राजसम्।। (18.21)

"किन्तु जो ज्ञान अर्थात् जिस ज्ञान के द्वारा मनुष्य सम्पूर्ण भूतों में भिन्न-भिन्न प्रकार के नाना भावों को अलग-अलग जानता है, उस ज्ञान को तू राजस ज्ञान।" (18.21)

स्पष्टीकरण-पूर्ववर्ती श्लोकों में भगवान् कृष्ण सांख्य दर्शन के अनुसार सतोगुण, रजोगुण तथा तमोगुण इन तीन गुणों के आधार पर तीन-तीन प्रकार के कर्त्ता-कर्म तथा ज्ञान का वर्णन करते हैं। उपर्युक्त श्लोक में भगवान् कृष्ण उस राजासिक ज्ञान के विषय में उपदेश देते हैं, जिसके माध्यम से मनुष्य अपनी निजता (वैयक्तिक विशेषता) तथा अन्य किसी प्राणी में निहित भिन्नता को समझ सकता है।

Pṛthaktvēna tu yajjñānaṁ nānābhāvānpṛthagvidhān |
vētti sarvēṣu bhūtēṣu tajjñānaṁ viddhi rājasaṁ ||
(18.21)

"The knowledge by which man cognizes many existences of various kinds, as part from one another, in all beings, know that knowledge to be Rājasika." (18.21)

Clarification – In the previous ślokas, Lord Kṛṣṇa tells about the three kinds of doer, Karma (action) and knowledge (jñāna) each on the basis of three guṇas in pursuit of Sānkhya Philosophy.

In the above śloka He imparts the jñāna about the Rajasik jñāna through which one can only perceive individuality and difference within every living being which is called earthly or Rajasik jñāna.

शमो दमस्तपः शौचं क्षान्तिरार्जवमेव च।
ज्ञानं विज्ञानमास्तिक्यं ब्रह्मकर्म स्वभावजम्॥ (18.42)

"अन्तः करण का निग्रह करना; इन्द्रियों का दमन करना; धर्मपालन के लिये कष्ट सहना; बाहर-भीतर से शुद्ध रहना; दूसरों के अपराधों को क्षमा करना; मन, इन्द्रिय और शरीर को सरल रखना, वेद, शास्त्र, ईश्वर और परलोक आदि में श्रद्धा रखना; वेद-शास्त्रों का अध्ययन-अध्यापन करना और परमात्मा के तत्त्व का अनुभव करना-ये सब के सब ही ब्राह्मण के स्वाभाविक कर्म हैं।" (18.42)

स्पष्टीकरण-पूर्वोक्त श्लोकों में भगवान कृष्ण ने बताया है कि "ब्राह्मण क्षत्रिय, वैश्य और शूद्र-इन चार वर्णों को लोगों के स्वाभाविक गुणों एवं कर्मों के आधार पर मैंने उत्पन्न किया है।[43] उनके कर्मों को भी उनके भिन्न-भिन्न

43. चातुर्वर्ण्यं मया सृष्टं गुणकर्मविभागशः।
तस्य कर्तारमपि मां विद्धयकर्तारमव्ययम्।।4.13।।

स्वाभाविक गुणों के अनुसार विभाजित किया गया है। उपर्युक्त श्लोक में भगवान कृष्ण, ब्राह्मण के स्वाभाविक कर्मों का वर्णन करते हैं।

Śamo damastapaḥ śauchaṁ kṣāntirārjavameva cha |
jñānaṁ vijñānamāstikyaṁ brahmakarma svabhāvajaṁ ||
(18.42)

"Subjugation of the mind and senses, enduring hardship for the discharge of one's sacred obligations, external and internal purity, forgiving the faults of others, straightness of mind, senses and behaviour, belief in the Vedas and other. Scriptures and realization of the truth relating to God-all these constitutes the natural duties of a Brāhmaṇa." (18.42)

Clarification – In the previous ślokas Lord kṛṣṇa has told Arjuna, "I have created the four castes Brāhman, Kṣatriya, vaiśyas and śūdra in accordance with the difference in people's qualities and deeds."[44] Their karmas have been divided on the basis of their naturally innate qualities or guṇas. In the above śloka, He tells about the inherent deeds of a Brāhmana.

सिद्धिं प्राप्तो यथा ब्रह्म तथाप्नोति निबोध मे।
समासेनैव कौन्तेय निष्ठा ज्ञानस्य या परा।। (18.50)

"जो कि ज्ञानयोग की परानिष्ठा है, उस नैष्कर्म्य-सिद्धिको जिस प्रकार से प्राप्त होकर मनुष्य ब्रह्म को प्राप्त होता है, उस प्रकार को हे, कुन्तीपुत्र! तू संक्षेप में ही मुझ से समझ।" (18-50)

स्पष्टीकरण- पूर्वोक्त श्लोक में भगवान कृष्ण परम् मुक्ति की प्राप्ति के विषय में बतलाते हैं कि किस प्रकार एक मनुष्य अनासक्त होकर, लालसा रहित, तथा अन्तःकरण- निग्रहशील होकर त्याग के द्वारा परममुक्ति को प्राप्त कर सकता है। प्रस्तुत श्लोक में एक योगी अनासक्त एवं कामनारहित होकर ज्ञान द्व ारा परम ब्रह्म को कैसे प्राप्त कर सकता है? के विषय में वर्णित किया गया है।

Siddhiṁ prāpto yathā brahma tathāpnoti nibodha me |
samāsenaiva kaunteya niṣṭhā jñānasya yā parā ||
(18.50)

"Arjuna, know from Me only briefly the process through which man having attained actionalessness, which is the highest consumation of Jñānayoga (the path of knowledge), reaches Brahma." (18.50).

---

44. chāturvarṇyaṁ mayā sṛstaṁ guṇ karma vibhagaśaḥ.
Tasya kartāramapimāṁ viddhya kartāramavijayaṁ Gītā 4.13

Clarification – In the aforesaid śloka, Lord Kṛṣṇa has told about the achievement of Parajñāna or Supreme Salvation. He tells how a man who is detached to anything, without any yearning, subduer of his inner-self (Antaḥ karaṇa) achieves the Supreme-salvation through renunciation.

Now, in the above said śloka Lord Kṛṣṇa tells how can a yogi achieve the Parama Brahma through knowledge or jñāna after being detached and yearningless.

इति ते ज्ञानमाख्यातं गुह्याद्गुह्यतरं मया।
विमृश्यैतदशेषेण यथेच्छसि तथा कुरु॥ (18.63)

"इस प्रकार यह गोपनीय से भी अति गोपनीय ज्ञान मैंने तुमसे कह दिया। अब तू इस रहस्ययुक्त ज्ञान को पूर्णतया भलीभाँति विचारकर जैसे चाहता है वैसे ही कर।" (18-63)

स्पष्टीकरण–पूर्वोक्त श्लोकों में भगवान कृष्ण अर्जुन को ज्ञापित करते हुए बताते हैं कि "एक योगी परम ब्रह्म में स्थित होकर किस प्रकार परम मोक्ष एवं स्थायी शान्ति को प्राप्त कर सकता है? वह स्थायी शान्ति एवं स्थिति को प्राप्त करने के लिए हर प्रकार से स्वयं को परमात्मा के प्रति समर्पित करने की सलाह देते हैं।

प्रस्तुत श्लोक में भगवान् कृष्ण अन्त में अर्जुन को कहते हैं "मैंने सब से श्रेष्ठ एवं रहस्यमय ज्ञान तुम्हें प्रदान किया है, इस पर पूर्ण रूप से विचार करके जो तुम चाहो वैसा करो।

Iti tē jñānamākhyātaṁ guhyādguhyataraṁ mayā |
vimṛśyaitadaśēṣēṇa yathēchChasi tathā kuru ||
(18.63)

"Thus, has this wisdom, the most profound secret of all secret knowledge, been imparted to you by Me; deeply pondering over it, now do as you like." (18.63)

Clarification – In the previous ślokas Lord kṛṣṇa imparts jñāna to Arjuna, 'How can a yogī gain the ultimate salvation and eternal peacefulness vested in the supreme God? He advises Arjuna to surrender himself in every way to the Supreme God to gain eternal peace and status. In the present śloka Lord Kṛṣṇa says, "I have imparted the most substle and mysterious jñāna to you, think over it thoroughly and then do as you wish.

अध्येष्यते च य इमं धर्म्यं संवादमावयोः।
ज्ञानयज्ञेन तेनाहमिष्टः स्यामिति मे मतिः ॥ (18.70)

"जो पुरुष इस धर्ममय हम दोनों के संवादरूप गीताशास्त्र को पढ़ेगा, उसके द्वारा भी मैं ज्ञानयज्ञ से पूजित होऊँगा-ऐसा मेरा मत है।" (18-70)

बहुत से योगी अपनी दीर्घ तपस्या, सभी कामवासनाओं के प्रति अनाशक्ति, उसके नाम का सतत गुणगान आदि के द्वारा भी परम परमात्मा को प्राप्त करने में समर्थ नहीं होते। वे परमात्मा की प्राप्ति हेतु उसकी कृपा चाहते हैं।

स्पष्टीकरण-यहाँ परम उदार एवं अनुपम कृपालु भगवान कृष्ण अर्जुन के बहाने समस्त प्राणियों को आश्वस्त करते हुए कहते हैं कि जो मेरे और अर्जुन के मध्य गीता के रूप में होने वाले पवित्र संवाद को सुनेगा भगवान उस पर प्रसन्न होकर उन्हें भी अमर मोक्ष प्रदान करेंगे, क्योंकि द्रव्य यज्ञ आदि यज्ञों में ज्ञान यज्ञ ही सर्वश्रेष्ठ है और सभी कर्म ज्ञान में ही समाहित हो जाते हैं।[45]

Adhyeṣyate cha ya imaṁ dharmyaṁ saṁvādamāvayoḥ ।
jñānayajñena tenāhamiṣṭaḥ syāmiti me matiḥ ॥
(18.70)

"Whosoever studies this secred dialogue of ours in the form of the Gītā, by him too shall I be worshipped with Yajña of knowledge; such is My conviction" (18.70).

So many yogīs are unable to attain the ultimate and exclusive supreme God or eternal salvation, even retaining their long penance, chanting His names, detachment to all propensities of desires. All they want Him to be compassionate towards them so that they may attain the ultimate Supreme God. Jñāna yajña is the best of all yajñas.

Clarification : Here, Lord kṛṣṇa as a compassionate and bounteous, assures all the human beings through Arjuna that those, who even listen to the holy dialogues between Him and Arjuna in the form of Gīta, shall be able to rejoice and adore him for their ultimate achievement (salvation) because of all the karmas or deeds are ultimately intervolved in jñāna.[46]

---

45. श्रेयान्द्रव्यमयाद्यज्ञाज्ज्ञानयज्ञः परन्तप ।
सर्वं कर्माखिलं पार्थ ज्ञाने परिसमाप्यते ।।4.33।। गीता

46. śrēyāndravyamayādyajñājjñānayajñaḥ parantapa ।
sarvaṃ karmākhilaṃ pārtha jñānē parisamāpyatē ॥ 4.33 ॥ Gītā

भाग–3

Śrī Rāma Charitamānasa

श्रीराम चरितमानस

मङ्गलाचरण

1. गिरा–लक्ष्मी दुर्गा सम स्वरूपा,
तुम ज्ञान–धन–शक्ति की हो दाता।
तुम दुखहर्ता, त्राता–भर्ता माँ,
सर्वज्ञा दयामयी जग–माता।।

2. मैं ज्ञानी नहीं निर्गुण ज्ञान का,
तव साकार स्वरूपा समझता हूँ।
शोभित हो घट में साकार रूप,
सतत असंख्य नमन मैं करता हूँ।।

3. रामायण है वास राम का,
आकर आनन्द जहाँ पाते हैं।
होकर विलीन स्वर्गिक सुख में,
नहीं पाप–पाश बँध पाते हैं।।

4. आत्मज्ञान स्वरूप रामायण,
मानव को मुक्ति दिलाती है।
ज्ञान–कर्म–भक्ति–त्रिवेणी में,
सबको ही स्नान कराती है।।

5. सांसारिक दुखों की मुक्ति का,
तत्त्व–ज्ञान ही साधन होता।

हर मानव इस सकल विश्व का,
जन्म-चक्र से वंचित होता।।

6. मैं अत्यन्त ठोठ महामूर्ख,
मैं अर्चना कैसे कर सकता।
ले सकता केवल नाम आपका,
कुछ और अधिक नहीं कर सकता।।

7. समस्त काव्य शिरोमणिरामायण,
जिसमें मानव-विश्व रमण करता।
ऐसे महाकाव्य-रामायण को
असंख्य बार नमन हूँ मैं करता।।

8. प्रभु, प्रशंसक हूँ महाकवियों का,
काव्य-सौष्ठव-ज्ञान न मुझे आता।
मुझे कृपा-दृष्टि-दान करो,
तुम्हें असंख्य नमन हूँ मैं करता।।

- लेखस

Benediction

1. O Girā, Lakṣmī, Durgā as mutual, analogous,
Are munificent of jñāna-wealth and strength
Abductor of all agonies and thoes,
Possessor of Pāthos, universal mother and omniscient

2. I am not cognizant of formless jñāna,
Perceive only the visible semblance
As a mien, be adorned in my heart,
I offer my countless incessant obeisance.

3. The Rāmāyaṇa is the abode of Rāma,
where coming all are raptured.
Immersing in celestial ecstasy,
Nobody, by sins, captured.

4. The Rāmāyaṇa is the cognizance of the soul,
Leads the human beings to emancipation
Enables everybody to dive,

In the confluence of jñāna, action devotion.

5. For the sālvation of all mundane thoes,
    only real jñāna is the prime source.
   All the human beings of the universe,
    Are emancipated from the birth cycle, of course.
6. I am obtuse, superfluous myself
    How can I sincerely adore you.
   I can only chant your name,
    Nothing more I can do.
7. Rāmāyaṇa is the head-diadem of all epics,
    In which every man of the world astrays
   To such a vestal epic-composition,
    Numberless, I offer my sacred prays.
8. O God, I am only the praiser of epic-poets,
    About epic-elegance, I have no cognizance.
   Bestow me with a bit of your grace,
    I offer innumerable obeisance.

- Writer

भूमिका

1. सर्वप्रथम ज्ञात करना है आवश्यक,
    क्यों? कैसे? विविध ज्ञान तुलसी में आया।
   समय-समय पर प्रेरित किया किसने,
    दिन-प्रतिदिन उच्च भाव में था वह आया।।
2. श्रावण शुक्ल सप्तमी पन्द्रह सौ चौवन,
    तुलसी ने राजापुर में था जन्म लिया।
   पूर्ण दाँत, हृष्ट तन, बोलकर राम नाम,
    हर सदस्य को वहाँ पर बहुत चकित किया।।
   अगले दिन ही तुलसी माँ ने,
    स्वर्ग को तुरन्त प्रस्थान किया।
   जब था तुलसी पाँच वर्ष का,
    मुनिया ने भी दम तोड़ दिया।।

3. सूकर क्षेत्र में-
पूर्ण कर सभी वैष्णव संस्कारों को,
राम बोला को निज शिष्य बना लिया।
सौरो में उसे सुनाकर राम-कथा,
पक्का राम का भक्त बना दिया।।

4. शेष सनातन के आवास, बनारस में,
गुरु नरहरि और तुलसी ने निवास किया।
पन्द्रह वर्षों के दीर्घ समय तक रहकर,
वेद-वेदाङ्गों का अभ्यास किया।।[47]
कहलाते अपरा वेद-वेदाङ्ग,
जो भव्य, उदात्त, श्रेष्ठतम् कहलाते हैं।
पवित्र, सुखद, ज्ञानानन्द हैं वे,
दैविक सुधा-धार हैं बरसाते।।
वेद पुरुष का है छन्द पाद,
कल्प कुशल हाथ कहाता है।
नयन कहाती ज्योतिष विद्या,
निरुक्त कर्ण-चक्षु दाता है।।
शिक्षा घ्राण शुद्ध वेदों की,
व्याकरण भी मुख सुहाता है।
यह विद्या का अद्‌भुत प्रकाश,
सकल ब्रह्माण्ड को भाता है।।[48]

5. गुरु-आज्ञा लेकर आए राजापुर,
पितृ-शान्ति हेतु 'श्राद्ध-संस्कार' किया।
धार्मिक कार्य विधिवत् कर पूर्ण अन्य,
निज कर्त्तव्य का सतत निर्वाह किया।।

---

47. छन्दःपादौ तु वेदस्य हस्तौ कल्पोऽथ पठयते।
ज्योतिषार्नयनं चक्षुर्निरुक्तं, श्रोत्रमुच्यते।।
शिक्षा घ्राणं तु वेदस्य मुखं व्याकरणं स्मृतम्।
तस्मात्साङ्गमधीत्यैव ब्रह्मलोके महीयते।।
-पाणिनीय शिक्षा-श्लोक- 41-42

48. तत्रपरा ऋग्वेदो यजुर्वेदः सामवेदोऽथर्ववेदः शिक्षा
कल्पो व्याकरणं निरुक्तं छन्दो ज्योतिषमिति।
-मुण्डकोपनिषद- 1.1.5

6. उनतीस वर्ष की आयु में,
   निज यौवन को वह प्राप्त हुआ।
   इच्छुक हुआ रति भाव का,
   कामुकता का एहसास हुआ।।
   वह शादी का इतना इच्छुक हो गया था कि वह संपूर्ण विश्व को नारीमय देखता था।
7. यौवनायु में काम-तिमिर-नेत्र-रोग से ही,
   सकल विश्व नारीयुक्त दिखाई देता है।
   पर अब ज्ञानाञ्जन युक्त स्वस्थ ज्ञान-चक्षु से,
   मुझे ब्रह्ममय संसार दिखाई देता है।[49]
8. किया विवाह रत्नावली से,
   बहुत सुन्दर और सुहानी थी।
   मोहिनी थी अप्सरा समान,
   उन्मत्त और लुभावनी थी।।[50]
9. वह करता प्यार अत्यधिक पत्नी से,
   क्षण-भर का बिछोह भी दुख दायी था।
   काम-वासना से ढका ज्ञान उसका,
   अति ज्ञानी होकर भी अज्ञानी था।[51]

– **लेखक**

---

49. यदासीदज्ञानं स्मरतिमिरसंस्चारजनितं
    तदा सर्वं नारीमयमिदमशेषं जगदभूत्।
    इदानीमस्माकं पदुतर विवेकाञ्जन दृशाम्,
    समीभूता दृष्टिस्त्रिभुवनमपि ब्रह्म मनुते।।
    भर्तृहरिशतक -शृंगार शतक-87
50. आवृत्तंज्ञानमेतेन ज्ञानिनोत्लिय वैरिणा। कामरूपेण कौन्तेय, दुष्पूरेणानलेन।।
    अग्नि सदृश है अपूर्ण काम, यह शत्रुनित्य है कहलाता।
    भयभीत कराता ज्ञानी को, आवृत्त ज्ञान को है करता।।- गीता- 3.39
51. धूमेनाव्रिते वह्निर्यथादशोमलेन च। यथोल्वेनावृतोगर्भस्तथा तेनेदमावृतम्।।-3.38
    ज्यों अग्नि ढकती है धुएँ से, मल दर्पण को है ढकता।
    ढका जेर से ज्यों गर्भ पार्थ, त्यों ज्ञान काम से है ढकता।।
    श्रीमद्भगवदगीता का हिन्दी पद्य रूपान्तर- लेखक, 3/38 पृ. 79

INTRODUCTION

1. At first, it is important to perceive, beget
How the multiform jñāna gets in Tulsī when and why?
Who impelled him from time to time
Day by day, high and high.

2. He was born on seventh day of light half of a lunar,
Month of Śrāvaṇa saṁvat fifteen hundred fifty four.
Born with full teeth, robust body, uttering the word, 'Rāma',
Guessing about potentous future, blesses were no more.
Hulsī consigned him to Muniā maid,
The next day Hulsī left for heaven for ever.
At the age of five Muniā demised, will return never.

3. Becoming an orphan and helpless,
Astraying hither and thither as mendicant.
One day, sant Naruhari explored him,
Took him to Rāma Parvata, his residence.
At Sūkar kṣetra or Saurce
After performing all Vaiṣṇava sacraments,
He made Rāma bolā his disciple.
Telling him Rāma-Katha at Sauro,
Made him Rāma's devotee, triable.

4. **At Kāśī jī**
For the fifteen years, with his guru in Kāśī,
Resided śeṣa Sanātana's residence.
He studied Veda-Vedāṅgas deeply
Became erudite in all areas of cognizance.
Vedas and Vedāṅgas[52] are called Aparā[53]
Which means superb, sublime supreme.
Vestal restatic rupturous jñāna,
Celestial benevolent, as ambrosial stream.
Vedāṅgas are accepted constituents of 'Ved-Puruṣa'
as cḥaṁda, kalpa, jyotiṣa, Niruktaṁ śikṣā and

---

52. (1) Chhanda (Poetic and Metrical jñāna) (2) Kalpa (Prescripts of righteous and virtuous life different skills and geometrical jñāna for the (3) Jyotisa-(Astronomical jñāna), (4) Niruktaṁ (Etomological Jñāna) (5) śiksā- (consisting, the jñāna, of phonetics, sematics, syntax, prosody and etymology,

53. Tatrāparā Rigveda yajurvedaḥ Sāmarvedo'tharvedaḥ, śikṣā Kalpo vyākarṇaṁ niruktaṁ cḥando jyotisamīti

- Muṅdohopaniṣada – 1.1.5

grammar respectively as feet, hands,
eyes, ears, nose and mouth.[54]

5. He returned to his village by his Guru's consent,
Performed 'Śrāddha' for parents' complacence.
Have left no stone unturned, on this occasion,
In performing all ritual sacraments.

6. At the age of twenty nine,
He was full of his pubscence.
Was becoming libidinous day by day,
Because of his demented adolescence.
He became too desirous of his marriage to look at the whole world full of women.

7. Due to darkness of cupid's eye-disease.
In youth, the earth seems full of the women.
But now, by collyrium of jñāna, discretion,
The whole world seems blent in God, hence.[55]

8. He was married to Ratnāvalī,
Most pretty and beautiful.
was most enchanting a like a nymph,
Captivative and maudlin full.
एक दिन, उसका भाई उसे मायके में ले गया -
One day, her brother took Ratnāvali to her maternal house -

9. Tulsī was too lover of his wife,
To leave her for a moment.
His jñāna was covered with libido,
Being cognizant remained ignorant.[56]

---

54. Chandaḥ pādau tu vedasya hastau kalpo'th paṭhyate.
Jyotisārnayanaṁ chakśurniruktaṁ śrotramuchyate.
śikṣā ghrāṇaṁ tu vedasya mukhaṁ vyākarṇaṁ smṛtaṁ.
Tasmatesāṅgamadhīyaiva Brahma loke mahīyate.

- Pāṇinīya śikṣā śloka- 41-42

55. Yadāsdajñānam Smaratimir sanchara janitaṁ
Tadā sarvaṁ nārīmayamidamaśeṣaṁ jagadbhūt,
Idāninasmākaṁ patitara vivekāñjana juṣāṁ
Samībhūta dṛṣṭi stribhuvanamapi Brahma manute.

56. Auṛtaṁ jñānaṁ-etena jñānino nitya vairiṇā.
Kāma rūpeṇa Kaunteya duṣpūreṇānalen.

- Gita 3.29

O' Arjuna, knowledge, stands, covered by this eternal enemy of the wise, known as desire, which is insatiable like fire.

अपनी पत्नी के प्रेम में कामान्ध होकर छत के रास्ते से रात्रि को अपनी पत्नी के कमरे में एकान्त रूप से मिला।

Being blind in her love, he chased them and climbing the roof of the house, he met his wife in isolated room at night.

अपने पति को देखकर वह घबड़ा कर सुन्न हो गई, किन्तु किसी प्रकार एक लज्जाशील, आदर्श एवं पत्नीव्रता होने के नाते, उसने अपने पति को समझाया कि–

"मेरे प्रति हो प्रेमान्ध आप,
उतना सादर प्रभु प्रति हो जाओ।
होगा ज्ञान तुम्हें ईश्वर का
तुरंत भवसागर से तर जाओ।।

Seeing her husband became bewildered and stunned, but any how as a bashful, ideal and chaste wife, she precepted her husband.

"Being blinded towards my love,
Love the same the Supreme with honour
You will cognize the jñāna of Him,
Then reach across the ocean of the universe.

'विद्वान-ज्ञान की होती गतियाँ दो,
अमृत-ज्ञान-सर डुबकी लगाता है।
या सुन्दरी-स्तन-मर्दन में कर रमण,
निज अमूल्य यौवन नरक बनाता है।[57]

An erudite has two fold velocity of jñāna,
Firstly to dive in an ambrosial pool of jñāna dense.
Secondly, to remain maudlin titillating nymph's nipples,
Being busy in cohabitation, coition, in adolescence.[58]

---

(1) Dhūmenāv riyate vahnir yathādarśo malena cha.
Yathelbenāvṛate garbhas tathā venemāvṛtaṁ - Gita 3.38
"As smoke cover fire, dust covers mirrors, amnion covers womb, so desire (Kāma) covers jñāna.

57. संसारेऽस्मिन्नासारे परिणत तरले द्वेगतो पण्डितानाम्।
तत्त्वज्ञानामृतास्भः प्लवललितधियाँयातुकायःकदाचित्।
नीचेन्मुग्धांगवानांस्तन जघनभरा भोगिनीनाम्।।
स्थूलोपस्थस्लीषु स्थगित करतलस्पर्शलीलोद्यतानाम्।।

–शृंगारशतक, श्लोक–20

58. saṁsāre' sminnāsāre pariṇata tarvale dvegato Paṇḍitanāṁ
Tatvajñānamrtāṁbhaḥ plava lalita dhiyāṁ yā tukāyaḥ kadāchita.

आत्मसात कर पत्नी-उपेदश प्रेरणा,
  सांसारिक विषयों से वैराग्य प्राप्त किया।
बनारस में हो प्रेरित शिव-पार्वती से,
  हो वैरागी अटल अवध-प्रस्थान किया।।
Imbibing the real jñāna, precepted, impelled by his wife,
  Became averse to mundane enjoyments.
Arrived at Benaras, also impelled by śiva Pārvatī
  To return Ayodhyā as a stoic permanent.
रचाते थे प्रतिदिन संस्कृत-श्लोक,
  प्रातः लुप्त हुए वे पाते थे।
यह देख-देख होते चकित बहुत,
  यह बात देख अति दुख पाते थे।।
Tulsī used to compose in Saṁskṛta,
  But was found vanished in the morning
He remained astonished daily,
  This matter was very scorching.
होकर प्रेरित इक अदृश्य शक्ति से,
  अवधी में लेखन आरंभ किया।
समाज-कल्याण हेतु प्राप्त प्रेरणा,
  दैविक शक्तिसहित आनंद लिया।।
He was impelled by invisible power,
  Began to versify in common classical dialect.
For the beneficence of the human beings,
  He felt some celestial mirthful power direct.
निज पत्नी और देवों से हो प्रेरित,
  सांसारिक भोगों से वैराग्य लिया।
दो वर्ष सात मास में रामायण को,
  आत्मशान्ति के लिए था समाप्त किया।।
Having been precepted by wife and deities,
  He became to averse to mundane enjoyments.

Nchenmudhāñgavānāstana jaghan bharā bhogīnnāṁ
sthūlopastha slīṣu sthragit karatala sparśa līlodhyatānāṁ.

Śringārśatak ślok- 20

He composed Rāmacharit Mānasa, in two years,
And seven months, for his complacence.

संवत् सोलह सौ असी, असीगंग के तीर।
श्रावणकृष्ण तीज शनि, तुलसी तज्यौ शरीर।।

On the third day of dark half of a lunar month,
Shrāvana saturday, sixteen hundred eighty.
Left for heaven peacefully vested in oversoul,
On the bank of Vestal Gangase Assy.

रामायण है सागर अमर ज्ञानामृत का,
अध्यात्म-संकल्प से अनुप्राणित करती।
ज्ञान-भक्ति के सुधामय संगम में,
सबको स्नान हेतु है प्रेरित करती।।

Rāmacharit Mānas is the ocean of jñāna,
Animates all through spiritual volition.
It impells to dive in the ambrosial confluence
Of jñāna-Karma and devotion.

मध्यकालीन मुगलीय काल में,
समाज अज्ञानान्धकार में था घिरा हुआ
महा निराशा की चट्टानों से टकराकर,
निराशा के चौराहे पर था खड़ा हुआ।।
अति असहाय अकर्मण्य भटकते समाज को,
तुलसी ने ज्ञान-प्रकाश से मार्ग दिखा दिया।।
समन्वयवादी सुधारक सरल महाकवि ने,
अच्छे-बुरे सभी को आपस में मिला दिया।।
होकर उदार महा और मानवतावादी,
जातिपाति-भेदभाव-समन्वय कर डाला।
समान भाव से देखा सदा था मानव को,
वर्णाश्रम गुण-कर्मों पर आश्रित कर डाला।।[59]

---

59. चातुर्वण्यं मया सृष्टं गुणकर्मविभागशः।
तस्य कर्त्तामपि विद्धयकतीरमव्ययम्- गीता श्लोक- 4/13

During the Moghal rein in Medieval India]
The society was beset with darkness of ignorance.
Breathing under the rocks of pessimism,
Astrayed, wating on the quadrivial of despondence.
Being helpless, indolent and in dilema,
Tulsi paved the way through jñāna-radiance.
Being an impartial reformer, epic poet co-ordinator,
By him, all bad evil thing were confluenced.
Being a philenthropist, humanitarian, bounteous,
Established co-ordination among caste-creed and sections.
Perceived all the human beings equanimously,
As four varnas are as per attributes and actions.[60]

व्यापक प्रभावी हृदयस्पर्शी अनुकूल हृदयग्राह्य,
सभी मनोविकार-मनोभाव और विचारों को।
आदर्श मानव-चरित्र व विविध रम्य प्रकृति-दृश्य,
वातावरण विविध घटनाक्रम, अन्य सितारों को।।
अनुकूल, इन्द्रियग्राह्य, गुंजित सारगर्भित सरस,
समासात्मक सुबोध भाषा-रूप अपनाया है।
अलंकृत चित्रात्मक मनोरम व सरल भाषा में,
करके चित्रण अद्‌भुत सबको चकित कराया है।।
चौपाई-दोहा व छन्द सोरठा आदि द्वारा,
सात काण्डों में सबके स्पष्ट चित्र दिखाए हैं।
रामचरितमानस में समाहित सभी वर्ण्य विषय,
अलंकृत मनमोहक, सर्वप्रिय सरल रचाये हैं।।

He has depicted microcosm of all characters.
Acme of pervasive, persuasive, poignent.
Ideal character of human beings, multicultured nature,
Ideas passions, through, congenial, resonant.
Propitious, sensuous perspective visual,
Aphoristic rhetoric and precise language
In the form of Chaupāī, dohā, sorṭhās ̧chanda,
Vested in seven kāndas of mānasa adorned in many ways.

---

60. Chāturvarnyaṁ mayā sṛṣṭaṁ guṇa parma vibhāgaśaḥ
Tasya Kartārimapi māṁ viddya kartāramavyayaṁ. - Gītā 4/13

सर्वसुख-खान है चरित्र पवित्र,
महाकवि ने उसे दिखलाया है।
कर समन्वय सभी का भलीभाँति,
मानव-जीवन सुखी बनाया है।।

Vistal character is fathomless depository of all blisses
The epic poet has depicted that visually.
Coordinating all bad and good characters,
Has made the human life mirthfully.

"जलहू में थलहू में, नभहू में घूम-घूम,
जगत अमूलन की मूल निधि पुनि-पुनि पाइये।
जोगी के पल्ले ते, जोग यदि चल्यौ जाय,
साधना के साधने, ताको पुनि पाइये।।
आत्मा के विरुद्ध यदि व्यक्ति कोउ दूर जाय,
आत्मा के शुचि प्यार ते सहजहू बुलाइये।
चरित्र की पावनता एकहु बार गए पै,
जगहू में ढूँढ़ौ यार, पुनः नहीं पाइये।।"[61]

–डॉ. कृष्णदेव 'अरविन्द'

It is why, Goswāmī Tulsīdasa emphasized on
Vestal character for the rapture of the human race.
In ocean, earth-ether, peerless and priceless.
Rapository can be achieved again and again.
If Yoga is slipped away from the yogi, any how,
By hard penance, can be able to attain.
The loveliest being segregated from one's heart,
By the true and vestal love can return to retain.
If the sanctity of one's character once gone,
In the universe, can never be explored and regain.

Dr. Krishna Dev 'Arvind'

61. कवित्त शतक (लेखक)- पृ. 66

1. बाल काण्ड (Bāla Kāṇḍa)

सोरठा- प्रनवउँ पवनकुमार खल बन पावक ग्यान घन।
जासु हृदय आगार बसहिं राम सर चाप धर॥ (1.17)

"मैं पवनकुमार अर्थात् श्रीहनुमान जी को प्रणाम करता हूँ, जो दुष्ट-रूपी वन को भस्म करने के लिए अग्नि रूप हैं, जो ज्ञान की मूर्ति हैं और जिनके हृदय में धनुष-बाणधारी श्रीरामचंद्र जी निवास करते हैं।" (1.17)

स्पष्टीकरण-महाकवि गोस्वामी तुलसीदास जी शिव-पार्वती, श्रीराम जनक जी, दशरथ आदि देवताओं एवं धर्मात्मा एवं ज्ञानियों की वंदना करने के पश्चात् हनुमानजी की वंदना करते हैं। महाकवि जी अपने मुख्य उद्देश्य को बड़ी ही अन्योक्ति एवं रूपकालंकार युक्त भाषा में चित्रित करते हैं। वे दुष्ट-समूह रूपी जंगल को भस्म करने में समर्थ हैं। तुलसीदास जी अपने ग्रन्थ 'श्रीरामचरित मानस' की निर्विघ्न एवं सतत रूप से, श्री हनुमान जी की कृपा से पूर्ण करना चाहते हैं। जैसे कि वे सर्वशक्तिमान एवं सर्वज्ञ हैं, स्वयं नहीं, बल्कि उनके हृदय-निधान में विराजमान धनुर्धारी श्री राम जी के कारण।

So: Pranavau pavanakumāra Khala bana pāvaka gyāna ghana,
jāsu hṛdaya āgāra basahin rāma sara cāpa dhara.
(1.17)

"I greet Hanumān, the son of the wind-god, an embodiment of wisdom, who is fire, as it were, for the forest of the wicked, and in the abode of whose heart resides Śrī Rāma, wielding a bow and arrows." (1.17)

Clarification: After adoring other deities and virtuous cognizants, Tulsī adores Hanumān ji. In the above Chaupaī, Tulsīdasa ji depicts his main aim through a very allegorical and metaphorical language. He adores Hanumanji who is able to incinerate the forest of viles. He wants to accomplish Rāma Charita Mānasa incessantly without any obstruction through Hanumanaji as now he is omnipotent and omniscient, not himself but because of possessing Shrī Rāma in the abode of his heart with bow and arrow. Secondly, he is the loveliest inner and innate devotee and most credible and faithful envoy of śrī Rāma.

को बड़ छोट कहत अपराधू। सुनि गुन भेटु समुझिहहिं साधू।।
देखिअहिं रूप नाम आधीना। रूप ग्यान नहिं नाम विहीना।।
(1.20.2)

"नाम और रूप में कौन बड़ा है, कौन छोटा, यह कहना गलत है। इनके गुणों की तारतम्य (कमी-बेशी) सुनकर साधु पुरुष स्वयं ही समझ लेंगे। रूप ही नाम के अधीन देखा जाता है, नाम के बिना रूप का ज्ञान नहीं हो सकता।" (1.20.2)

स्पष्टीकरण–महाकवि गोस्वामी तुलसीदास जी सगुण राम भक्ति-मार्ग के अनुयायी थे। वे श्रीराम के नाम 'राम' तथा उनके 'रूप' के गूढ़ महत्त्व का वर्णन करते हैं। यद्यपि 'रूप' का ज्ञान, उसके नाम के बिना होना असंभव है। हम किसी भी व्यक्ति को उसके नाम के द्वारा ही जान सकते हैं, न कि उसके रूप के द्वारा। वास्त्व में 'नाम' और रूप एक दूसरे में परस्पर अन्तर्व्याप्त हैं। दोनों ही अवर्णनीय, अकथनीय हैं, केवल उनका बोध एवं अनुभव किया जा सकता है।

Ko bada chota kahata aparādhū, suni guna bhetu samujhihahī sādhū.
dekhiahī rūpa nāma ādhīnā, rūpa gyāna nahī nāma bihīna.
(1.20.2)

"It is presumptuous on one's part to declare as to which is superior or inferior. Hearing the distinctive merits of both, pious souls will judge for themselves. Forms are found to be subordinate to the name; without the name one cannot have the knowledge of a form." (1.20.2).

Clarification: Goswāmī Tulsī Dāsa was a true votary and follower of visible and visual supreme God and the cult of Rāma-bhakti-Mārga (way of Rāma's devotion). So he describes the substle importance of the word 'Name' and its bearer, retainer or wielder. Although the jñāna of the form or mien is not possible without the name. We can cognize anybody by his name, not by semblance. In fact, the magnificence of 'Name' and 'Form' are both about equal, because both are intervolved with each other. Both are ineffable but can be perceived and felt.

श्रोता बकता ग्याननिधि कथा राम के गूढ़।
किमि समुझौं मैं जीव जड़, कलि मल ग्रसित विमूढ़॥

(1.30ख)

"श्रीरामजी की कथा अतिगूढ़ है तथा उसके वक्ता और श्रोता दोनों पूर्ण ज्ञानी हैं। मैं तो कलियुग के पापों द्वारा ग्रसा हुआ महामूढ़ जड़ जीव था, मैं उसे कैसे समझ सकता था?" (1.3(ख))

स्पष्टीकरण–पिछली चौपाईयों में ऋषि याज्ञवल्क्य, भारद्वाज, शिव जी तथा काकभुशुण्डि जी क्रमानुसार रामकथा सुनाते और गाते हैं। तुलसीदास जी कहते हैं कि वे तो सर्वोत्तम, भव्य, उदात्त, दैविक (स्वर्गिक), तथा अति पवित्र प्रवचन-कर्त्ता एवं श्रोता थे, तो मुझ जैसा मूढ़ दुष्ट और नीच होकर इस पवित्र 'राम-कथा' को कैसे सुना सकता हूँ? मैं राम-कथा सुनाने में कभी प्रवीण नहीं हो सकता, क्योंकि मैंने शरारत पूर्ण तथा बेसमझ बाल्यावस्था में यह पवित्र राम-कथा सूकर क्षेत्र (सोरों) में अपने गुरु श्री नरहरिदास जी से सुनी थी।

śrotā baktāgyāna nidhi kathā Rāma ke gūrha
kimi samajhou mei jīva jaḍa kali mala grasita vimūrh.

(1.30b)

"Both the listner and the raciter of the esoteric story of śrī Rāma must be repositories of wisdom.How then could I, a dull and stupid creature steeped in the impurities of the Kali age, expect to follow it?" (1.30b)

Clarification: In the previous chaupāīs, yājñavalkya, Bharadwaja, Shiva and Kākabhuśuṇdi recite 'Shrī Rāma Kathā' successively. Tulsi dass tells that they were the supreme, superb, sublime, celestial and vestal reciters and listeners, but being, myself as a most obtuse, wicked and vile, how can recite this vestal Rāma Kathā. I can never be adept to recite because I heard this 'Rāma Kathā' in Sūkara Kṣhetra (now Soron) from my Guru Naraharidasa at the age of my childhood full of childish mischief and perception. Any how, Tulsī wants Shrī Rāma's compassion to recite the 'Rāma Kathā'.

सदगुरु ग्यान बिराग जोग के। बिबुध बैद भव भीम रोग के।
जननि जनक सिय राम प्रेम के। बीज सकल ब्रत धरम नेमके।।

(1.31.2)

"श्रीराम जी गुण ज्ञान, वैराग्य और योग के लिए सद्गुरु हैं और संसार-रूपी भयंकर रोग का नाश करने के लिए देवताओं के वैद्य अश्विनी कुमार के समान हैं। ये श्री सीताराम जी के प्रति प्रेम उत्पन्न करने के लिए माता-पिता हैं और संपूर्ण व्रत, धर्म और नियमों के बीज हैं।" (1.31.2)

स्पष्टीकरण-गत चौपाईयों में तुलसीदास जी श्रीराम जी के अनुपम ज्ञान एवं गुणों का गुण-गान करते आ रहे हैं, जैसे कलियुग रूपी सर्प के लिए मोरनी हर कामना-पूर्ति हेतु कामधेनु नामक गाय, भव-दुखों की मुक्ति हेतु अमृतमयी नदी तथा चिन्तामणि। उपर्युक्त चौपाई में तुलसीदास जी अत्यन्त रम्य एवं अलंकृत भाषा में श्रीराम के व्यापक गुणों की प्रशंसा करते हुए, भगवान राम को सर्वशक्तिमान, सर्वज्ञ, सब को सबकुछ दान करने वाले तथा सर्वकल्याणकारी रूप में चित्रित करते हैं।

Sadaguru gyāna birog jog ke. Bibudh baid bhava bhīma Rog ke.
Janani janaka siya Rama prema ke. Bija sakal bṛta dharama nema ke.

(1.31.2)

"They are true teachers of wisdom, dispassion and yoga (contemplative union God) and celestial physician (Aśvinīkumāra) for the fell disease of metempsychosis, parents for bringing forth devotion for Sīta and Śrī Rāma and the seed of all holy vows, practices and observances" (1.31.2).

Clarification: The epic-poet has been eulogizing the peerless jñāna and virtues of śrī Rāma previously, a like a peahen for the pernicous Kaliyuga (epoch) wish cow (Kamadhenu) for the repletion of desires, an ambrosial river for the emancipation from mundane

those, Chintāmani. In the above-Choupāi, praising pervasive qualities of śrī Rāma as an omnipotent, omniscient, munificent, omnibeneficent and matchless guru of jñāna, reclusion and yoga.

सुकृतपुंज मंजुल अलि माला। ज्ञान बिराग बिचार मराला॥
धुनि अवरेब कबित गुनजाती। मीन मनोहर ते बहुभाँती॥
(1.36.4)

"सत्कमों के पुंज की सुंदर पक्तियाँ हैं, ज्ञान, वैराग्य और विचार हंस हैं तथा कविता की ध्वनि वक्रोक्ति, गुण और जाति अनेक प्रकार की मनोहर मछलियाँ हैं।" (1.36.4)

स्पष्टीकरण-तुलसीदास जी काव्यशास्त्री तथा आलंकारिक ज्ञान के महापंडित थे। पिछली चौपाइयों में वे 'रामचरितमानस' की रचना को आलंकारिक शैली में चित्रित करते हैं। 'मानस' शब्द एक श्लिष्ट (द्वि अर्थक-शब्द है, जिसका अर्थ है- एक विशाल सरोवर तथा हृदय। गत चौपाइयों में वे वर्णित करते हुए बतलाते हैं कि वेद-पुराण विशाल सागर है, साधु-सन्त मेघ हैं, जो श्रीराम जी के यश रूपी शुद्ध, मधुर एवं पवित्र जल को बुद्धि रूपी पृथ्वी पर बरसाते हैं, जो बहता हुआ हृदय रूपी सरोवर में इकट्ठा होकर स्थिर हो जाता है। उपर्युक्त चौपाई में वे विशाल मानस रूपी विशाल कुण्ड को अलंकृत करने वाली चीजों को बड़ी ही उपमा एवं रूपकात्मक शैली में चित्रित करते हैं।

Sukrīta puṅja maṅjul ati mālā gyāna birāg bichāra marālā.
Dhuniavreb kabit guru jātī, mīna manohar te bahu bhāntī.
(1.36.4)

"The virtuous acts mentioned therein are the charming swarms of bees, the references to spiritual enlightenment, dispassion and reason represent the swan. The implications and involutions and the various excellences and styles of poetry are the lovely fishes of various kinds." (3.36.4).

Clarification: Tulsīdāss is a erudite of abundant rhetorical and figurative jñāna. In previous chaupāīs describes the composition of Rāma charit Mānas in an ornate language. The Mānas word, is an equivocal word which means – a large pond and heart. In the previous chaupāis, he depicts that the veda-purāṇas are ocean, saints and sages are clouds which rain down the pure limpid and vestal water of śrī Rām's celebrity on the earths of wisdom and flowing forward through a channel of earth collected in the pond of Mānasa (Rāma charit Mānas). In the above chaupāi, he depicts the embellishing things of the large pond of Mānasa through the similies and metaphorical genre.

अरथ धरम कामादिक चारी। कहब ग्यान बिग्यान बिचारी॥
नव रस जप तप जोग बिरागा। ते सब जलचर चारु तड़ागा॥
(1.36.5)

"अर्थ, धर्म, काम, मोक्ष ये चारों, ज्ञान-विज्ञान का विचार, काव्य के नौ रस, जप, तप, योग और वैराग्य के प्रसंग ये सब इस सरोवर के सुंदर जलचर हैं।" (1-36-5)

स्पष्टीकरण-गत चौपाईयों में, महाकवि अत्यन्त मनोहर, चित्ताकर्षक एवं आलंकारिक भाषा के माध्यम से सतत रूप से रामचरित मानस का वर्णन करते आ रहे हैं। उपर्युक्त चौपाई में भी, महाकवि उपमा अलंकार का प्रयोग द्वारा सब चीजों एवं भावों की तुलना जल के जीवों (जलचर) से करते हैं।(1.36.5)

Aratha dharama kāmādik chārī kahab jñāna bigyāna bichārī
Nava rasa japa tapa joga birāgā Te sab jalachara chāru taḍāgā.
(1.36.5)

The four ends of human existence, viz. wordly riches, religious merit, enjoyment and liberation, the reasoned exposition of jñāna (knowledge of God in His Absolute formless aspect and vijñāna (knowledge of Saguṇa Divinity both with and without form), the nine sentiments of poetry and the reference to japa (the muttering of mystic formulae), austerity, yoga (contemplative union with God) and detachment from the world all these represent the charming aquatic creatures of this lake.

Clarification – In the previous chaupāis the epic poet has been describing the Rāmacharita Mānasa through very elegant, enchanting and figurative language incessantly. In the above Chaupāi also, using the figure of speech simile (Upamālankāra), he compares all things to aquatic creatures of this large pond.

भगति निरूपन बिबिध बिधाना। छमा दया दम लता बिताना॥
सम जम नियम फूल फल ग्याना। हरि पद रति रस बेद बखाना॥
(1.36.7)

"अनेक प्रकार से भक्ति का निरूपण और क्षमा, दया तथा इंद्रिय निग्रह लताओं के मंडप हैं। मन का निग्रह, अहिंसा, सत्य, अस्तेय, ब्रह्मचर्य और अपरिग्रह, शौच, संतोष, तप, स्वाध्याय और ईश्वर प्रणिधान ही उनके फूल हैं, ज्ञान फल है और श्रीहरि के चरणों में प्रेम ही इस ज्ञान-रूपी फल का रस है। ऐसा वेदों ने कहा है।" (1.36.7)

स्पष्टीकरण–महाकवि 'मानस' का वर्णन सतत रूप से आलंकारिक भाषा में करते आ रहे हैं। उपर्युक्त चौपाई में भी कवि 'मानस' को रूपक अलंकार में वर्णित करते हैं जैसे- भक्ति-निरुपण, क्षमा, दया, इन्द्रिय-निग्रह रूपी वितान की लताएँ, मन-निग्रह (आत्मसंयम), पाँच नियम या धार्मिक व्रत रूपी फूल, आध्यात्मिक प्रकाश रूपी फूल।

Bhagati nirūpna bibidha bidhānā, cḥamā dayā dama latā bitānā.
Sama jama niyama phūla phala gyāna, hari pada rati rasa beda bakhānā.
(1.36.7)

"The exposition of the various types of Devotion and the references to forbearance, compassion and sense control represent the canopies of creepers. Even so, mind-control, the five Yamas or forms of self-restraint (viz., non-violence, truthfulness, non-thieving continence and non-acquisition of property), the five Niyamas or religious vows (viz., those of external and internal purity, contentment, austerity, study of sacred books or repetition of the Divine Name and self surrender to God) are the blossoms of these creepers; spiritual enlightenment is their fruit and loving devotion to the feet of Śrī Hari constitute the sap of this fruit of spiritual enlightenment; so declare the Vedas." (1.36.7)

Clarification – The epic poet has been depicting 'Mānasa' in very figurative language constantly. In the above chaupāi, he describes the Mānasa metaphorically; as Exposition of devotion, forgiveness, pitiness, surmountibility over senses – owning of creepers, mind-control, the five yamas, or forms of self restraint, the five Niyamas or religious vows – blossoms. Spiritual enlightenment – Fruits.

ब्रह्म निरूपन धरम बिधि बरनहिं तत्त्व बिभाग।
कहहिं भगति भगवंत कै संजुत ग्यान बिराग॥ (1.44)

"वे ब्रह्म का निरूपण, धर्म के विधान और तत्वों के विभाग का वर्णन करते हैं तथा ज्ञान-वैराग्य से युक्त भगवान की भक्ति का बखान करते हैं।" (1.44)

स्पष्टीकरण-गत चौपाई में महाकवि तुलसीदास वर्णन करते हैं कि साधु-सन्तों का समूह त्रिवेणी (गंगा-यमुना-सरस्वती) में स्नान करने के लिये प्रयागराज में स्थित ऋषि भारद्वाज के आश्रम में आते हैं। उपर्युक्त चौपाई में चित्रित करते हुए कहते हैं कि ब्राह्ममुहूर्त में वे (साधु-समाज) त्रिवेणी में स्नान करने के पश्चात् ब्रह्म-ज्ञान, धार्मिक उपदेशों, भगवान की भक्ति के विषय में परस्पर ज्ञान एवं वैराग्य युक्त प्रवचन करते हैं।

Do : brahma nirūpana dharama bidhi baranahi tattva bibhāga.
kahahī bhagati bhagavaṁta kai saṁjuta gyāna birāga.
(1.44)

"They discuss the nature of Brahma (the Supreme Eternal), the precepts of religion and the classification of fundamental entities and expatiate on Devotion to the Lord coupled with topics on spiritual enlightenment and dispassion." (1.44)

Clarification – In the previous chaupāī, the poet describes that the assemblage of sages and hermits arrives at hermit Bhāradwāja's aśrama in Prayāga Rāja, the head-diadem of all sacred spots of hermits to take bath in the holy confluence of three rivers (Gaṅgā, Yamunā and Saraswatī).

In the above chaupāi, the epic poet depicts that, in the early morning, after diving into the trinity of three rivers, they (Hermits) elucidate about Brahma, precepts of religion devotion of the Supreme God, full of jñāna and stoicism.

संतत जपत संभु अबिनासी। सिव भगवान ग्यान गुन रासी।
आकर चारि जीव जग अहहीं। कासीं मरत परम पद लहहीं॥
(1.45.2)

"कल्याणस्वरूप, ज्ञान और गुणों की राशि, अविनाशी भगवान शंकर निरंतर रामनाम का जप करते रहते हैं। संसार में चार जाति के जीव हैं, काशी में मरने के बाद जो परमपद को प्राप्त करते हैं।" (1.45.2)

स्पष्टीकरण-पिछली चौपाई में साधु-सन्त भगवान की महिमा के विषय में ज्ञान और वैराग्य युक्त बातचीत करते हैं। आगे महाकवि वर्णित करते हैं कि सर्वगुण के अथाह भण्डार शिवजी सतत रूप से भगवान (श्रीराम) जी का गुणगान एवं जप करते रहते हैं। संसार के चार प्रकार के जीवों में से यदि कोई भी काशी में मृत्यु को प्राप्त होता है तो वह मोक्ष एवं सर्वोच्च पद को प्राप्त करता है।

saṁtata japata saṁbhu abināsi, siva bhagavāna gyāna guna rāsī.
Aākara cārī jīva jaga ahahī, kāsī marata parama pada lahahī.
(1.45.2)

"The immortal Lord Śiva, who is the fountain of qualities (Guṇas) and a repository of wisdom, incessantly repeats it. There are four broad divisions of living beings in the world; such of them as die in the holy city of Kāsī (Vārānasī) attain the highest state." (1.45.2)

Clarification – In the previous chaupāī Tulsīdāss has described about the assemblage of hermits and sages who converse together about the magnificence of the supreme god, full of jñāna and reclusion, in the above chaupāi he tells about lord Śiva the fathomless repository of all virtues jñāna and beneficence, repeats the name of the Supreme God (Shrī Rāma). Further he tells that if any living being of the four kinds of living being dies in Kāśīji is emancipated and gets the supreme status.

विष्नु जो सुर हित नरतनु धारी। सोउ सर्बग्य जथा त्रिपुरारी॥
खोजइ सो कि अग्य इव नारी। ग्यानधाम श्रीपति असुरारी॥
(1.50.1)

"देवताओं के हित के लिए शरीर धारण करने वाले जो विष्णु भगवान हैं, वे भी शिवजी की भाँति सर्वज्ञ हैं। वे ज्ञान के भण्डार, लक्ष्मीपति और असुरों के शत्रु भगवान विष्णु क्या अज्ञानी की तरह स्त्री को खोजेंगे?" (1.50.1)

स्पष्टीकरण–एक दिन शिवजी ने सती जी के साथ जंगल में, एक मायावी हिरण का पीछा करते हुए सर्वज्ञ श्री राम के दर्शन करके अत्यधिक आह्लादित एवं पुलकित होकर कहा, "हे जगत् के रक्षक पालन तथा सर्वगुणों के अथाह भण्डार"। और आगे बढ़ गए। यह सुनकर सती जी सन्देह पूर्वक सोचने लगी, "अपनी पत्नी के वियोग में दुःखी एक सामान्य व्यक्ति भगवान विष्णु का अवतार कैसे हो सकता है?" ज्ञान के स्वामी, राक्षसों के शत्रु, श्रीविष्णु, अपनी पत्नी की खोज में जंगल में भटकते हुए एक सामान्य व्यक्ति कैसे हो सकते हैं?"

नोट– तुलसीदास जी ने उपर्युक्त चौपाई में सन्देह अलंकार का समुचित प्रयोग करते हुए ज्ञान प्रदान किया है।

biṣnu jo sura hita naratanu dhārī, sou sarbagya jathā tripurārī.
khojai so ki agya iva nārī, gyānadhāma śrīpati asurārī.
(1.50.1)

"Even viṣṇu, who takes a human form for the sake of gods, is omniscient like the Slayer of Tripura, Śiva, Can He wander in search of His Consort like an ignorant man- He who is a repository of knowledge, the lord of Śrī (the goddess of prosperity) and the slayer of demons?" (1.50.1)

Clarification – One day Śiva was wandering in the forest with Satījī, Having the vision of Omniscient Śrī Rāma, chasing the illusory semblence of a deer, Śiva became over rapturous and thrilled, exclaiming, "o saviour and cherisher of the universe, the repository of all virtues" and proceeded further. In the above chaupāi, having this Satījī begins to think with scepticism, "How can a common man afflicted because of segregation of his wife, be an incarnation of viśṇu? How can viśṇu, Lord of Jñāna and enemy of fiends, be a common man" who astrays in the forest in search of his wife.

Note: Tulsīdass has provided the jñāna through figures of speech scepticism, .

भाँति अनेक संभु समुझावा। भावी बस न ग्यानु उर आवा।।
कह प्रभु जाहु जो बिनहिं बोलाएँ। नहिं भलि बात हमोर भाएँ।।
(1.61.4)

"शिवजी ने अनेक प्रकार से समझाया, पर सती के मन में ज्ञान नहीं हुआ। फिर शिवजी ने कहा कि यदि बिना बुलाए जाओगी, तो हम इसे अच्छी बात न मानेंगे।" (1.61.4)

स्पष्टीकरण-विष्णु अवतार स्वरूप श्रीराम जी के विषय में शिवजी पर्याप्त ज्ञान देकर समझाते हैं किन्तु सती सन्देहशीला रहती हैं। सती परीक्षार्थ सीता जी के वेश में राम-लक्ष्मण के सम्मुख मार्ग में उपस्थित हो जाती हैं। श्रीराम सती से पूछते हैं- तुम अकेली वन में क्यों भटक रही हो? नान्दी-स्वामी शिव कहाँ हैं? सतीजी डरकर तथा व्याकुल होकर शिव के पास लौट आती हैं जो हृदय से सती को त्याग देते हैं। वह भी इस तथ्य को जान लेती हैं। उसके पिता ने शिव जी को छोड़कर सभी देवताओं, किन्नर, नाग, गन्धर्व सभी को निमंत्रित किया। शिवजी अपना अपमान अनुभव करते हैं। सती यज्ञ में जाने की प्रार्थना करती है। शिवजी अनेक प्रकार से उसे स्वाभिमान सम्बन्धी बहुत प्रकार से ज्ञान देते हैं कि बिना निमन्त्रण के तुम्हारी वहाँ उपस्थिति अपमान की पराकाष्ठा का कारण होगी।

Bhānti aneka saṁbhu samujhāvā, bhāvī basa na gyānu ura āvā.
Kaha prabhu jāhu jo binahā bolāē, nahī bhali bāta hamāre bhāē.
(1.61.4).

"Śiva expostulated with Satī in so many ways, but as fate had willed it, good sense did not dawn on her. The Lord repeated once more that if She went to Her father's place uninvited. He visualized no good results from it." (1.61.4)

Clarification – Lord Śiva inculcates Satijī. providing abundant jñāna about Śrī Rāma, the incarnation of viṣṇu, but she remains sceptical. In countenance of sītā ji, she presents herself in front of Rāma and darṣnana in the way. Śrī Rāma. She also has perceived this fact, the decision of Śiva. Her father Dakṣa organised a prominent yajñā (sacrifice) and invites all the deities, gods, Kinnu, Nagas, Gandharvas except Śiva who feels his abasement. Sati requests Śiva to allow her to be present in the yajña. In the above chaupāi also, Śiva provides jñana about self respect, self-dignity, self-esteem to her in many ways that without invitation your preserve in the yojña-ceremony will cause acme of dishonour.

कतहुँ मुनिन्ह उपदेसहिं ग्याना। कतहुँ राम गुन करहिं बखाना।।
जदपि अकाम तदपि भगवाना। भगत बिरह दुख दुखित सुजाना।।
(1.75.1)

"वे कहीं मुनियों को ज्ञान का उपदेश करते और कहीं श्रीरामचंद्रजी के गुणों का वर्णन करते। यद्यपि शिवजी निष्काम हैं, तो भी वे अपने भक्त, यानी पार्वती के वियोग के दुख से दुखी है।" (1.75.1)

स्पष्टीकरण-गत चौपाइयों में ऋषि याज्ञवल्क्य जी भारद्वाज जी को सती जी के विषय में वर्णित करते हुए बतलाते हैं कि किस प्रकार अपने पिता यक्ष के द्वारा आयोजित यज्ञ में सती जी ने पिता के द्वारा स्वयं को तथा पति शिवजी को अपमानित किये जाने के कारण, अपनी योग-शक्ति के द्वारा यज्ञ में अपने को भस्म कर दिया। अब ऋषि याज्ञवलक्य जी मुनि भारद्वाज जी को शिवजी की दशा बतलाते हुए कहते हैं कि सती जी की मृत्यु के पश्चात्, शिवजी पूर्ण रूप से वैरागी होकर भगवान राम को अपने हृदय में धारण करके, सतत रूप से उनका नाम जपते हुए कहीं पर मुनियों को विविध ज्ञान का उपदेश देते हैं, तो कहीं पर श्रीराम के गुणों का गान करते फिरते हैं।

Katahū muninha upadesahi gyānās, katahū rāma guna karahī bakhānā.
jadapi akāma tadapi bhagavānā bhagata biraha dukha dukhita sujānā.
(1.75.1)

"Here He instructed the sages in wisdom and there He extolled the virtues of Śrī Rāma. Though passionless and all-wise, the Lord was smitten with the pangs of separation from His devotee (Sātī)." (1.75.1)

Clarification – In the previous chaupāis, the sage yājñavalkya has been narrating the discourse about satiji, to sage Bhāradwaj, how satīji incinerated herself in the fire of sacrifice (yajña) with the power of her yoga, because of the abasement of herself and Śiva at the occasion of yojna organised by yakṣa. Now, sage, yajñavalkya begins to narrate the condition of śiva after the death of sati, Śiva became totally stoic installing śri Rāma in His heart and began to hear the eulogical precepts of Rāma's virtues and repeat his Name in his heart incessantly. In the above chaupāi also, the epic poet shows śiva or a precepter of sages and the eulogist of Śrī Rāma's virtues.

ब्रह्मचर्ज ब्रत संजम नाना। धीरज धरम ग्यान बिग्याना।।
सदाचार जप योग बिरागा। सभय बिबेक कटकु सबु भागा।।
(1.83.4)

"ब्रह्मचर्य, नियम नाना प्रकार के संयम, धीरज, धर्म, ज्ञान-विज्ञान, सदाचार, जप, योग, वैराग्य आदि ज्ञान-रूपी सेना डरकर भाग खड़ी हुई है।" (183.4)

स्पष्टीकरण-पिछली चौपाइयों में सती जी पवर्तराज हिमालय तथा मैना के घर में पार्वती या उमा के रूप में जन्म लेती है। उधर सती जी के वियोग के कारण शिवजी के ही पुत्र द्वारा मारे जाने वाले, सब लोकों के विजेता, तथा महाअत्याचारी, दुराचारी एवं पराक्रमी तारासुर नामक राक्षस से त्रसित होकर सभी देवगण अपनी सुरक्षा हेतु ब्रह्माजी के पास जाकर प्रार्थना करते हैं। ब्रह्मा जी काम-वासना एवं रति के जन्मदाता कामदेव के पास जाने और शिव की तपस्या भंग करने हेतु उनसे प्रार्थना करने की सलाह देते हैं। देवगण वैसा ही करते हैं। कामदेव देवगणों के कल्याण हेतु उनकी प्रार्थना स्वीकार करके शिवजी के पास जाते हैं। सम्पूर्ण विश्व को कामदेव की शक्तियों द्वारा अध ीन देखकर वेदों के सभी नियम और मर्यादाएँ वहाँ से भाग जाते हैं। उपर्युक्त चौपाई भी आगे व्यक्त करती है कि कामदेव को देखकर ज्ञान और विवेक की सारी सेनाएँ वहाँ से भाग जाती हैं।

brahmacarja brata saṁjama nānā, dhīraja dharama gyāna bigyānā.
sadācāra japa joga birāgā, sabhaya bibaka kataku sabu bhāgā.
(1.83.4)

"The whole army of Viveka (disciriminating knowledge) – continence, religious vows, self-restraint of many kinds, fortitude, piety, spiritual wisdom and the knowledge of Saguṇa divinity both with form and without form, morality, muttering of prayers. Yoga (contemplative union with God) dispassion and so on, fled in panic." (1.83.4)

Clarification – The previous chaupāis reveals that in the semblence of Pārvati or Uma sati was reborn in the house of Himavāna (Himalaya, the Wielder of mountains) because of her long penance, installing Śiva, in her heart for virtue. Because of segregation of sati, śiva also became immersed in long meditation. In the meanwhile all the gods terminated by fiend named Tāraka, the most atrocious, dissolute and valorous, subduer of all gods, who could only be killed by śiva's son, reached Brahma ji to protect them. He advised them to request cupid, the creator of coition, to reach Śiva to devastate His meditation. Deities did so, the cupid reached śiva. Seeing the universe subdued by His powers, all the proprieties and prescripts of vedas eluded from there. The previous chaupāis also reveal that all the army of jñāna and discretion vanishes from there.

दो- प्रभु समरथ सर्बग्य सिव सकल कला गुन धाम।
जोग ग्यान बैराग्य निधि प्रनत कलपतरु नाम॥ (1.107)

"हे प्रभो! आप समर्थ, सर्वज्ञ और कल्याण स्वरूप हैं। सब कलाओं और गुणों के निधान हैं, और योग, ज्ञान तथा वैराग्य के भंडार हैं। आपका नाम शरणागतों के लिए कल्पवृक्ष है।"(1.107)

स्पष्टीकरण-भगवान शिव के निकट विराजमान पार्वती जी पूर्व-जन्म की घटनाओं का पुनः स्मरण करती हैं। पृथ्वी पर भगवान राम के जन्मादि के विषय में प्रश्न पूछने से पूर्व वे शिवजी की प्रशंसा करती हुई कहती हैं कि 'आप गुणों, कलाओं, ज्ञान और वैराग्य के अथाह निधान हैं तथा कल्पवृक्ष हैं।

टिप्पणी- ऋषि याज्ञवल्क्य जी मुनि, भरद्वाज जी को 'शिव-पार्वती-संवाद' के माध्यम से राम-कथा को सतत रूप से सुनाते आ रहे हैं।

prabhu samaratha sarbagya siva sakala kalā guna dhāma.
joga gyāna bairāgya nidhi pranata kalapataru nāma
(1.107)

"My Lord! you are all-powerful, all wise and blissful, you are a repository of all arts and virtues and an epitome of yoga, wisdom and dispassion, your name is a wish yielding tree, as it were, to the suppliant." (1.107)

Clarification – In the previous chaupāis, Pārvati sitting down beside śiva and incuring the events of their past life, before asking the question about Rāma's birth on the earth she eulogizes the virtues of Lord Siva, as adorned by all gods and living beings of the three spheres with great credance. In the above chaupāī also, she praises Him as a fathomless repository of all virtues, skills, jñāna, reclusion and a wish-yielding tree.

Note: The songs yājñavalkya a having been telling the Rāma kathā to Bharadwaj incessantly through śiva Pārvati conversation.

चौ. पुनि प्रभु काहु सो तत्त्व बखानी। जेहिं बिग्यान मगन मुनि ग्यानी॥
भगति ग्यान विग्यान बिरागा। पुनि सब बरनहु सहित बिभागा॥

(1.110.1)

"हे प्रभु! फिर आप उस तत्त्व को समझाकर कहिये, जिसकी अनुभूति में ज्ञानी मुनिगण मग्न रहते हैं और फिर भक्ति, ज्ञान विज्ञान और वैराग्य का विभाग सहित वर्णन कीजिए।" (1-110-1)

स्पष्टीकरण-गत चौपाइयों में पार्वती जी अपने सन्देह को समाप्त करने की प्रार्थना करती हैं कि, क्या ये राम वही दशरथ के पुत्र हैं या अजन्मा निर्गुण या कोई अगोचर अन्य राम हैं? पुनः पार्वती जी शिवजी के सम्मुख साष्टांग प्रणाम करती हुई पुनः प्रार्थना करती हैं कि, 'हे प्रभु! आप श्रीराम जी के जन्म से लेकर अपनी प्रजा के साथ अपने 'अमर धाम' जाने तक की सभी लीलाओं सहित राम-कथा वर्णित करने की कृपा करें।' प्रस्तुत चौपाई में पार्वती जी ज्ञान के समस्त भेदों एवं विभागों की विस्तारपूर्वक व्याख्या करने की प्रार्थना करती हैं।

puni prabhu kahahu so tativa bakhānī hegī bigyāna magana muni gyānī.
bhagati gyāna bigyāna birāgā uni saba baranahu sahita bibhāgā.

(1.110.1)

"Then expound, my Lord, the Truth for the realization of which enlightened sage remain absorbed. And thereafter discuss in detail the conceptions of Devotion, Jñāna. Knowledge of the formless Absolute Vijñāna or the Knowledge of Saguṇa Divinity, and without form, and Dispassion." (1.110.1)

Clarification – Previously she request Her Lord Śiva to eradicate her scepticism, answering, Her question, "You too, prevently repeat 'Rāma-Rāma day and night, Is this Rāma, the same as the son of Daśaratha or same other unborn, Nirguṇa and imperceptible being"?

Again, she requests prostrating before Him to tell her 'The Rāma Kathā from the Birth of Rāma with His all Pageants upto His Divine Locomotion to His Eternal Abode with His subjects.

In the above Chaupāi, she requests to exposit all the kinds of jñana extensively.

हरष बिषाद ग्यान अग्याना। जीव धर्म अहमिति अभिमाना।।
राम ब्रह्म ब्यापक जग जाना। परमानंद परेस पुराना।।

(1.115.9)

"हर्ष, शोक, ज्ञान, अज्ञान, अहंता और अभिमान- ये सब जीव के धर्म हैं। श्रीरामचंद्रजी तो व्यापक ब्रह्म, परमानंदस्वरूप, परात्पर प्रभु और पुराणपुरुष हैं। इस बात को सारा जगत जानता है।" (1.115.9)

स्पष्टीकरण–भगवान शिव पार्वती के सन्देह को दूर करने हेतु उसके इस प्रश्न का उत्तर देते आ रहे हैं कि अवधपति श्रीदशरथ के पुत्र तथा अपनी पत्नी सीता के वियोग में दुखी होकर वनों में भटकने वाले राम परमेश्वर हैं अथवा नहीं? उनके प्रश्न का उत्तर देते हुए उपर्युक्त चौपाई में शिवजी समझाते हैं कि श्रीराम जी सर्वव्यापक, सर्वज्ञ, सर्व आनन्दपूर्ण हैं। इस बात को समस्त संसार जानता है।

haraṣa biṣāda gyāna agyānā, jīva dharma ahamiti abhimānā.
rāma brahma byāpaka jaga jānā paramānāṁda paresa purānā.
(1.115.9)

"Joy and grief knowledge and ignorance, egoism and pride- these are the characteristics of a jīva (finite being). śri Rāma is the all-pervading Brahmna; He is supreme bliss personified the highest lord and the most ancient Being. The whole world knows it." (1.115.9)

Clarification – Lord Śiva has been eliminating the sceptism of Pārvati about Her question, "Whether Rāma who is afflicted and astroying in the forest because of the segregation of His wife sita, is the supreme God or not in the countenance of a common man, the son of Dasaratha".

In the above Chaupāi, Śiva inclucates Her that Śrī Rāma is Omnipresent, Omniscient and omnipotent that is cognized by the whole universe.

जगत प्रकास्य प्रकासक रामू। मायाधीस ग्यान गुन धामू।
जासु सत्यता तें जड़ माया। भास सत्य इव मोह सहाया।।
(1.116.4)

"यह सारा जगत प्रकाश्य है तथा मायापति, ज्ञान और गुणों के धाम श्रीरामचंद्र जी इसके प्रकाशक हैं। उन्हीं की सत्ता से मोह की सहायता पाकर जड़ माया भी सत्य जैसी प्रतीत होती है।" (1.116.4)

स्पष्टीकरण-शिवजी, लगातार भगवान राम के परमात्मा के रूप में उनके अस्तित्व के विषय में पार्वती जी के सन्देह को दूर करते आ रहे हैं। पुनः इस बात की व्याख्या करते हुए उन्हें समझाते हैं कि भगवान राम प्रकाशक हैं और जगत प्रकाश्य है, वे सभी रूपों में व्याप्त हैं, वे ही मायापति, तथा ज्ञान और गुणों के भण्डार हैं।

jagata prakāsya prakāsaka rāmū, māyādhīsa gyāna guna dhāmū.
jāsu satyatā te jāḍa māyā, bhāsa satya iva moha sahāyā.
(1.116.4)

"The world of matters is the object of illumination while Śri Rāma is its illuminator. He is the Lord of Māyā and the abode of wisdom and virtues. It is due to his abiding reality that even unconscious matter appears as real through ignorance." (1.116.4)

Clarification – Lord Śiva has been eradicating the sceptisim of Parvati about Śrī Ram's Existence of the Supreme God. He inculcates Her that Śrī Rāma is the Fount of light, pervaded in all forms and the Lord of the delusion and the whole universe, further He elucidates that the world is illumination and Lord Rāma is the illuminator. He is the Lord of Māyā, Jñāna and virtues.

राम सो परमातमा भवानी। तहँ भ्रम अति अबिहित तव बानी।।
अस संसय आनत उर माहीं। ग्यान बिराग सकल गुन जाहीं।।
(1.118.3)

"हे पार्वती! वही परमात्मा श्रीरामचंद्र जी हैं। उनमें भ्रम है, तुम्हारा ऐसा कहना अत्यंत अनुचित है। इस प्रकार का संदेह मन में लाते ही मनुष्य के ज्ञान, वैराग्य आदि सदगुण नष्ट हो जाते हैं।" (1.118.3)

स्पष्टीकरण-ऋषि याज्ञवल्क्य जी प्रयागराज में स्थित भारद्वाज-आश्रम में भरद्वाज जी को शिव-पार्वती-संवाद के माध्यम से 'राम-कथा' का निरूपण करते हैं। शिवजी, पार्वती जी को समझाते हैं कि भगवान श्रीराम के नाम का स्मरण

करने मात्र से लोग गाय के खुर से निर्मित गड्ढ़े के समान इस भव-सागर को पार कर जाते हैं। परम ब्रह्म परमात्मा के रूप में श्रीराम जी के अस्तित्व के विषय में तुम्हारा संदेह करना सर्वथा अनुचित है, क्योंकि ऐसे सन्देह से ज्ञान, वैराग्य तथा अन्य सभी गुण नष्ट हो जाते हैं।

Rāma so paramātamā bhavānī, tahā bhrama ati abihita tava bāni.
Asa saṁsaya ānata ura māhī gāna birāga sakala guna jāhī.
(1.118.3).

"Śrī Rāma is no other than that supreme Pirit, O Pārvāti your saying that "He is seemingly subject to delusion is wholly unwarranted. The moment a man harbours such doubt in his mind, his wisdom, dispassion and all other virtues become extinct." (1.118.3)

Clarification – The Sage Yājñavalkya elucidates the Rāma Kathā to Bharadwaja in his Aśrama, at Prayāgarāja through the Śiva-Pārvatī-Saṁvāda (Śiva-Pārvatī-conversation). Śiva inculcates Pārvatī that those who remember his name diversitly, cross the Ocean of the universe very easily like a hollow made by the hoof of a cow. In the above chaupāī He inculcates Pārvatī that her scepticism about śri Rāma as a existence of the Supreme God is absolute is not propitious. Such scepticism, causes the destruction of jñāna, reclusion and other virtues.

सुनु मुनि मोह होई मन ताकें। ग्यान बिराग हृदय नहिं जाकें॥
ब्रह्मचरज ब्रत रत मतिधीरा। तुम्हहि कि करइ मनोभव पीरा॥
(1.128.1)

"मोह तो उनके मन में होता है जिनके हृदय में ज्ञान नहीं होता। आप तो ब्रह्मचर्य व्रत में तत्पर और बड़े धैर्यवान हैं। भला, आपको भी कामदेव सता सकता है?" (1.128.1)

स्पष्टीकरण-शिवजी श्री हरि से संबंधित ज्ञान की महिमा बताते हुए पार्वती जी से कहते हैं कि एक दिन नारद जी शीतल, मस्त तथा सुगंधित पवन के झोकों से उन्मत होकर हिमालय की एक गुफा में समाधि-लीन हो गए। यह देखकर देवों के स्वामी डरकर सोचने लगे कि ऐसा न हो कि नारद अमरावती पर अधिकार कर लें, उसने नारद की समाधि को भंग करने कामदेव को भेजा, किन्तु असफल होने के कारण नारद के चरणों में शीश झुकाकर चला गया। नारद ने कामदेव पर अपनी विजय के विषय में शिवजी को बताया, शिव ने हरि के सामने कभी भी न बताने की सलाह दी, जो

उन्हें अनुचित लगी। नारद ने हरि जी को कामदेव पर अपनी विजय के विषय में बतला दिया। हरि जी ने उसके अहंकार को जानकर कहा, "आपका नाम स्मरण करते ही लोगों की कामवासना तथा अहंकार लुप्त हो जाते हैं। ज्ञानहीन लोग ही मोहित होते हैं, किन्तु आप तो निश्चल बुद्धि, ब्रह्मचर्यव्रत धारी हैं, आपको कामदेव कैसे सता सकता है"?

sunu muni moha hoi mana tāke, gyāna birāga hrdaya nahī jāke.
brahmacharaja brata rata matidhirā, tumhahi ki karai manobhava pīrā.
(1.128.1)

"Listen, O sage! the mind of him alone is susceptible to delusion whose heart is devoid of wisdom and dispassion. You are streadfast in your vow of celibacy and resolute of mind; how can you be ever smitten with pangs of love." (1.28.1)

Clarification – Śiva narrates the magnificence of jñāna about Śri Hari to Pārvatī one day, being demented by intoxicated puffs of cool, maudlin and odourous air, Nārada became rapt in trance in a cave of Himalaya, Indra the Wielder of gods frightened and sent cupid to him to break His trance lest he should subdue this Amarāvati, but cupid failed, bowing his head at the feet of Nārada, he went away. Nārada reached śiva and narrated about his victory over cupid śiva advised Him to never reveal it before Hari but it seemed unsuitable to Nārasda. He reached śrī Hari and revealed, how he subdued cupid. Cognizing His arrogance, Hari praised. "O Wielder of sages! remembering your name, other's delusion, libido, dementia and arrogance disappear. Those whose heart is avoid of jñāna and are rapt in delusion, you remain in vow of celibacy and immutable wisdom, how can you be teased by cupid.

बसहिं तहाँ मुनि सिद्ध समाजा। तहँ हियँ हरिष चलेउ मनु राजा।
पंथ जात सोहहिं मतिधीरा। ग्यान भगति जनु धरें सरीरा॥
(1.142.2)

"वहाँ मुनि और सिद्ध रहते हैं। राजा मनु हृदय में प्रसन्न होकर वहीं चले। मार्ग में जाते हुए वे दोनों ऐसे सुशोभित हो रहे थे, मानो ज्ञान और भक्ति ही शरीर धारण करके जा रहे हों।" (1.142.2)

स्पष्टीकरण-याज्ञवल्क्य जी भारद्वाज जी को 'शिव-पार्वती-संवाद' के माध्यम से हरि कथा सुना रहे हैं। शिवजी पार्वती को बतलाते हैं कि मानव-जाति के जन्मदाता स्वयंभुव मनु तथा रानी शतरूपा हैं, जिनके ज्येष्ठ

पुत्र, लघुपुत्र तथा पुत्री का नाम क्रमशः उत्तानुपाद, प्रियव्रत तथा देवहूति है। उत्तानुपाद के पुत्र ध्रुव हरि के परम भक्त थे। देवहूति तथा पति संत कर्दम के पुत्र संत कपिलमुनि सांख्य दर्शन के प्रतिभाशाली व्याख्याता एवं प्रवर्तक थे। दीर्घ समय तक राज्य करने के पश्चात् मनु तथा शतरूपा अपने पुत्रों को राज्य सौंपकर ज्ञान-प्राप्ति हेतु पवित्र तपोभूमि नैमिषारण्य में चले गए, जहाँ ऋषि-मुनि परस्पर आध्यात्मिक ज्ञान के विषय में विविध रूप से व्याख्या करते थे। तपोभूमि की ओर मार्ग में जाते हुए मनु तथा शतरूपा ऐसे प्रतीत हो रहे थे कि मानो ज्ञान और भक्ति ने साक्षात रूप धारण कर लिया हो। यहाँ कवि मनु का चित्रण उत्प्रेक्षालंकार में किया है।

हिन्दी सांख्यशास्त्र या सांख्य दर्शन भारतीय प्राचीन एवं आध्यात्मिक दर्शनों में से एक है। महान प्रतिभाशाली तत्त्ववेत्ता तथा व्याख्याता कपिल मुनि ने ज्ञान को अत्यधिक विस्तारपूर्वक निरूपित किया है-

basahī tahā munī siddha samājā tahā hiyā harasi caleu manu rājā.
Paṁtha jāta sohahī matidhīrā, gyāna bhagati janu dhare sarīrā.

(1.142.2)

"Multitudes of sages of adepts lived there. Glad of heart, king Manu proceeded to the place. Passing along the road, the king and queen of resolute mind looked like incarnation of spiritual wisdom and devotion. (1.142.2)

Clarification – In the previous chaupāis, śiva has been extolling the jñāna about 'Hari-Kathā to pārvatī. He told Her about svayaṁbhuva Manu and his queen satarūpā, of them born this human race. Their elder son, younger son and daughter were respectively Uttanupāda, Priyavrata and Devahūti. Son of Uttanupāda, Dhruva was devotee of śri Hari. Devahūti and His husband sage Kardama begot Lord Kapila who was a sagacious exponent of Saṁkhya Philosophy.[62] After ruling for a long period, consigning the throne to his sons, Manu and His wife proceeded to the Holy place named Namiṣāraṇya where multitude of ascetics elucidated the multispiritual jñāna one another. Going on the way, Manu and Satarupā will seeming as if like a semblance of jñāna and devotion. Here, the poet has depicted Manu in a figure of speech projection decking (Utprekṣa Alaṅkāra).

---

62. Sāmikṣya śastra's one of the most spiritual and ancient schools of Indian philosophies, Sage Kapila was a great sagacious metaphysical exponent sage expounded the real jñāna.

"एवं तत्त्वाभ्यासान्नास्मि न मे नाहमित्यपरिशेषम्।
अविपर्ययाद् विशुद्धं केवलमुपपद्यते ज्ञानम्॥"

–सांख्यकारिका– 64

जिसका तात्पर्य है कि– तत्त्वज्ञान से पुरुष में कैवल्य ज्ञान होता है। यह संशयादि से रहित तथा पवित्र होता है। ऐसी ही दशा में निश्चित ज्ञान उत्पन्न होता है।

तत्त्ववेत्ता तथा महान् दार्शनिक कपिल मुनि ने संसार के निर्माता 25 तत्त्वों को चार भागों में विभाजित किया है–

1. प्रकृति 2. विकृति– पाँच ज्ञानेन्द्रिय– चक्षु, घ्राण, रसना, त्वचा तथा श्रोत्र। पाँच कर्मेन्द्रिय– वाक्, पाणि, पाद, पायु तथा उपस्थ।

पंचमहाभूत– पृथ्वी, जल, वायु, तेज और आकाश, तथा मन– कुल 16

3. प्रकृति-विकृति– पंच तन्मात्राएँ– रूप, रस, गन्ध, स्पर्श और शब्द, महत्तत्व (आत्मा) तथा अहंकार।

4. न प्रकृति न विकृति– पुरुष– कुल 25 तत्त्व

भगवान् श्री कृष्ण ने लगभग इन्हीं 25 तत्त्वों को गीता के 13वें अध्याय क्षेत्र और क्षेत्रज्ञ के रूप में वर्णित किया है।

"Evaṁ lattvābhyāsānnāsmi na me nāhamitya pariseṣam
Aviparyād viśuddaṁ kevalamutpadyate jñānaṁ

- Saṁkhyakārikā, 64

It means the real of divine (Tattvajñāna) begets jñāna of salvation in the human beings which is devoid of scepticism, and remains vestal. In such a stage and circumstance, this decision and real jñāna is originated. Being as metaphysical philosopher, he expounded and elucidated twenty five elements or the constituents of the whole universe, immensely and extensively.

Twenty five elements have been divided into five divisions –

1. Prakrīti or Nature or Chief.
2. Distortion (vikṛti) = (5) sense – organs – tongue, nose, eyes, eyes and skin (50 action organs – mouth (voice), hand, feet, generative part of male or female, and anus (5) Five elements the earth, water, fire, air and ether.
3. Prakṛti-distortion – (7) – Five substle form of matter Form,

odour or smell, savour or taste, touch and voice or word. The soul and arrogance or egoism.

4. Neither nature nor distortion (1) Male = told twenty five elements.

Lord Kṛṣna has explicated about almost these twenty five elements in the form of Kṣetra (Body) and Kṣetrajña (soul) in the thirteenth chapter of śrimadbhagvadgīta

सुभ आचरन कतहुँ नहिं होई। देव बिप्र गुरु मान न कोई।।
नहिं हरिभगति जग्य तप ग्याना। सपनेहुँ सुनिअ न बेद पुराना।।
(1.182ख.4)

"उनके डर से कहीं भी ब्राह्मण भोजन, यज्ञ, श्राद्ध आदि नहीं होते थे। देवता, ब्राह्मण और गुरु को कोई नहीं मानता था। न हरिभक्ति थी, न यज्ञ, तप और ज्ञान था। वेद-पुराण तो स्वप्न में भी सुनने को नहीं मिलते थे।" (1.182ख.4)

स्पष्टीकरण-गत चौपाइयों में शिव जी पार्वती को बतलाते हैं कि वास्तविक एवं पवित्र ज्ञानहीन कोई भी व्यक्ति सरलतापूर्वक छला जा सकता है, जैसा कि कैकय देश का पुण्यात्मा एवं पराक्रमी राजा भानुप्रताप छद्मवेशधारी कपटी साधु (हारा हुआ राजा) द्वारा कुटिया में छला गया और मांसाहारी ब्रह्मभोज के अवसर पर ब्राह्मणों के शाप के कारण, अपने लघुभ्राता अरिमर्दन तथा सौतेले भाई ने क्रमशः रावण, कुंभकरण तथा विभीषण के रूप में पुनर्जन्म लिया। महा अत्याचारी, दुराचारी तथा भोगी रावण ने समुद्र के मध्य त्रिकूट पर्वत पर मय दानव द्वारा निर्मित स्वर्ण तथा मोतियों से जड़ित महलों की नगरी (लंकापुरी) तथा 'पुष्पक विमान' सहित कुबेर तथा सभी यक्षों पर अधिकार कर लिया। उसने देवताओं, किन्नर, गन्धर्व, नाग आदि की अति सुन्दर कन्याओं एवं महिलाओं के साथ विवाह किया। उसने ब्राह्मणों तथा साधुसन्तों के गाँव, नगर तथा कुटियाओं को जलाकर खाक करने तथा सभी पवित्र यज्ञ-वेदियों तथा वस्तुओं का विध्वंश करने का आदेश दिया।

उपर्युक्त चौपाई में भी शिवजी पार्वती को कहते हैं कि सभी प्रकार के धार्मिक एवं पवित्र कर्म, परम्पराएँ तथा मर्यादाएँ लुप्त हो गई। धार्मिक तथा आध्यात्मिक उपदेशकों, देवताओं, ज्ञानी गुरुजनों तथा ब्राह्मणों का सम्मान समाप्त हो गया।

Subha ācharan katah̐ nahī̐ tohī, deva bipra guru māna na koī.
Nahī̐ haribhagati jagya tapa gyānā, sapanehu̐ sunia na beda purānā
(1-182b.4).

"Virtuous acts were nowhere to be seemed (out of fear) no one paid any respects to the Gods, the Brāhmans and the spiritual preceptors. There was no devotion to Śrī Hari, no sacrificial performance, no austerities and no spiritual wisdom, No one could even dream of listening to the Vedas or the purāṇas." (1.182b.4)

Clarification – In previous chaupāis, śiva narrates Pārvatī that anybody being devoid of real and vestal jñāna can be beguiled easily as a virtuous and valorous Bhānupratāpa, the king of Kaikaya was deceived by a crafty king in guise of a saint in a cottage and with his younger brother Arimardan and step-brother, reborn respectively as Rāvaṇa, Kuṁbhakaraṇa and Bhīṣma because a curse of Brāhmans at the occasion of non-vegetarian feast. The most atrocious, dissolute and licentious Rāvana surmounted Kabera with his aerial car named 'The Puṣpaka' and Trikuta (Laṁkāpuri) in the middle of the ocean consisting splendid palaces made of gold and gems renovated by Maya Dānava, the most dexterous architect. Rāvana wedded so many pretty virgins and dames of gods, Kinner, Gaṅdharva, Nāga and others. He ordered his illusory and cruel fiends to setfire to villages and towns of Brāhmans and cottages of saints and to devastate all vestal sacrifice-altars and sanctified things. In the above chaupāi also, Śiva narrates Pārvati that all rituals proprities and vestal performances. and acts vanished and jñānī gurus, gods, Brāhmans and spiritual preceptors were not respected.

कह दुई कर जोरी अस्तुति तोरी केहि बिधि करौं अनंता।
माया गुन ग्यानातीत अमाना बेद पुरान भनंता॥
करुना सुख सागर सब गुन आगर जेहि गावहिं श्रुति संता।
सो मम हित लागी जन अनुरागी भयउ प्रगट श्रीकंता॥
(1.191.2)

"दोनों हाथ जोड़कर माता कहने लगी- हे अनन्त! मैं किस प्रकार तुम्हारी स्तुति करुँ, वेद, पुराण तुमको माया-गुण और ज्ञान से परे और परिमाण रहित बतलाते हैं। श्रुतियाँ और सन्त जन दया और सुख का समुद्र, सब गुणों का धाम कहकर जिनका गान करते हैं, वही भक्तों पर प्रेम करने वाले लक्ष्मीपति भगवान मेरे कल्याण के लिए प्रकट हुए हैं।" (1.191.2)

स्पष्टीकरण-शिवजी पार्वती जी को हरि-कथा सुनाते हुए कहते हैं कि पृथ्वी गाय के वेश में, अत्यधिक एवं असहय अत्याचार तथा असंख्य पापों के बोझ से पीड़ित होकर देवताओं के साथ अपनी सुरक्षा हेतु ब्रह्मा जी के पास पहुँची।

ब्रह्मा जी ने उन सबको परमपिता के चरणों में सच्चे तथा अचल मन एवं ह्दय को केन्द्रित करते हुए परमपिता परमात्मा का गुणगान एवं प्रार्थना करने की सलाह दी। अन्त में देवताओं की सच्ची प्रार्थनाओं से द्रवीभूत होकर, एक अज्ञात शक्ति की भविष्यवाणी आकाश से गुंजित हो उठी- "दुखी न हों, मैं रघुवंशी अयोध्या नरेश दशरथ जी के शाही परिवार में साधुजनों की रक्षा, दुष्टों के विनाश एवं पृथ्वी पर पुनः धर्म की, स्थापनार्थ अपने चार भाइयों के साथ अवतरित हूँगा।"[63] देवतागण आकाश से अपने विमानों से पुष्प-वर्षा करने लगे। सभी देवगण तथा पृथ्वी आनन्दित हो उठे।

गुरु वशिष्ठ जी तथा शृंगी ऋषि की समुचित निगरानी में पवित्र यज्ञ (पुत्रेष्टि यज्ञ) की समाप्ति के पश्चात् कौशल्या अपने पुत्र के चार हाथों में शंख-चक्र-गदा तथा पद्म जैसे परमात्मा के चिह्नों को देखकर अत्यन्त आनन्द से रोमांचित हो गईं। उपर्युक्त चौपाई में शिवजी पार्वती को बतलाते हैं कि कौशल्या उनका अनेक प्रकार से गुणगान करने लगी- जैसे- हे! गुणों के भण्डार, ज्ञान के अनन्त एवं अथाह सागर, हे! लक्ष्मीपति।"

Kaha dui kara jorī astuti torī kehi bidhi karaū anaṁtā,
Māyā guna gyānātita amānā beda purāna bhanaṁtā.
Karunā sukha sāgara saba guna āgara jehi gāvahī śruti saṁtā.
Somama hita lāgī jana anurāgī bhayau prgaṭa śrīkaṁtā.
(1.191.2)

"Folding her hands the mother said, "O infinite Lord, how would I adore You! The Vedas as well as the Purāṇas declare You as transcending Māyā, beyond attributes, above knowledge and beyond all measure. He who is glorified by the Vedas and holy men as an ocean of mercy and bliss and the repository of all virtues, the same Lord of Lakṣmī the lover of His devotees, has revealed Himself for my good." (1.191.2)

Clarification – Previously Lord Śīva has narrated Pārvatī that having been terminated by unendurable burden of immense atrocity

63. परित्राणाय साधूनां विनाशाय च दुष्कृताम्।
धर्म संस्थापनार्थाय संभवामि युगे युगे।। - श्रीमद्भगवद्गीता- 4/8

and immunerable sins, the earth in the form of a cow, with gods, reached Brahmaji for their protection. Brahmā advised them to extol and implore the Supreme God with their immutable and vestal heart and mind concentrated at his feet incessantly. Gods did so. In the long run, having been liquefied by the true prayers of gods, an unknown vaticination echoed in the ether – "Do not be afflicted, I shall incarnate with my four brothers in the royal family of Daśaratha, the King of Ayodhyā lineage of Raghu to reinstate the religion to protect. Virtuous saints and to devastate dissolute on the earth."[64] Gods began to strew and shower the multi-coloured flowers over them from their aerial cars on the sky. All gods and earth became mirth full.

On the ninth day of the white half of a lunar month, chaitra, Tuesday He born of Kausalyā after the performance of a vestal sacrifice (yajña) under the surveillance of Sage Vaśiṣtha and sage śṛingī, Kauśalyā became tittilated to see her son with mirth, having the vision of supreme emblems – a conch-shell, a discuss, a club and lotus in His four hands.

In the above Chaupāi, śiva tells Pārvatī that Kauśalya extols him in many ways as repository of all virtues cherisher of the whole universe, fathormless ocean of jñāna and the Lord of Lakṣmī!"

दो. सुख संदोह मोहपर ग्यान गिरा गोतीत।
दंपति परम प्रेम बस कर सिसुचरित पुनीत।। (1.199)

"जो सुख के पुंज, मोह से दूर तथा ज्ञान, वाणी और इंद्रियों से अतीत हैं, वे भगवान दशरथ और कौशल्या के प्रेम के वश होकर बाललीला करते हैं।" (1.199)

स्पष्टीकरण-शिवजी पार्वती जी को आगे हरि कथा सुनाते हुए कहते हैं भगवान के चरणों में एक चित्त होकर अविचल एवं निर्मल हृदय तथा मन से सतत रूप से उसकी प्रार्थना एवं गुणगान करते हुए सभी देवताओं तथा गाय के रूप में पृथ्वी को सान्त्वना देते हुए तथा भविष्य की घटनाओं के विषय में इंगित करते हुए आकाश से एक दैविक आकाशवाणी गुंजित हो उठी "दुखी न हों, सज्जनों की रक्षार्थ, दुष्टों के विनाशार्थ तथा पृथ्वी पर धर्म की

64. Pāritrāṅāṁ sādhunāṁ vināśaya cha diṣtṛtāṁ
Dharma saṅsthāpanbarthāya saṁbhavāmiyuge yuge. Gītā 4/8

स्थायनार्थ[65] मैं स्वयं अपने चार भ्राताओं सहित अयोध्या के रघुवंशी धर्मात्मा राजा दशरथ के परिवार में अवतरित हूँगा।"

ऋषि वशिष्ठ जी तथाश्रृंगी ऋषि की निगरानी में पुत्रेष्टि यज्ञ की पूर्णता के पश्चात-कौशल्या पुत्र जन्म के समय शंख-चक्र-गदा तथा पद्‌म इन चार दैविक चीज़ों से युक्त चार भुजाधारी भगवान के दर्शन कर कौशल्या चौंक गईं। नामकारण-संस्कार तथा यज्ञोपवीत-संस्कारों के पश्चात् माता कौशल्या के वात्सल्य प्रेम तथा निर्मल भावों के वशीभूत होकर इन्द्रिय-अगोचर, माया से रहित, सभी प्रकार की शक्तियों एवं ज्ञान के निधान श्री राम अपनी आनन्दप्रद बाललीलाओं से सभी को उन्मत्त करने लगे।

sukha Saṁdoha mohapara gyāna girā gotīta,
daṁpati parama prema basa kara sīsucarīta punīta.
(1.199)

"The all-blissful Lord, who is above delusion and transcends knowledge, speech and all sensuous perception, played innocent sports like a child, yielding to the same love of the royal couple, Daśaratha and Kausalyā." (1.199)

Clarification – In the previous chaupāis Lord śīva narrates pārvati that rejoicing solacing and indicating jñāna about the future events to all gods and the earth in the form of a cow. Who had been praying and extoling with immutable and immaculate heart and mind concentrated to His feet incessantly, a divine vaticination echoed from the ether, "Do not be afflicted, I shall incarnate myself with my four brothers in the family of Daśaratha, the virtuous king of Ayodhyā, in Rughu's dynasty to protect sages and devastate dissipates and to reinstate the religion on the earth.'[66]

After the accomplishment of Puttreṣṭi yajña (A sacrifice for the desire of a son) in the surveillance of Sage vaṣiṣtha and sage śringī, He was born of Kauśalyā who startled to have His vision with four Supreme emblems (conch-discus-club and a lotus in His four hands. After the bapism-sarament and three thread-investiture, Rāma beyond the sensuous perceptions, delusion and a fathomless repository of all jñāna and powers, being subjugated by Kauśalyā's limpid fillial loves, He began to dement all by His blissful childish paseants.

65. परित्राणाय साधूनां विनाशाय च दुष्कृताम्।
धर्म संस्थापनार्थाय संभवामि युगे युगे।। - श्रीमद्‌भगवद्‌गीता- 4/8

66. Pāritrāṅām sādhūnāṁ vināśaya cha diṣtṛtāṁ
Dharma saṅsthāpanarthāya saṁbhawāmiyuge yuge. Gītā 4/8

अगनित रबि ससि सिव चतुरानन। बहु गिरि सरित सिंधु महि कानन।
काल कर्म गुनग्यान सुभाऊ। सोउ देखा जो सुना न काऊ।।
(1.201.1)

"अगणित सूर्य, चंद्रमा, शिव, ब्रह्मा; अनेक पर्वत, नदियाँ, समुद्र, पृथ्वी, वन; काल, कर्म, गुण, ज्ञान और स्वभाव तथा वे पदार्थ भी देखे, जो कभी सुने भी न थे।।" (1.201.1)

स्पष्टीकरण-गत चौपाई में शिवजी पार्वती जी को हरि-कथा सुनाते हुए कहते हैं कि बालक राम अपने माता-पिता तथा अन्य सभी को अपनी दैविक एवं मन्त्र-मुग्ध करने वाली लीलाओं के द्वारा मुग्ध कर देते हैं। एक दिन कौशल्या जी राम को अपने पूजा-स्थल तथा झूले में अलग-अलग एक साथ देखकर चौक जाती हैं। घबराई हुई और विचलित देखकर राम मधुरता के साथ मुस्कुराने लगते है। बालक राम कौशल्या को अपना एक विराट एवं अनन्त रूप दिखाते हैं, जिसमें असंख्य एवं अनन्त सूर्य, चन्द्रमा, देवता तथा ज्ञान एवं अभूतपूर्व चीजें समाहित दिखाई देती हैं।

aganita rabi sasi siva cathurīnana bahu giri sarita simdhu mahi kānana.
kāla karma guna gyāna subhāū, sou dekhā jo sunā na nāu.
(1.201.1)

"She saw therein countless suns and moons, Śiva and four-faced Brahmās, number of mountains, rivers, oceans, plains and woods as well as the spirit of divine of principle of action, the modes of Prakṛti (Sattva, Rajas and Tamas), the spirit of knowledge and Nature and many more things of which she had never heard before." (1.201.1)

Clarification– In previous chaupāis, Lord Siva narrates the Hari Kathā continuously that child Rāma has been enchanting and dementing His parents and all others by His divine and mirthful paseants one day seeing the boys, one in the shrine and other in the cradle, kauśalyā became bewildered, seeing His mother perplexed and dismayed, He smiled gently and revealed his infinite semblance to his mother. Countless suns, moons and gods gñāna and unprecedented things were seen intervolved in the infinite Supreme countenance.

इएहूँ मिस देखौं पदजाई। करि बिनती आनौं दोउ भाई।।
ग्यान बिराग सकल गुन अयना। सो प्रभु मैं देखब भरि नयना।।
(1.205.4)

"इसी बहाने जाकर मैं उनके चरणों का दर्शन करूँ और विनती करके

दोनों भाइयों को ले आऊँ। जो ज्ञान, वैराग्य और सब गुणों के धाम हैं, मैं उन प्रभु को नेत्र भरकर देखूँगा।" (1.205.4)

स्पष्टीकरण-कौमार्यावस्था में चारों राजकुमार अपने गुरु के आश्रम में सभी विद्याओं, कलाओं एवं ज्ञान को अल्पकाल में प्राप्त कर अयोध्या लौट आए। अपने माता-पिता के चरणों में प्रणाम करके, अपने भ्राताओं के साथ भोजन करने के पश्चात् श्रीराम अपने प्रतिदिन के कार्यों में व्यस्त हो जाते।

जंगल में अपनी कुटिया (आश्रम) में सुबाहु, मारीच आदि राक्षसों द्वारा यज्ञ में व्यवधान पहुँचाने तथा त्रसित होने के कारण दूरदर्शी विश्वामित्र ने पृथ्वी और सज्जनों को दुखों से मुक्त करने हेतु अवतरित श्रीराम को आश्रम में ले जाने का निश्चय किया। विश्वामित्र के नेत्र सभी कलाओं, सम्पूर्ण ज्ञान शक्तियों एवं वैराग्य के निधान श्री राम के सुखद रूप का दर्शन करने के लिए अत्यन्त लालायित थे।

Iahū misa dekhaū pada jāī, kari binatī ānaū dou bhāī
gyān birāg sakala guṇa ayanā, so prabhu maī dekhaba bhari nayanā
(1.205.4).

"Let me make the outrage of the demons in excrcise of seeing His feet and after due entreaty bring the two brothers here. I will regale my eyes with the sight of Him who is the abode of knowledge, dispassion and all virtues." (1.205.4)

Clarification – At the age of boyhood, assimilating all the skills and branches of jñāna, knowledge in a short period from Gurus hermitage, returned, to Ayodhya. Prostrating at the feet of His parents and taking meal with His brothers Rāma remained busy in His daily work. At the hermitage in the forest, being tormented and obstructed by friends like Mārcha, and Subāhu at the time of performing the yajña (sacrifice), Viśvāmitra, the foreseer, has decided to take Rāma, the abode of all powers, skills, reclusion and jñāna.

धीरजु मन कीन्हा प्रभु कहुँ चीन्हा रघुपति कृपाँ भगति पाई।
अति निर्मल बानी अस्तुति ठानी ग्यानगम्य जय रघुराई॥
मैं नारि अपावन प्रभु जग पावन रावन रिपु जन सुखदाई।
राजीव बिलोचन भव भय मोचन पाहि पाहि सरनहिं आई॥
(1.210.2)

"फिर उसने मन में धीरज धरकर प्रभु को पहचाना और श्रीघुनाथजी की कृपा से भक्ति प्राप्त की। तब निर्मल वाणी से उसने उनकी स्तुति प्रारंभ की-

हे ज्ञान से जानने योग्य श्रीरघुनाथजी! आपकी जय हो! मैं अपवित्र स्त्री हूँ और आप जगत को पवित्र करने वाले, भक्तों को सुख देने वाले तथा रावण के शत्रु हैं। हे कमलनयनु! हे जन्म-मृत्यु के भय को छुड़ाने वाले! मैं आपकी शरणागत हूँ, मेरी रक्षा कीजिए, रक्षा कीजिए।" (1.210.2)

चित्रकूट में श्रीराम और सीता जी का परिवार

स्पष्टीकरण-गत चौपाई में शिवजी पार्वती को कहते हैं कि अपने पुत्रों के प्रति दशरथ के वात्सल्य-प्रेम के मोह को ज्ञान के द्वारा नष्ट करते हुए राम-लक्ष्मण को अपने साथ ले गए। मार्ग में श्रीराम ने ताड़का नामक राक्षसी को राक्षसी देह से मुक्त करके अपने साथ आश्रम पहुँचे और बिना किसी कष्ट के, भय से रहित होकर सभी सन्तों को यज्ञ करने को कहा। राम-लक्ष्मण ने उनकी राक्षसों से रक्षा की। जब विश्वामित्र जी राम-लक्ष्मण के साथ 'धनुर्यज्ञ' में सम्मिलित होने जा रहे थे तो एक निर्जन आश्रम के निकट एक प्रस्तर शिला को देखकर विश्वामित्र जी ने भी राम को उसके विषय में सब कुछ उद्घाटित कर दिया कि किस प्रकार अहिल्या अपने पति के शाप के कारण एक पत्थर की शिला में परिवर्तित हो गई। उन्होंने श्रीराम को अपने पवित्र पैर स्पर्श करके अहिल्या को मुक्त करने हेतु विनम्रता पूर्वक आग्रह किया। भगवान राम के पवित्र चरण-रज को स्पर्श करते ही अहिल्या हाथ जोड़कर प्रार्थना एवं गुणगान करने लगी, "हे वास्तविक ज्ञान-तत्त्व के द्वारा ज्ञात होने

वाले, विश्व को पवित्र करने वाले, भक्तों के आनन्द-धाम! मैं आपकी शरण में हूँ, मेरी रक्षा करो! मेरी रक्षा करो।"

Dhīraju mana kīnhā prabhu kahū cīnhā raghupati kṛpā bhagati pāī.
ati nirmala bāni astuti ṭhānī gyānagamya jaya raghurāī.
maī nāri apāvana prabhu jaga pāvana rāvana ripu jana sukhadāī,
rājīva bilocana bhava bhaya mocana pāhi pāhi saranahi āī
(1.210.2)

"Recovering herself she recognized the Lord and by the grace of Śrī Raghunātha attained devotion to His feet. In a guileless speech she began to praise the Lord. "Glory to Śrī Raghunātha, who is accessible through spiritual knowledge. I am an impure women. While the Lord is able to sanctify the whole world and is the delight of His servants. O lotus-eyes enemy of Rāvaṇa, You rid Your devotees of the fear of rebirth; I have, therefore taken refuge in You, pray, save me, save me!" (1.210.2)

Clarification – In the previous chaupāīs Lord Śiva tells Pārvati that by his real jñāna, viśvāmitra eradicated the delusion of Daśaratha's fillial love towards his sons, took Rāma and Lakṣmana with him. On the way, Śrī Rāma emancipated demoness tāḍakā from fiendish body and reached the hermitage. Rāma solaced to sages in the āsrama to offer oblation to sacrifices without any fear of molestation.

While going to join the "bow-stringing performance ceremony, to see the stone-slab near a hermitage all alone. The sage revealed the story to Śrī Rāma how Ahilyā was convertyed into a stone-slab because of the sage Gautam's curse and urged Śri Rāma to emancipate her by touching her with His feet. At the very touch of Śri Rām's vestal dustful feet, she stood before Him.

With folded hands and began to extol in many ways, "O cognizable through real and limpid jñāna (knowledge) sanctifier of the universe, abode of devotee's exultation, I am in your refuge, save me, save me."

2. अयोध्या काण्ड (Ayodhyā Kāṇḍa)

जो हठि भयउ सकल दुख भाजनु। अबलाबिबसग्यानु गुन गा जनु॥
एक धरम परमिति पहिचाने। नृपहिं दोसु नहिदेहिं सयाने॥
(2.47.2)

"जो हठ करके (कैकेयी की बात को पूरा करने में अड़े रहकर) स्वयं सब दुःखों के पात्र हो गए, स्त्री के विशेष वश होने के कारण मानो उनका ज्ञान और गुण जाता रहा। एक (दूसरे) जो धर्म की मर्यादा को जानते हैं और सयाने हैं, वे राजा को दोष नहीं देते।" (2.47.2)

स्पष्टीकरण–श्रीराम के राज्याभिषेक के उपलक्ष्य में अयोध्या के लोगों में आनन्द एवं धूम-धाम युक्त वातावरण था, किन्तु राक्षसों के विनाश एवं सज्जनों की सुरक्षा हेतु देवताओं के द्वारा की जाने वाली सतत प्रार्थनाओं से द्रवित एवं कृपालु होकर, सरस्वती जी अयोध्या में जाकर कैकेई की मूढ़मति मन्थरा नामक दासी की बुद्धि को भ्रष्ट करके अपने धाम चली गईं। राजा दशरथ कैकई को कोप-भवन में देखकर विचलित हो गए। एक बार युद्ध-क्षेत्र में कैकई की विवेकशीलता तथा वीरता से प्रसन्न होकर रानी को उससे कभी भी दो वरदान माँगने का वचन दिया था। रानी ने दो वर माँगे- प्रथम भरत को राज्याभ्रिशेक तथा राम को चौदह वर्षीय वनवास। दो विनाशकारी वरदानों के कारण राजा धरा पर मूर्छित हो कर गिर गए। सत्य ही कहा है- "जैसे विद्वान की वाणी दुर्बोध होती है, वैसे ही स्त्रियों का चरित्र भी दुर्बोध होता है।"[67]

"दुःशील अङ्गनाओं के अहंकार, प्रभुता और कुटिलता- ये तीन विभूषण है"[68]

भगवान शिव पार्वती से कहते हैं- सभी प्रकार के ज्ञान और गुण दशरथ जी को दुःखों के सागर में छोड़कर गायब हो गए। विवेकशील एवं ज्ञानी लोग दशरथ जी को दोष नहीं दे सकते क्योंकि दशरथ जी अचल रूप से दृढ़ प्रतिज्ञ हैं।

jo haṭhi bhagau sakola dukha bhaganu
Abalā bibas gyānu gunu gā janu.
Ekadharma, paramiti pahichāne.
Nypahi dosu nahī dehī sayāne (2.47.2)

"Whereby he has wilfully courted all this tragedy. By allowing himself to be ruled by a woman, he has lost his wisdom and goodness, as it were". Others, who were saner, did not blame the king, recognizing, as they did, his high standard of morality." (2.47.2)

---

67. प्राज्ञस्य पुरुषस्येह यथा वाचस्तथा स्त्रियः।
– महाभारत- अनुशासन पर्व, 38.24

68. मानः प्रभुता वाक्यं विभूषणं वामनयनानाम्
– आर्यासप्तशती- 2/203

Clarification – Lord śiva narrates pārvatījī further that in respect of śrī Rāma's installation, there was atmosphere of exultation and pump and show everywhere among the subjects of Ayodhyā but being compassionate and liquefied by the incessant supplications of gods for their protection from fiend, saraswati (Ther goddess of jñāna) went to Ayodhyā and depraved the mind of Mantharā, the obtuse maid-survant of Kaikeyī and returned to her abode. On seeing Kaikeyś in the sulky-room, The king asked her the reason. She asked for two boons-The first-installation for Bharata and the second-fourteen years exile for Rāma. The king became stunned and dismayed because of her these pernicious demands. Once upon a time, the king promised to Kaikeyī to ask for any two boons at any time for her discreteness and bravery in the battlefield.

Daśratho fell down on the earth fainted, Lord śiva narrates Pārvati that all the jñāna (knowledge) and virtues disappeared leaving Daśaratha in the ocean of agonies. It is truely said - "The nature of woman is unintelligible like the words of a discreet man."

"Women without manners have vanity, crookedness and desire to control others members."[69] In the above chaupāi, Lord śiva tells Pārvati that all the jñāna (knowledge) and virtues disappeared leaving Daśaratha in the ocean of agonies. Discreet and cognizant (jñāni) can never carp the king Daśraatha, because he is true and immutable to his word.

बोले लखन मधुर मृदु बानी। ग्यान बिराग भगति रस सानी॥
काहु न कोउ सुख दुख कर दाता। निज कृति करम भोग सबु भ्राता॥
(2.91.2)

तब लक्ष्मणजी ज्ञान, वैराग्य और भक्ति के रस से सनी मीठी और कोमल वाणी बोले- "हे भाई! कोई किसी को सुख-दुःख देने वाला नहीं है। सब अपने ही किए हुए कर्मों का फल भोगते हैं।" (2.91.2)

स्पष्टीकरण-गत चौपाइयों में ऋषि याज्ञवल्क्य जी ऋषि भरद्वाज जी को भगवान शिव-पार्वती-संवाद के माध्यम से बतलाते हैं कि- मंत्री सुमन्त जी देवनदी गंगा जी के किनारे, शृंगवेरपुर के निकट श्रीराम-सीता-लक्ष्मण को रथ से उतारकर अत्यधिक दुखी मन से अयोध्या लौट जाते हैं।

---

69. (a) "Prājñasya-puruṣasyeha yathā vāchastāthā striyaḥ
- Mahabhārata Anuśasana Parva – 38.24
(b) Mānaḥ Prabutā vākyaṁ vibhūsaṇaṁ vāmanayan āṁ
- Aryā saptatī - 2/203

यह समाचार सुनकर श्रृंगवेरपुर का निषादराज गुह अपने सम्बन्धियों एवं प्रजा के साथ भगवान की भक्तिपूर्वक सेवा करते हुए, श्रीराम जी को श्रृंगवेरपुर में विश्राम करने हेतु प्रार्थना करता है, किन्तु श्रीराम जी उसे समझाते हुए कहते हैं, "मुझे एक तपस्वी के वेश, व्रत तथा नियमों के अनुसार ही चौदह वर्ष जंगल में रहना है न किसी गाँव या नगर में।"

देवनदी गंगा जी को साष्टाङ्ग प्रणाम करके तथा स्नान करके भगवान राम निषाद राज गुह द्वारा घास-फूस, पत्तियों एवं टहनियों से निर्मित शैया पर गहरी निद्रा में मग्न हो गये। तब अपने चौकीदारों को भिन्न-भिन्न स्थानों पर नियुक्त करके स्वयं भी चौकसी करने के लिये निषाद राज, लक्ष्मण जी की तरह धनुष पर तीर चढ़ाकर वीरासन लगाकर बैठ गए, तभी निषादराज कैकई को कोसते हुए तथा धिक्कारते हुए कहने लगे कि कैकेई ही भगवान राम के वैरागी, अमित दुखदाई एवं कष्टप्रद जीवन का मुख्य कारण है।

उपर्युक्त चौपाई में अत्यन्त गूढ़ एवं तात्विक ज्ञान देते हुए लक्ष्मण जी अत्यंत सरस वाणी में निषाद राज को समझाते हैं कि कोई भी व्यक्ति दूसरों के सुःख-दुःख का कारण नहीं है अपितु वे अपने अच्छे-बुरे कर्मों के अनुसार ही जीवन व्यतीत करते हैं। श्रीमद्भगवद्गीता में भी कर्मों की महिमा का वर्णन करते हुए श्रीकृष्ण अर्जुन से कहते हैं-

"ज्यों गन्ध स्थान से गन्ध पार्थ,
यह वायु धार ले जाता है।
त्यों मन-इन्द्रिय को धार जीव,
ले अन्य देह में जाता है।।"[70]

Bole lakhanā mādhura mṛdu bānī, gyāna birāga bhagati rasa sāni.
kāhu na kou sukha dukha kara dātā nija kṛta karama bhoga sabu bhrātā.
(2.91.2)

"Lakṣmana spoke to him sweet and gentle words imbued with the nectar of wisdom, dispassion and devotion: "No one is the cause of delight or pain to another; everyone reaps the fruit of one's own actions, brother." (2.91.2)

Clarification – In the previous chaupāis, Lord śiva narrates pārvatī that bringing down śrī Rāma, Sītā and Lakṣmaṇa from the

---

70. शरीरं यद्वाप्नोति यच्चाप्युत्क्रामतीश्वरः।
गृहीत्वैतानि संयाति वायुर्गन्धानिवासयात्।।
-श्रीमद्भगवद्गीता- 15/8

chariot near the bank of celestial River Gangā, the chariot-driver sumaṅta returned to Ayodhyā with immensely afflicted heart and mind. Getting this news, Guha, the Niśādarāa of Śṛṅgaverapur, served śrī Rāma devoutly with his relatives and followers. HE implored śrī Rāma to take rest on Śrṅgaverpura, but śrī Rāma inculcated him, "I have to live in the forest for fourteen years, in an ascetic's dress, vow and prescripts". After prostrating and taking bath in the celestial river Gaṅgā jī śrī Rāma had fallen asleep on the bed of grass, leaves and twigs prepared by Niśādarāja Guha.

Deploying his watchmen at different places, he himself, like Laksmaṇa sat in the position of valorous posture, setting an arrow on the bow for surveillance. In the meanwhile, Niṣādarāja began to imprecate and damn Kaikeyī causing abundant reclusive, agonised and irksome life of śrī Rāma.

In the above chaupāi, imparting true and substle jñāna, Lakṣmaṇa, inculcates Niśādarāja in very sonorous words that nobody causes bliss and agonies for others, but they lead their lives in accordance with their own good or bad actions. In Gītā also Lord kṛṣṇa also precepts that as the air blows from one place to another place intervolving the good or evil smell in itself. Similarly, after the incineration of the dead body, the vital air intervolving the good or bad actions performed by different sense organs and action-organs, leaving the one place (body) enters the another place (body, of any living being according to the good or evil action."[71]

भएँ ग्यानु बरु मिटै न मोहू। तुम्ह रामहि प्रतिकूल न होहू।।
मत तुम्हार यहु जो जग कहहीं। सो सपनेहुँ सुख सुगति न लहहीं।।
(2.168.2)

"और ज्ञान हो जाने पर भी चाहे मोह न मिटे; पर तुम श्रीरामचंद्र के प्रतिकूल कभी नहीं हो सकते। इसमें तुम्हारी सम्मति है, संसार में जो कोई ऐसा कहते हैं वे स्वप्न में भी सुख और शुभ गति नहीं पाएंगे।" (2.168.2)

स्पष्टीकरण–गुरु वशिष्ठ जी की आज्ञा पाकर संदेशवाहक ने नाना के घर पहुँचकर भरत तथा शत्रुघ्न से कहा कि "गुरुजी जी ने तुम दोनों भाइयों को शीघ्र अयोध्या बुलाया है।" घोड़े पर चढ़कर अयोध्या पहुँचने पर उन्हें

71. śarīraṁ yadavāpnoti yaccāpyutkrāmateśvaraḥ grah-tvsitāni saṁyāti vāyurgaṁdhā nivāsayāt

- Śrimadbhagvadgītā 15/8

अयोध्या सर्वत्र भयावनी एवं शोकमग्न दिखाई दी। सत्य को जानने के पश्चात् भरत जी बेहोश होकर पृथ्वी पर गिर गए। किसी प्रकार होश में आने के बाद भरत जी ने अपनी कपटी एवं क्रूर माता का दुर्भाग्यशाली पुत्र होने के कारण न केवल अपनी माता जी को अपितु स्वयं अपने आपको भी अनेक प्रकार से कोसा और धिक्कारा। महाकवि ने श्री राम के प्रति भरत के अनुपम प्रेम के विषय में कौशल्या द्वारा दिये- गए वास्तविक ज्ञान का अत्यन्त अलंकृत एवं सरस शब्दों में चित्रित किया है। चन्द्रमा अपनी किरणों के द्वारा विष की वर्षा कर सकता है, हिम (बर्फ) अग्नि प्रकट कर सकता है-

"ज्ञान चाहे मोह के अंधकार को विदीर्ण करने में असफल हो सकता है, किन्तु हे भरत! तुम (अपने सच्चे एवं निर्मल प्रेम के कारण) श्री रामजी के प्रति कभी भी प्रतिकूल नहीं हो सकते।" श्रीराम जी लक्ष्मण तथा पिता जी की शपथ लेते हुए भरत के निश्च्छल, पवित्र एवं अनुपम चरित्र के विषय में लक्ष्मण जी को विश्वास दिलाते हुए कहते हैं-

"लखन तुम्हार शपथ पितु आना।
सुचि सुबन्धु नहीं भरत समाना।[72]

– रामचरितमानस (2.231.2)

अर्थात् हे लक्ष्मण! मैं तुम्हारी और पिताजी की शपथ लेकर कहता हूँ कि भरत के समान पवित्र और उत्तम भ्राता संसार में अन्य कोई दूसरा नहीं है।

Bhaē gyānu baru mitai na mohū, tumha rāmahi pratikūlā na hohū.
mata tumhāra yahu jo jaga kahahī, so sapanehū sukha sugati na lahahī.
(2.168.2)

"and spiritual enlightenment may fail to eradicate delusion; but in no case; will yet ever turn hostile to Rāma. Those in this world who allege this plot was contrived with you connivance shall never attain happiness or salvation even in a dream." (2.168.2)

Clarification – On the advice of vaśiṣtha ji, the chief preceptor, a messenger reached the house of the maternal grandfather to bring Bharat and ṣatrughna and said to them, "The chief preceptor has sent for you two brothers to Ayodhyā". On riding the horses, both brothers reached Ayodhyā which was looking awful and oweful everywhere. After the cognizance of the truth, Bharata became fainted and fell down on the earth. Any how, becoming conscious, he not only imprecates and damns his mother Kaikeyī but himself also in many

72. श्री रामचरितमानस, 2.231.2

ways because of being an unfortunate son of a cruel and wileful mother.

The epic poet has depicted the true jñāna about the peerless love of Bharata to Rāma in a very ornate and sonorous words through Kauśilyā the moon may shower the poison through its beams, ice may emit the fire–

In the above Chaupāi Kauśalya futher solaces Bharat – "and true spiritual jñāna (knowledge) of enlightenment may fail to dispel the darkness of delusion but you can never be hostile to Śrī Rāma".[73] Because of your true and immaculate love for Śrī Rāma.

It is why, śrī Rāma tells Lakśmaṇa about true and wileless love of Bharat who is peerless in the world, swearing him and father

"Lakṣaṇa tumhāra śapath pitu ānā.
suchi subandhu nahī bharata samānā.
Sh. Rama chārit Mānas (2.231.2)

"Swearing by you and father, I say that alike limpid and the best brother Bharat, no other is in the universe."

सोचिअ बयसु कृपन धनवानू। जो न अतिथि सिव भगति सुजानू॥
सोचिअ सूद्रु बिप्र अवमानी। मुखर मानप्रिय ग्यान गुमानी॥
(2.171.3)

"उस वैश्य का सोच करना चाहिए जो धनवान होकर भी कंजूस है और जो अतिथि का सत्कार तथा शिवजी की भक्ति नहीं करता। उस शूद्र का सोच करना चाहिए जो ब्राह्मणों का अपमान करने वाला, बहुत बोलने वाला, बड़ाई चाहने वाला और ज्ञान का घमंड रखने वाला है।" (2.171.3)

स्पष्टीकरण–सरयू नदी के तट पर राजा दशरथ जो कि पार्थिव शरीर का सभी धार्मिक नियमों के अनुसार दाह–संस्कार करने के पश्चात् गुरु वशिष्ट जी आँखों में अश्रु छलकाते हुए कैकेई के कपटपूर्ण व्यवहार, राजा दशरथ की सत्यव्रतता, सच्चे मातृ–पितृभक्त श्री राम–लक्ष्मण एवं पतिव्रता सीता जी के विषय में भरत को बताते हैं। पुनः वे आध्यात्मिक ज्ञान प्रदान करते हुए भरत को समझाते हैं– "हानि–लाभ, जीवन–मरण, यश–अपयश ब्रह्माजी के हाथ में है। हे पुत्र, हृदय में विचार करिये, राजा दशरथ जी के प्रति तुम्हारा शोक उचित नहीं है, सोच के योग्य वह ब्राह्मण है, जो वेदों के प्रति अज्ञानी

73. Śrī Rāma charita Mānasa 2.231.2

तथा कर्त्तव्यहीन है, वह राजा सोचनीय है, जो राज्य-काज से अवगत नहीं है और अपने जीवन में प्रजा को प्यार नहीं करता"।

उपर्युक्त चौपाई में वशिष्ठ जी पुनः आध्यात्मिक ज्ञानयुक्त भरत को उपदेशित करते हैं, "वह वैश्य सोचनीय है, जो न तो अतिथि सत्कार में प्रवीण है और न ही शिवभक्त है। वह शूद्र सोचनीय है, (अपने गुण और कर्मों के आधार पर दुराचारी कोई भी व्यक्ति) जो ब्राह्मणों को सम्मानित नहीं करता, जो वाचाल और अपने ज्ञान के प्रति अहंकारी तथा शेखी बाज है।"

Socia bayasu kṛpana dhanavānū, jo na atithi siva bhagati sujānū socia sūdru bipra avamānī, mukhara mānapriya gyāna gumānū. (2.171.3)

"Pitiable the Vaiśya (a member of the trading class) who is niggardly, though rich, and who is not perfect in hospitality nor in devotion to Lord Śiva: pitiable the Śūdra (a member of the labouring or artisan who is disrespectful towards the Brāhmanas loquacious and proud of his knowledge and loves to be praised." (2.171.3)

Clarification – After the cremation of the body of the King Daśarath with all rituals and rites properly on the bank of Saryū river, Vaṣiṣtha jī tells Bharata about the wily demeanour of Kaikeyī, truthfulness of the king Daśarath, true devotee of parents and true stoic śrī Rāma Lakṣmaṇa and chaste Sītāji with tears spilled in his eyes. Inculcating Bharat with true and spiritual jñāna, The Chief preceptor says, "Loss and gain, life and death, glory and infamy – all these are in the hands of the Supreme God. Ponder in your heart, my son, that king Daśaratha is not worthy giving for pitiable is a Brahmaṇa who is ignorant of the Vedas and his duties pitiable is the king who has no jñāna of the statecraft and not love the people in his own life."

In the above chaupāi, Vaṣiṣtha jī precepts Bharat through an spiritual jñāna again that pitiable is the vaiśya who is neither perfect in hospitality nor devotee to Lord Śiva, pitiable the Sūdra (one who is dissipative because of one's actions, qualities and demeanours) who is disrespectful towards Braāhmans, loquacious proud of his jñāna and is braggart."

दोहा-लसत मंजु मुनि मंडली मध्य सीय रघुचंदु।
ज्ञान सभाँ जनु तनु धरें भगति सच्चिदानन्दु।। (2.239)

"सुन्दर मुनि-मण्डली के बीच में सीता जी और रघुकुल चन्द्र जी ऐसे सुशोभित हो रहे हैं मानो ज्ञान की सभा में साक्षात् भक्ति और सच्चिदानन्द शरीर धारण करके विराजमान है।" (2.239)

स्पष्टीकरण-श्री भरत जी राम, सीता तथा लक्ष्मण जी से मिलने की अत्यन्त उत्कट लालसायुक्त होकर, अपने परिवार, गुरु वशिष्ठ जी, निषादराज तथा चतुरंगिणी सेना के साथ हरे-भरे जंगलों के बीच से होकर भगवान राम जी के आश्रम के निकट पहुँच गए। उन्होंने दूसरे सिर पर जटाजूट, बाणों से भरे तर्कश तथा धनुष, कटि पर मुनि-वस्त्र लपेटे हुए शोभायमान श्यामल गात श्री राम जी को देखा।

उपर्युक्त चौपाई में महाकवि गोपनीय ज्ञान को भरत के शब्दों के माध्यम से उत्प्रेक्षा अलंकार युक्त शैली में व्यक्त करता है। मुनियों के मध्य विराजमान श्रीराम और सीता जी ऐसे शोभित हो रहे हैं, मानो साक्षात् सच्चिदानन्द एवं भक्ति के रूप में अवतरित हुए हों। महाकवि यह सिद्ध करना चाहता है कि भगवान की भक्ति तथा भगवान दोनों को केवल वास्तविक एवं सच्चे ज्ञान के द्वारा ही प्राप्त किया जा सकता है।

Lasat maṅju muni maṇḍalī madhya sśya raghuchaṁdu
gyāna sabhā janutanu dharē bhagati sacchidānaṁdu.
(2.239)

"In the midst of a charming ring of hermits sītā and śrī Rāma shone forth like devotion and the supreme spirit (who is truth, consciousness and bliss combined) incarnated, as it were, in a circle of wisdom." (2.239)

Clarification – With his family, Niṣādarāja and four typed army (infantry, horse, elephant and chriots) though the vernal and verdant forest, reached near śri Rām's hermitage, having the ardent and wistful yearning to meet śrī Rāma, sītāji and Lakṣmaṇa. He saw swarthy śrī Rāma with sītā, adorned with the matted hair on the head, bow and quiver full of arrows and hermits's robe girded around His loins.

In the above chaupāi, the epic poet reveals the esoteric jñāna through Bharata's words, using the figure of speech – 'projection decking (Utprekṣālaṁkāra), In the midst of hermits, śrī Rāma and Sita are looking as if they were forth like incurnated the Supreme God and the Devotion. Here, the poet wants to prove that the Devotion of the Oversoul and the Supreme God can only be perceived, cognized and attained through real and true jñāna (knowledge).

बोले मुनिबरु बचन बिचारी। देस काल अवसर अनुहारी।
सुनहु राम सरबग्य सुजाना। धरम नीति गुन ग्यान निधाना॥
(2.256.4)

"श्रेष्ठ मुनि, देशकाल और अवसर के अनुसार विचार करके बचन बोले- हे सर्वज्ञ! हे सुजान! हे धर्म" नीति, गुण और ज्ञान के भण्डार राम! सुनिये।।(2.256.4)

स्पष्टीकरण-गुरु वशिष्ठ जी ने भरत से कहा, "शत्रुघ्न तथा तुम स्वयं जंगल में जाओ, और श्रीराम, सीता जी तथा लक्ष्मण तीनों को वापिस ले आएँ"। गुरुजी का आदेश सुनकर भरत जी तथा शत्रुघ्न अत्यान्द से पुलकित होकर वशिष्ठ जी भी भरत के भ्रातत्व के पवित्र एवं सच्चे अपार प्रेम के वशीभूत हो गए।

उपर्युक्त चौपाई में भगवान राम के सर्वज्ञ एवं सर्वव्यापी श्रीराम जी से बात करते हुए कहते हैं- "हे सर्वज्ञ, हे सुजान। हे धर्म, नीति, गुण और ज्ञान के निधान राम! सुनिये।

महाकवि तुलसीदास जी ने यहाँ पर अत्यन्त अलंकृत एवं सरस शब्दों को प्रयोग किया। क्योंकि वशिष्ठ जी श्रीराम का गुणगान अनेक प्रकार से करते हैं।

Bole munibaru bacana bicārī, desa kāla avasaraanuhārī.
Sunshu rāma sarabagya sujānā, dharama nīti guna gyāna nidhānā
(2.256.4).

"The great sage then spoke in well-considered phrases appropriate to the time, place and circumstances: "Listen Rāma, you are omniscient and wise and a repository of piety, prudence, virtue and knowledge." (2.256.4)

Clarification – Guru Vaṣiṣtha said to Bharata, "you two brothers Satrughan and yourself, go to the woods; while śrī Rāma, Sītā and Lakṣmaṇa may be sent back." Hearing this command of Guru, Bharata and Śatrughan became titillated with immense excultation. Vaṣiṣtha ji became subjugated and surmounted by the true and immaculate love of brotherhood. All were present in the hermitage of the śrī Rāma.

In the above chaupāi, Vaśiṣtha Śrī Rāma, the Omniscient and omnipresent, "Listen Rāma, you are omniscient, wise and virtue." The epic poet also uses the ornate and sonorous words as Vaṣiṣṭa ji extols śrī Rāma in many ways.

कहि अनेक बिधि कथा पुराना। भरत प्रबाधु कीन्ह मुनि ग्यानी॥

(2.262.2)

बोले उचित बचन रघुनंदू। दिनकर कुल कैरव बन चंदू॥

"तब ज्ञानी मुनि वसिष्ठजी ने अनेक प्रकार की ऐतिहासिक कथाएँ कहकर भरतजी के मन का समाधान किया। फिर सूर्यकुलरूपी कुमुद-वन को प्रफुल्लित करने वाले चंद्रमा श्रीरघुननंदन उचित वचन बोले।" (2.262.2)

स्पष्टीकरण-श्रीराम जी के आश्रम में आयोजित सभा में सबकी उपस्थिति में, भरत जी कपटी एवं क्रूर माता कैकेई का दुर्भाग्यशाली पुत्र होने के कारण, स्वयं को तथा माता कैकेई को अनेक प्रकार से कोसता तथा धिक्कारता है। भरत जी के अत्यन्त दुखमय एवं पश्चाताप पूर्ण बचनों को सुनकर समस्त सभा गंभीर शोक में निमग्न हो जाती है, और भरत जी के अनुपम, निर्दोष एवं निर्मल प्रेम के द्वारा द्रवीभूत हो जाती है।

उपर्युक्त चौपाई में ऋषि वशिष्ठ जी प्राचीन धार्मिक ग्रन्थों की ज्ञानपूर्ण कथाओं को सुनाकर भरत जी को सान्त्वना प्रदान करते हैं। श्रीराम जी भी भरत जी के मन में अपने तथा माता कैकेई के प्रति उत्पन्न होने वाले सभी सन्देहों एवं भ्रांतियों को नष्ट करते हुए, अनेक ज्ञानपूर्ण कथनों के द्वारा भरत जी को समझाते हैं।

उपर्युक्त चौपाई में भी महाकवि प्रसंग को अत्यन्त रमणीय, हृदयस्पर्शी एवं अलंकृत भाषा में व्यक्त करते हैं।

kahi aneka bidhi kathā purānī, bharata probodhu bīnha muni gyāni.
bole ucita bacana raghunaṁdū dinakara kula kairava bana caṁdū.

(2.262.2)

"The enlightened sage comforted Bharata by narrating old legends of various kinds; and the Delighter of Raghus, Ṣrī Raghunātha, who was a veritable moon to the lily-like solar race, spoke words which were neat and proper." (2.262.2)

Clarification – In the presence of all in the assembly of Śrī Rām's hermitage Bharata imprecates and damns himself because of being an unfortunate son of his wily and cruel mother Kaikeyi in many ways. Hearing the most afflicted and penitenced speech of Bharata, the whole assembly became blent in serious woe and liquefied by his peerless, impeccable and limpid love.

In the above chaupāi, Chief preceptor vaṣiṣṭha jī solaces Bharat by narrating many legends full of jñāna from ancient scriptures. Śrī Rām also inculcates Bharat imparting blissful jñāna to eradicate all the scepticism and misunderstanding about himself as well as mother Kaikeyī.

In this chaupāi also, the epic poet expounds the plot in a very elegant, poignant and figurative language.

मुनिगन निकट बिहंग मृग जाहीं। बाधक बधिक बिलोकि पराहीं।।
हित अनहित पसु पच्छिउ जाना। मानुष तनु गुन ग्यान निधाना।।2।।

(2.263.2)

"पशु-पक्षी भी साधु-सज्जनों के पास निर्भय होकर चले जाते हैं, परंतु हिंसा करने वाले शिकारी को देखते ही वे दूर भाग जाते हैं। पशु और पक्षी भी मित्र और शत्रु को पहचानते हैं, फिर मनुष्य-शरीर तो गुण और ज्ञान का भंडार है।" (2.263.2)

स्पष्टीकरण-भगवान् श्रीराम भरत को विश्व में अपने निर्मल, निर्दोष एवं अकथनीय चरित्र से परिचित कराने हेतु ज्ञान प्रदान करते हैं। "प्रिय भ्राता, अपने को व्यर्थ में ही दोष न दो, हमारा भाग्य परमात्मा के हाथों में है, तुम्हारा निर्मल चरित्र और यश तो तीन लोकों में, वर्तमान, भूत-भविष्य में अमर है। आपको दोष देने वाले लोग गुरु एवं ऋषि-मुनियों की संगति में नहीं रहे।"

स्पष्टीकरण-उपर्युक्त चौपाई में भी श्रीराम सावधान करते हैं कि यहाँ तक कि पशु-पक्षी भी साधु सन्तों तथा आखेटकों (शिकारी) को देखकर समझ लेते हैं कि दोनों में से कौन अच्छा या बुरा है, मनुष्य लोग तो ज्ञान के भंडार हैं जो भलीभांति अच्छे-बुरे का निर्णय कर लेते हैं।

Munigana nikaṭa bihaga mṛga jāhī, bādhaka badhika biloki parāhī.
Hila anahita pasu pacehiu jānā, mānuṣa tanu guna gyāna nidhānā.

(2.262.2)

"Birds and beasts draw close to hermits, while they run away at the very sight of a hunter, who torments them. Even beasts and birds can distinguish between a friend and a foe, to say nothing of the human being, who is a storehouse of virtue and knowledge." (2.262.2).

Clarification – Śrī Rāma tries to enable Bharat to be acquainted with a true jñāna about his own limpid, impeccable, taintless and ineffable character in the sinners– "O brother, do not carp yourself superfluously. Our destiny is in the hands of the Oversoul, your immaculate form and character is peerless in the three spheres, in the past, present and future. Those who carp you have not been in contact with their gurus and hermits.

In the above chaupāī also Śrī Rāma admonishes Bharata that even beasts and birds perceive about who is good or bad between saint and hunter while human beings are repository of jñāna (knowledge) to ascertain any thing.

बोरति ग्यान बिराग करारे। बचन ससोक मिलत नद नारे।।
सोच उसास समीर तरंगा। धीरज तट तरुबर कर भंगा।।
(2.275.1)

"यह करुणा की नदी इतनी बढ़ी हुई है कि ज्ञान-वैराग्यरूपी किनारों को डुबाती जाती है। शोकभरे वचन नद और नाले हैं, जो इस नदी में मिलते हैं; और सोच के कारण उत्पन्न लंबी सांसें ही वायु के झकोरों से उठने वाली तरंगे हैं, जो धैर्यरूपी किनारे के उत्तम वृक्षों को धराशाही कर रही हैं।" (.275.1)

स्पष्टीकरण-श्रीराम जी के वनवास का समाचार प्राप्त कर जनक जी ने परिजनों के साथ चित्रकूट पहुँचकर, अयोध्या से आए मुनियों की अर्चना की तथा श्रीराम जी को आशीर्वाद दिया। श्रीराम जी भी जनकपुरी के सन्तों एवं जनक जी के चरणों में नतमस्तक हुए और उन्होंने सबको आश्रम में प्रवेश करने हेतु प्रार्थना की। महाकवि ने इस मिलन को उत्प्रेक्षा अलंकार युक्त अत्यन्त मनोहर एवं अलंकृत भाषा में चित्रित किया है- "श्रीरामचन्द्र जी का आश्रम मानो शान्ति के पवित्र जल से पूर्ण सागर हो, जनक और परिजन मानो करुणा के जल से पूर्ण नदी हों जो सागर में समाहित होने जा रही है।

उपर्युक्त चौपाई में महाकवि गोस्वामी तुलसीदास जी, अलंकार शास्त्रीय ज्ञान के प्रकाण्ड पण्डित होने के कारण नदी और समुद्र दोनों के संगम को अत्यन्त सरस, मनोहर, हृदयस्पर्शी तथा सांग रूपक अलंकारात्मक भाषा में चित्रित करते हैं।

Borati gyāna birāga karāre, bacana sasoka milata nada nāre.
Soca usāsa samīra taraṁgā, dhirāja taṭa tarubara kara bhaṁgā
(2.275.1)

"The river of pathos flooded the banks of wisdom and dispassion and was joined in course by tributary streams and rivulets in the form of sorrowful utterances. Sights and mentation severally represented the waves and the wind that uprooted the stout tree of mutitude standing on its banks." (2.275.1)

Clarification – Getting the news about Rāma exile by an envoy, Janakaji reached Chittrakūta with his retinue. Janaka adores the hermits (From Ayodhyā) and blessed Śrī Rāma. Śrī Rāma also bowed His head at the feet of hermits of Janakpuri and Janaka. He implored them to enter the hermits of Janakpuri and Janaka. He implored them to enter the hermitage. The epic poet depicts, the meeting through very elegant and ornate language with 'Projection decking' figure of speech - Śrī Rām's hermitage is an ocean, as it were full of vestal water of intranquility, Janaka with his retinue is, as if were a river of pathos, going to be blent in the ocean. In the above chaupāi, the epic poet, being an erudite of rhetorical jñāna (knowledge), depicts the confluence of both the river and the ocean through a very sonorous, elegant, poignant and metaphorical ornate language.

In the above chaupāi, the epic poet Tulsīdāsa, being a great erudite of the rhetorical jñāna (knowledge), depicts confluence of both the river and the ocean through a very sonorous elegant, poignant and metaphorical language.

सोक बिकल दोउ राज समाजा। रहा न ग्यानु न धीरजु लाजा।।
भूप रूप गुन सील सराही। रोवहिं सोक सिंधु अवगाही।।

(2.275.4)

"दोनों राज समाज अयोध्यावासी ओर जनकपुरवासी शोक से व्याकुल हो गए। किसी को न ज्ञान रहा, न धीरज और न लाज रही। राजा दशरथजी के रूप, गुण और शील की प्रशंसा करते हुए सब रो रहे हैं और शोकसमुद्र में डुबकी लगा रहे हैं।" (2.275.4)

स्पष्टीकरण–गत चौपाई में महाकवि के अनुसार जब शोक और पीड़ा से युक्त होकर करुणा की नदी, शान्ति के समुद्र में मिली तो उस समय मानो समुद्र उबाल ले रहा था।

उपर्युक्त चौपाई में दोनों शाही–समाज ने अत्यन्त शोकातुर एवं पीड़ित होकर अपने समस्त ज्ञान, धैर्य और लज्जा को खो दिया, धर्मात्मा एवं अत्युदार राजा दशरथ जी को स्मरण कर उनकी प्रशंसा करते हुए शोक और दुःख के सागर में डुबकी लगाने लगे।।

Soka bikala dou rāja samājā, rahā na gyānu na dhiraju lājāl.
Bhūpa rūpa guna sīla sarāhī, rovahī soka siṁdhu avagāhī.
(2.275.4)

"The two royal hosts were so overtaken with grief that they had no wisdom, fortitude or bashfulness left. Extolling King Daśaratha's comeliness of form, goodness and amiability they all wept and were plunged into an ocean of woe." (2.275.4)

Clarification – In the previous chaupāi, the epic poet depicts that while the river of pathos full of woe and affliction blent in the ocean of intranquility, then, it, as it were being effervesced.

In the above chaupāi, it is revealed that the two royal hosts became so woeful and anguished that they lost their jñāna, fortitude and bashfulness. Incurring and praising virtuous and bounteous being Daśaratha, all were diving into the ocean of woe and agony.

जासु ग्यानु रबि भव निसि नासा। बचन किरन मुनि कमल बिकासा॥
तेहि कि मोह ममता निअराई। यह सिय राम सनेह बड़ाई॥
(2.285.1)

"जिन राजा जनक का ज्ञानरूपी सूर्य आवागमन रूपी रात्रि का नाश कर देता है, और जिनकी वचनरूपी किरणें मुनिरूपी कमलों को खिला देती हैं, क्या मोह और ममता उनके निकट भी आ सकते हैं। यह तो श्रीसीतारामजी के प्रेम की महिमा है! अर्थात् राजा जनक की यह दशा श्रीसीतारामजी के अलौकिक प्रेम के कारण हुई, लौकिक मोह-ममता के कारण नहीं।" (12.285.1)

स्पष्टीकरण-गत चौपाई में ज्ञानी मुनि तथा संतगण दुखी एवं शोकाकुल अतिथियों को सान्त्वना प्रदान करते हैं तथा वशिष्ठ जी जनक जी को धैर्य धारण करने की सलाह देते हैं।

उपर्युक्त चौपाई में महाकवि जनक जी के स्वभाव को बड़े ही अन्योक्ति तथा रूपकालंकार युक्त अलंकृत भाषा में चित्रित करते हुए कहते हैं कि जिसके ज्ञान की असंख्य किरणें सांसारिक अज्ञान रूपी अंधकार को विदीर्ण कर देती हैं, जिसके अगणित उपदेश मुनि रूपी कमलों को खिला देते हैं, वे जनक जी सांसारिक दुखों और शोक के बन्धनों के अधीन कैसे हो सकते हैं। वे तो अलौकिक प्रेम के कारण विकल थे न कि सांसारिक प्रेम के।

Jāsu gyānu rabi bhava rnis nāsā, bacana kirana muni kamala bikāsa.
tehi ki moha mamatā niarī, yaha siya rāma saneiha baṛaī.

(2.285.1)

"Can the darkness of infatuation and attachment ever approach him (King Janaka), the sun of whose wisdom drives away the night of metempsychosis and the rays of whose speech delight the lotus-like sages? That he too was plunged in gried shows the triumph of the affection he bore for his daughter, Sītā, and Her lord Śrī Rāma." (2.285.1)

Clarification – In the previous chaupāī, jñāni munis (cognizants) and saints solace the afflicted and woeful hosts and sage, vaṣiṣṭha jī advises Janakaji to be consoled.

In the above verse, the epic poet depicts the nature of Janaka in very allegorical and metaphorical ornate language that Janaka who's innumerable rays of jñāna dispels the darkness of mundane ignorance, and innumerable rays of his precepts bloom the lotuses of saints, how he can be surmounted by the chain of mundane afflictions and woe. He was anguished by the transcendent love not by terrestrial love.

चिरजीवी मुनि ग्यान बिकल जनु। बूड़त लहउ बाल अवलंबनु॥
मोह मगन मति नहिं बिदेह की। महिमा सिय रघुबर सनेह की॥

(2.285.4)

"जनक जी का ज्ञान रूपी चिरंजीवी (मार्कण्डेय) मुनि व्याकुल होकर डूबते हुए मानो उस श्रीराम प्रेमरूपी बालक का सहारा पाकर बच गया। वस्तुतः ज्ञानशिरोमणि जनकजी की बुद्धि मोह में मग्न नहीं है। यही तो श्रीसीतारामजी के प्रेम की महिमा है जिसने उन जैसे महान ज्ञानी को भी व्याकुल कर दिया।" (2.285.4)

स्पष्टीकरण–रामजी की अनुमति से सभी अपने-अपने डेरों में चले गए। जनक जी की पत्नी सुनयना सीता जी को डेरे में ले गईं। जनक जी ने एक तपस्वी की वेश-भूषा में देखकर, सीता जी को वात्सल्य प्रेम के कारण अपने वक्षस्थल से लगा लिया।

उपर्युक्त चौपाई में महाकवि ज्ञान-शिरोमणि श्री जनक जी की बुद्धि किसी के मोह में मग्न नहीं हुई अपितु यह सब कुछ भगवान के अलौकिक प्रेम की महिमा एवं लीलाओं के कारण हुआ, जिसने समत्व भाव रखने वाले महान जनक जी के अथाह ज्ञान को विचलित कर दिया।

Cīrajivi muni gyāna bikala janu, būṛata laheu bāla avalaṁbanu.
Moha magana mati nahī bideha kī, mahimā, siya raghubara saneha kī.
(2.285.4)

"The long lived sage, Mārkaṇḍaya in the shape of King. Janaka's wisdom, was greatly bewildered and was just going to be drowned when lo! He found his support in the divine babe and was saved. Really speaking, it was not that Videhā's wit was lost in infatuation it was the triumph of the affection he bore sītā and śrī Rāma." (2.285.4)

Clarification – By śrī Rām's connivance, all left for their camps. Sunayana (wife of Janakaji) took sītā in the camp. Seeing Sītā ji in ascetic's robes, Janaka clasped her in his bosom because of filial love.

In the above verse, the epic poet describes that the diadem of all jñāṇīs (cognizants) Janaka's wisdom is not immersed in the delusion of any thing but it all happened because of the magnitude and paseants of the Supernatural love of śrī Rāma which dismayed the fathomless jñāna of superior and equinimous Janaka.

दो.- ग्यान निधान सुजान सुचि धरम धीर नरपाल।
तुम्ह बिनु असमंजस समन को समरथ एहि काल।।
(2.219)

"हे राजन! तुम ज्ञान के भंडार, सुजान, पवित्र और धर्म में धीर हो। इस समय तुम्हारे बिना इस असमंजस को समन करने में और कौन समर्थ है? ।" (2.219)

स्पष्टीकरण–भगवान राम गुरु वशिष्ठ जी के पास जाकर कहते हैं कि मेरे वनवास के कारण सभी दुखी और उदास हैं, अतः आप सबके अनुकूल तथा हितकारी कार्य करें। राम की कृपालुता एवं उदारता से आह्लादित होकर वशिष्ठ जी जनक जी को सबके अनुकूल कुछ करने को कहते हैं।

उपर्युक्त चौपाई में जनक जी की बुद्धि के रूप में अन्ततः ज्ञान की महिमा पर ही बल दिया गया है। वशिष्ठ जी जनक को कहते हैं– "आपके सिवाय कोई भी इस द्विविधा से मुक्त कराने में समर्थ नहीं है, क्योंकि आप ज्ञान के निधान, पारंगत ज्ञानी, निर्दोष तथा धैर्यशाली हो।"

gyāṇa nidhāna siyāna suchi, dharama dhīra narapāla.
Tuṁha binu asamaṅyasa samana ko samarath chikāla
(2.291)

"O King! you are repository of wisdom, righteousness piety and staunch in upholding the cause of virtue. Who sow you is able at the present moment to find a way out of this impasse." (2.291)

Clarification – Śrī Rāma calls his guru and tells that all are afflicted and doleful because of my exile, so do beneficial and favourable to all. Being thrilled because of Rām's compassion and bounty, he advised Janaka to do favourable to all.

In the above chaupāi in the long run, the magnitude of jñāna in the form of Janaka's wisdom is emphasised. Vaṣiṣṭha ji says to Janaka – "Nobody can is able to emancipate from the dilemma except you, as being a repository of jñāna, dexterous jñāni (cognizant), impeccable and full of fortitude.

सुनि मुनि बचन जनक अनुरागे। लखि गति ग्यानु बिरागु बिरागे।।
सिथिल सनेहँ गुनत मन माहीं। आए इहाँ कीन्ह भल नाहीं।।
(2.291.1)

"मुनि वसिष्ठ जी के बचन सुनकर जनकजी प्रेम में डूब गए। उनकी दशा देखकर ज्ञान और वैराग्य को भी विराग उत्पन्न हो गया। वे प्रेम से शिथिल हो गए और मन में विचार करने लगे कि हम यहां आए, यह ठीक नहीं किया।" (2.291.1)

स्पष्टीकरण–जनक जी की प्रशंसा करते हुए वशिष्ठ मुनि कहते हैं- "हे जनक तुम्हारे अतिरिक्त इस द्विविधा को दूर करने में कोई भी समर्थ नहीं है, क्योंकि आप ज्ञान के भण्डार, पवित्र, धर्मात्मा एवं धैर्यशाली हैं।

उपर्युक्त चौपाई में, वशिष्ट जी और ज्ञान वैराग्य-शून्य हो गए। वे शिथिल होकर सोचने लगे कि यहाँ मेरा आना उचित नहीं है।

Suni muni Bachana janaka anurāge lakhigati gyānu birāgu biraga.
Sithila sanehā gunat mana māhī āe ihā kīnha bhala nāḥī
(2.291.1)

"Janaka overwhelmed with emotion on hearing the sage's words. His wisdom and dispassion themselves shrank away from him when they saw his condition. Overpowered with love, he reasoned to himself, "I have not done well in coming over to this place." (2.291.1)

Clarification – Praising Jaṅaka, the preceptor Vaṣiṣṭha ji tells him that nobody is able to eradicate this dilema except you, as being the repository of jñāna, impeceable and virtuous and full of fortitude.

In the above chaupāī, hearing the extolled speech of Vaṣiṣṭha ji

Janak became blent in deep love and he became devoid of stoicism and jñāna becoming laxit, he thought, "I have not done well in coming here."

कौसिकादि मुनि सचिव समाजू। ग्यान अंबुनिधि आपुनु आजू॥
सिसु सेवकु आयसु अनुगामी। जानि मोहि सिख देइअ स्वामी॥

(2.291.2)

"विश्वामित्रजी आदि मुनियों और मंत्रियों का समाज है और आज के दिन ज्ञान के सागर आप भी उपस्थित हैं। वे स्वामी! मुझे अपना बच्चा, सेवक और आज्ञाकारी समझकर शिक्षा दीजिए।"**(2.291.2)**

स्पष्टीकरण-जनक जी श्रीराम की दूसरों के प्रति उदारता, सम्मान, संकोचशीलता, धैर्य तथा प्रेम के कारण श्रीराम के मानसिक विचलित एवं दुखी स्वभाव के विषय में भरत जी को ज्ञान की शिक्षा देते हैं और उन्हें अपने अंतिम शब्दों को व्यक्त करने का आदेश देते हैं। ताकि उन्हें उसी रूप में श्रीराम जी को बता सकें। जनक जी की ये बातें सुनकर भरत जी नेत्रों में अश्रु छलकाते हुए तथा रोमांचित होकर उन्हें बतलाते हैं कि आप मेरे माता-पिता के समान पूज्य एवं आदरणीय हैं, पूज्य कुलगुरु वशिष्ठ जी के समान पूज्य है।

उपर्युक्त चौपाई में अथाह ज्ञान के भण्डार एवं सागर जनक जी को कहते हैं, "आप मुझे अपना एक आज्ञाकारी बालक एवं सेवक समझकर मुझे यथायोग्य शिक्षा इस सभा में देकर कृतार्थ कीजिए।

kausikādi muni sachiva samājū gyana aṁbunidhi āpunu ājū
sisu swaku āyasu anuyām jāni mohi sikh dei swāmī

(2.291.2)

"Here is an assembly of sages like Viśvāmitra as well as of ministers, and today you too, an ocean of wisdom, are present in the midst, know me to be a mere child and an obedient servant and instruct me accordingly, my master." (2.291.2)

Clarification – Janak ji instructs jñāna to Bharata about Śrī Rāma's afflicted mental disposition because of bounty, respect, bashfulness, fortitude and affection for others and urged him to give his final word so that the same may be communicated to Śrī Rāma hearing this, Bharat's body is tittilated and eyes filled with tears and tells that he is adorned and respectable like his parents and family preception Vaṣiṣṭha ji.

In the above chaupāi, he implores vaṣiṣṭha, the ocean and fathomless repository of jñāna to instruct him accordingly, as his obedient child and servant amidst of the assemblage.

मुनिगन गुर धुर धीर जनक से। ग्यान अनल मन कसें कनक से।।
जे बिरंचि रिलेष उपाए। पदुम पत्र जिमि जग जल जाए।।4।।

(2.316.4)

"मुनिगण, गुरु वशिष्ठ जी और जनक जी-सरीखे धीर धुरंधर, जो अपने मनों को ज्ञान रूपी अग्नि में सोने के समान कस चुके थे, जिनको ब्रह्मा जी ने निर्लेप ही रचा और जो जगत् रूपी जल में कमल के पत्ते की तरह ही जगत में रहते हुए भी जगत् से अनासक्त पैदा हुए। (2.316.4)

स्पष्टीकरण–भरत जी ने श्रीराम से ऐसा ठोस उपाय बताने की प्रार्थना की कि जिसके द्वारा वह श्रीराम के चरणों के दर्शन सतत रूप से चौदह वर्षों तक करता रहे। भगवान राम भरत के वैराग्यपूर्ण एवं अनासक्त स्वभाव तथा निश्छल प्रेम को समझकर स्वयं दयालु होकर गहन प्रेम में लीन हो गए। सभा में संकोच तथा दुख मिश्रित भाव के साथ भरत जी को अपनी चरण-पादुकाएँ प्रदान की, जिन्हें भरत ने सादर मस्तक पर लगा लिया।

उपर्युक्त चौपाई में महाकवि कहते हैं कि संत-समूह युक्त भरी सभा में ज्ञान के अगाध भण्डार, सांसारिक भोगों से विरक्त ऋषि वशिष्ठ जी तथा जनक जी भी भरत के प्रति श्रीराम के अलौकिक तथा अकथनीय प्रेम को देखकर स्तब्ध तथा अकर्मण्य से हो गए।

Munigana gura dhura dhīra janaka se, gyāna anala mana kasē kanaka se.
Je biraṅci niralepa upāe, paduma patra jimi jaga jala jāe.

(2.316.4)

"The host of sages assembled there, the preceptor, sage Vasiṣtha, and an epitome of firm like Janaka, whose mind had been tested like gold in the fire of wisdom, may who were created by Brahmā as free from all attachment and were born in this world even as the lotus springs up from water and yet remains ever above it." (2.316.4)

Clarification– Bharat invoked compassionate Śri Rāma to provide solid means by which he may be able to have the vision of His blessing feet for the fourteen years incessantly perceiving the Bharata's stoical, reclusive and deattached disposition and wileless love, Śri Rāma became gracious and overwhelmed with deep love and assemblage of all, with the mixed feeling of affliction and in the bashfulness, at last, compassionating on him, consigned. His wooden Pādukas (Sandals) made of wood to Bharat which he reverently placed on his head.

In the above chaupāi, the epic poet says that having the fathomless jñāna, ascetic, stoic sages like Vaśiṣtha and Janakaji aversed to all mundane enjoyments also became stunned and indolent to see the supernatural and uneffable, vestal love of Śrī Rāma for Bharat amidst the host of sages in assembly.

दो.- सानुज सीय समेत प्रभु राजत परन कुटीर।
भगति ग्यानु बैराग्य जनु सोहत धरें सरीर॥ (2.321)

"छोटे भाई लक्ष्मणजी और सीता जी सहित प्रभु श्रीरामचंद्र जी पर्णकुटी में ऐसे सुशोभित हो रहे हैं मानो वैराग्य, भक्ति और ज्ञान शरीर धारण करके शोभायमान हो रहे हों।" (2.321)

स्पष्टीकरण- भरत और शत्रुघ्न दोनों ने श्रीराम जी की चरण-वन्दना करके तथा उनकी आज्ञा को शिरोधार्य करके अयोध्या प्रस्थान किया। वटवृक्ष के नीचे विराजमान सीता जी तथा लक्ष्मण जी अपने परिजनों एवं संबंधियों को बिछुड़कर जाते हुए देखकर अत्यन्त उदास हो रहे हैं।

उपर्युक्त चौपाई में सगे-संबंधियों के प्रस्थान करने के पश्चात् महाकवि तुलसीदास जी पर्णकुटी में विराजमान श्रीराम-लक्ष्मण तथा सीता जी का चित्रण अत्यन्त उत्प्रेक्षालंकार युक्त हृदयस्पर्शी तथा अलंकृत भाषा में करते हैं जो परमानन्द से परिपूर्ण अलौकिक ज्ञान को अभिव्यक्त करता है।

sānuja siya sameta prabhu rājata parana kuṭīra,
bhagati gyānu bairāgya janu sohata dharē sarīra
(2.321)

"With His younger brother, Lakṣmaṇa and Sītā, the Lord shone forth in His hut of loves; it seemed as if Vairāgya (Dispassion), Bhakti (Devotion), and Jñāna (Wisdom) had appeared together in embodied forms." (2.321)

Clarification– Bharata and Śatrughana, adoring the lotus feet and bowing to the orders of Śrī Rāma, and supplicating all the sages, left for Ayodhya. Under the shade of banyan tree, Sitaji and Laksmaṇa are becoming doleful to see their nears and dears departing from them.

In the above chaupāi after the departures of all nears and dears, the epic poet depicts Śrī Rāma Lakṣmana and Sitaji in their bower or cottage, made of leaves, grass and twigs through a very poignant and ornate language full of the figure of speech of 'projection-decking (Utpreksālamkāra) which emits the supernatural jñāna full of exclusive rapture and exultation.

3. अरण्य काण्ड (Aranya Kāṇḍa)

छंद.- तन पुलक निर्भर प्रेम पूरन नयन मुख पंकज दिए।
मन ग्यान गुन गोतीत प्रभु मैं दीख जप तप का किए।
जप जोग धर्म समूह तें नर भगति अनुपम पावई।
रघुबीर चरित पुनीत निसि दिन दास तुलसी गावई॥ (3.5)

"मुनि (अत्रिजी) अत्यंत प्रेम से परिपूर्ण हैं; उनका शरीर पुलकित है और नेत्रों को श्रीरामजी के कमलवत् मुख पर लगाए हुए हैं। [मन में सोच रहे हैं कि] मैंने ऐसे कौन से जप-तप किए थे, जिसके फलस्वरूप मन, ज्ञान, गुण और इंद्रियों से परे प्रभु के दर्शन पाए। जप, योग और धर्म-समूह से मनुष्य अनुपम भक्ति को पाता है। श्रीरघुवीर के पवित्र चरित्र को तुलसीदास रात-दिन गाता है।" (3.5)

मुनि अत्रिजी के आश्रम में श्रीराम, लक्ष्मण व सीता जी

स्पष्टीकरण-गत चौपाइयों में महाकवि ने वर्णन किया है कि श्री राम जी भविष्य में आश्रम पर आने वाली विपुल भीड़ की आशंका के कारण ऋषि

अत्रि के आश्रम की ओर चल पड़े जहाँ पर उन्होंने अत्रि जी तथा इनकी पत्नी अनुसूइया के चरणों में अपने शीश झुकाए, अत्रि ऋषि ने भी उनको आदर पूर्वक अपनी छाती से लगाया। अत्रि की पत्नी अनुसूइया जी सीता जी को विश्वकल्याणकारी, दुलर्भ तथा आध्यात्मिक ज्ञान प्रदान करती हैं कि धैर्य, धर्म, मित्र और पत्नी इन चारों की परीक्षा समय-समय पर अनेक प्रकार के संकटों में होती है, जैसे- गरीबी, मुसीबत, बाधाविशेष, गंभीर बीमारी तथा विनाश आदि। स्त्री जाति के लिए अत्यन्त हितकारी एवं आनन्दप्रद तथा रहस्यपूर्ण उपदेश देती हुई कहती है कि दृढ़प्रतिज्ञता, पवित्रता तथा स्वामिभक्ति ये तीनों सर्वोत्कृष्ट स्त्री के सर्वोत्कृष्ट गुण हैं। जब श्री राम जी अन्य आश्रम में जाने हेतु अत्रि जी को अनुमति देने की प्रार्थना करते हैं तो यह सुनकर अत्रि जी के नेत्र अश्रुपूर्ण हो जाते हैं और कहते हैं- "आप सबके हृदय को जानने वाले सर्वशक्तिमान् को भला मैं कैसे आज्ञा (अनुमति) प्रदान कर सकता हूँ", यह कहकर वे रोमांचित एवं अति आनन्दित हो जाते हैं।

उपर्युक्त चौपाई में अत्रि मुनि जी स्मरण करते हुए सोचते हैं कि भूतकाल में मैंने किस प्रकार की अलौकिक ज्ञान, धर्मनिष्ठा, तपस्या तथा भक्ति की थी, जिसके कारण मैंने श्री राम, सीता तथा लक्ष्मण के दुर्लभ दर्शन किए हैं।

tana pulka nirbhara prema pūrana nayana mukha paṅūkaja die.
mana gyāna guna gotīta prabhu maī japa tapa kā kie, japa joga
dharma samūha te nara bhagati anupama pāvaī
raghubīra carita punīta nisi dina dāsa Tulasī gāvaī

(3.5)

"Thrilling all over with exuberance of love, the sage rivetted his eyes on the Lord's lotus face. He thought to himself. 'What prayers did I recite and what austerity did I undergo that I was enabled to behold with my own eyes the Lord who is beyond all knowledge and transcends the three Guṇas as well as the senses and mind. It is through jana (muttering of prayers), Yoga (concentration of mind) and a host of religious observances that man acquires devotion, (which is incomparable as a means of God-Realization). So does Tulsīdāsa sings the all-holy episodes of Śrī Raghuvīra day and night." (3.5)

Clarification – In the previous chaupaīs, the epic poet describes (at Chithadūta) that because of jeopardy of huge crowd at the hermitage (at Chittrakūta) in future, He (śrī Rāma) left for the Attri's Hermitage, where they bowed their heads at the feet of the sage Atri and his wife Anusūiyā, and sage also clasped them to his bosom reverently.

Attri's wife Anusūyā imparted scarce and metaphysical jñāna to Sīta to be beneficial for the human world.

She precepts that true fortitude, piety, friend and wife are properly assayed in life from time to time during the period of any kind of penury, peril, obstruction, serious disease and devastation, further she provides the most subtle jñāna about the four types of wives to be beneficent and blissful for the female world. Staunch, chastity and fidelity are the best virtues of the best wives.

Śrī Rām implores Attri ji to give connivance to leave for other hermitage. Hearing these words, the sage's eyes spilled with tears, saying, "How can I allow, you almighty are able to perceive the hearts of all". He became horripilated and everjoyed.

In the above chaupāī, Attri ji incurs and ponders that what type of celestial jñāna piety, penance, devotion were performed by me in the past which have enabled him to have the secure vision of Śrī Rāma, Laksmaṇa and Sītā jī.

सोरठा. कठिन काल मल कोस धर्म न ग्यान न जोग जप।
परिहरि सकल भरोस रामहि भजहिं ने चतुर नर।। (3.6)

"यह कठिन कलयुग पापों का खजाना है; इसमें न धर्म है, न ज्ञान और न योग, न जप ही है। इसमें तो जो लोग सब भरोसों को छोड़कर श्रीराम जी को भजते हैं, वे ही चतुर हैं।" (3.6)

स्पष्टीकरण-गत चौपाई में भगवान शिव पार्वती को भगवान राम जी की कथा सुनाते आ रहे हैं।

उपर्युक्त चौपाई में शिवजी कलियुग में लोगों को वास्तविक ज्ञान से परिचित कराते हुए भगवान के गुणों का गायन सतत रूप से करते हैं। वे कलियुग में सभी का आश्रय त्याग कर कलियुग में श्री राम की अटूट भक्ति करने की सलाह देते हैं।

Kaṭhina kāla mala kosa dharma na gyāna na joga japa,
parihari sakala bharosa rāmahi bhajahī te catura nara. (3.6)

"This terrible age of Kali is a repository of sins., piety, spiritual wisdom, Yoga or Japa are out of place in this age. They alone are wise, who worship śrī Rāma giving up all other support." (3.6)

Clarification – In previous chaupāi, Lord Śiva narrates the kathā of Śrī Rāma's life. He continues to extol the virtues of Shri Rāma, imparting the real jñāna to the people in Kaliyuga. He suggests to live in the refuge of Śri Rāma and to renounce all other supports except the staunch devotion to Śrī Rāma.

सहित अनुज मोहि राम गोसाईं। मिलिहहि निज सेवक की नाईं॥
मोरे जियँ भरोस दृढ़ नाहीं। भगति बिरति न ग्यान मन माहीं॥
(3.9.3)

"क्या स्वामी श्रीरामजी छोटे भाई लक्ष्मणजी के साथ मुझे अपने सेवक की तरह मिलेंगे? मेरे हृदय में दृढ़ विश्वास नहीं होता; क्योंकि मेरे मन में भक्ति, वैराग्य या ज्ञान कछ भी नहीं है।" (3.9.3)

स्पष्टीकरण-गत चौपाइयों में, भगवान राम मार्ग में विराघ नामक राक्षस का वध कर उसे परमधाम भेजकर शरभंग नामक सन्त के आश्रम में आते हैं। यहाँ कवि रूपकालंकार युक्त मनोहारी शब्दों में चित्रित करते हुए वर्णित करते हैं कि श्रीराम का दर्शन करते ही मुनि के नेत्र रूपी भ्रमर श्री राम के मुख रूपी कमल के मकरन्द का पान करने लगते हैं। मुनि भगवान राम से अपनी सभी तपस्याओं, व्रतों एवं साधनाओं के बदले भी राम की अचल भक्ति माँगते हैं और वे योग की अग्नि में स्वयं को भस्म करके परमधाम चले जाते हैं। श्रीराम वन में आगे बढ़ते हैं और मुनियों के समूह साथ हो जाते हैं। मार्ग में हड्डियों के ढेर को देखकर श्रीराम मुनियों से उसके विषय में पूछते है तो वे उत्तर देते हैं कि महादुष्ट राक्षसों ने मुनियों को खा लिया है, यह ढेर उन्हीं की हड्डियों का है। तत्काल श्रीराम अपनी भुजाएँ ऊपर उठाकर पृथ्वी को राक्षसों से मुक्त करने की शपथ लेते हैं, जिसने सभी ऋषि-मुनियों को आनन्दित कर दिया।

Sahita anuja mohi rāma gosāī, milihahi nija sevaka kī nāī.
More jiyā bharosa dṛ Rha nāhī, bhagati birati na gyāna mana māhī
(3.9.3)

"Will Lord Śrī Rāma and His younger brother condescend to meet me as their own servant? I have no unswerving faith in my heart not is my mind illumined by the light of devotion, dispassion or wisdom." (3.9.3)

Clarification – In the previous chaupās, killing the ogre virādha, who left for the Supreme Abode, Śrī Rāma arrived at the hermitage of sage śarbhaṅga where black bees of eyes began to sip the nector of the lotus of Rām's face. Here the poet has depicted the scene in a very elegant and metaphorical ornate words. The sage implores śrī Rāma to bestow him with His incinerates devotion in return of his all vows and penances. He imprecates himself in the fire of yoga and leaves for the Supreme Abode. Rāma proceeds further. Hosts of sages accompany Him. On the way, seeing the heap of bones, He inquiries of them about the same, they tell that the atrocious friends have devoured the sages. At the same time śrī Rāma raising up His arms swears to emancipate the earth from ogres which enrapture all hosts of sages.

In the above chaupāi, the magnificence of jñāna and staunch devotion is indicated : A jñānī (cognizant) disciple of sage Agustya named Sutiksna was an immutable devotee of Rāma by his true heart, words and actions beyond all deities. He has wistful and ardent yearning to be love and met by śrī Rāma like His Lakṣmaṇa and sītā ji.

निर्गुण सगुण विषम सम रूपं। ज्ञान गिरा गोतीतमनूपं।।
अमलमखिलमनवद्यमपारं। नौमि राम भंजन महि भारं।।

(3.10.6)

"हे निर्गुण, सगुण, विषम और समरूप! हे ज्ञान, वाणी और इंद्रियों से अतीत! हे अनुपम, निर्मल, संपूर्ण दोषरहित, अनंत एवं पृथ्वी का भार हटाने वाले श्रीरामचंद्रजी! मैं आपको प्रणाम करता हूँ।" (3.10.6)

स्पष्टीकरण–ऋषि अगस्त्य जी के परम ज्ञानी शिष्य सुतीक्ष्ण जी भगवान राम की अचल एवं सुदृढ़ भक्ति में उन्मत्त एवं बेसुध होकर श्रीराम जी के मार्ग में बैठ जाते हैं, उसकी अत्यन्त पवित्र भक्ति को देखकर अपने चतुर्भुज रूप में उसके हृदय में प्रगट हो जाते हैं। चेतनशील होने पर वह श्रीराम के चरणकमलों को बार-बार चूमता है, फिर अपने आश्रम में ले जाकर अनेक प्रकार से उनकी अर्चना करता है।

अहंकार से रहित होकर सुतीक्ष्ण श्रीराम के अत्यन्त परम असंख्य एवं अकथनीय गुणों तथा शक्तियों की महिमा का उल्लेखालंकार में गुणगान करता जाता है।

nirguṇa saguṇa viṣama sama rūpaṁ, jñāna girā gotilamanūpaṁ
amalamakhilamanavadyamapāraṁ naumi rāma bhaṁjana mahi bhāraṁ.

(3.10.6)

"I make obeisance to Śrī Rāma, the reliever of earth's burden, who is both with and without attributes, who is partial as well as impartial, who transcends knowledge, speech and the sense and has no compeer, nay, who is all-pure, all-comprehensive, faultless and unlimited." (3.10.6)

Clarification – Sutīkṣṇa, the most jñānī (erudite) disciple of the sage Agusta being maudlin and inoxicated and laxit in immutable and staunch devotion of Rāma, sits down in the middle of the way. Seeing his vestal devotion, Śrī Rāma manifests His four armed guise in his heart.

Being conscious, the sage kisses Rāma's lotus-feet again and again and takes Him to his cottage and adorns Him in many ways.

Beeing an erudite of abundant jñāna, and devoid of arrogance, Sutīkṣṇa extols enumerable virtues and ineffable powers of śri Rāma through figure of speech 'Ullekha'.

तुम्हहि नीक लागै रघुराई। सो मोहि देहु दास सुखदाई॥
अबिरल भगति बिरति बिग्याना। होहु सकल गुन ग्यान निधाना॥
(3.10.13)

"हे रघुनाथजी! हे दासों को सुख देने वाले! आपको जो अच्छा लगे, मुझे वही दीजिए॥ [श्रीरामचंद्रजी ने कहा- हे मुने!] तुम प्रगाढ़ भक्ति, वैराग्य और सभी गुणों तथा ज्ञान के भंडार हो जाओ।"(3.10.13)

स्पष्टीकरण–सुतीक्ष्ण की सच्ची एवं अचल भक्ति का अनुभव करते हुए प्रसन्न होकर श्रीराम ने उसे कोई भी वर माँगने को कहा। "मैंने तो वरदान कभी माँगा ही नहीं। मैं समझ नहीं पाता कि क्या सत्य है और क्या झूठ है। (क्या माँगू, क्या न माँगू)

उपर्युक्त चौपाई में महाज्ञानी सुतीक्ष्ण भगवान रामजी से अपनी इच्छानुसार वर प्रदान करने की प्रार्थना करता है, तब भगवान राम उसे सम्पूर्ण ज्ञान-गुणों का खजाना तथा अपनी प्रगाढ़ भक्ति का वरदान प्रदान करते हैं।

tumahi nīka lāgai raghurāī, so mohi dehu dāsa sukhadāī.
abirala bhagati birati bigyānā, hohu sakala guna gyāna nidhānā.
(3.10.13)

"Therefore, O Delighter of Your devotees, grant me that which pleases You, O Śrī Raghunātha" (Lord Śrī Rāma said:) "O Sage! May you become a repository of Knowledge of all virtues, as well as of intense devotion, dispassion and spiritual wisdom." (3.10.3)

Clarification – Having seen raptured to perceive sutīkṣṇa's true and immutable devotion, śrī Rāma asked him to ask for any boon. The sage replied, "I have never asked any boon and know not what is real and what is unreal (what to choose and what to reject).

In the above chaupāī, the jñāni sutīkṣana implores śrī Rāma to grant any boon according to His wish. Lord Rāma bestows him with His immutable devotion and the repository of all jñāna and virtues.

मोहि समुझाइ कहहु सोइ देवा। सब तजि करौं चरन रज सेवा॥
कहहु ग्यान बिराग अरु माया। कहहु सो भगति करहु जेहिं दाया॥
(3.13.4)

"हे देव! मुझे समझाकर वही बताइए, जिससे सब छोड़कर मैं आपकी चरणरज की ही सेवा करता रहूँ। ज्ञान, वैराग्य और माया का वर्णन कीजिए; और उस भक्ति को समझाइए, जिसके कारण आप दया करते हैं।" (3.13.4)

स्पष्टीकरण–श्री राम जी सुतीक्ष्ण के साथ ऋषि अगस्त्यजी के आश्रम पहुँचे। परस्पर सम्मानित होने के पश्चात्, सन्त-समाज के मध्य श्रीराम ने अगस्त्य जी से ऐसे स्थान को बताने की प्रार्थना की कि जहाँ से वे साधु सन्तों के शत्रु, दुष्ट राक्षसों का विनाश कर सकें। अगस्त्य जी ने दण्डकवन में स्थित मनोहर स्थान पंचवटी को बताते हुए दण्डकवन को गौतम ऋषि के भयानक शाप से मुक्त करने की प्रार्थना की। मार्ग में गिद्ध-राज जटायु से मिलकर मित्रता की। गौमती नदी के तट पर पत्तों की कुटिया निर्मित की। एक दिन लक्ष्मण जी ने श्रीराम जी से उस रहस्यमय ज्ञान वैराग्य तथा भक्ति को समझाने की प्रार्थना की कि जिनके द्वारा लक्ष्मण उनके चरण-कमलों में लीन रहें, और श्रीराम प्रसन्न होकर अपने भक्तों पर कृपा एवं दया की वर्षा करते रहें।

Mohi samujhāi kahahu soi devā, saba taji karau carana raja sevā.
Kahahu gyāna birāga aru māyā, kahahu so bhagati karahu jehī dāyā.
(3.13.4)

"Instruct me, my lord, how I may be able to adore the dust of Your feet to the exclusion of everything else. Discourse to me on spiritual wisdom and dispassion as well as on Māyā (illusion); and also speak to me about Bhakti (devotion), which makes (illusion); and also speak to me about Bhakti (devotion), which makes You shower Your grace." (3.134)

Clarification – Śrī Rāma, with sutīkṣṇa, reached the hermitage of the sage Agustya. After being honoured mutually, in the hosts of sages, He implored Agustya ji to advise Him about such place from which He may devastate the atrocious demons, the great enemies of sages. Agustya jī suggests the charming place named Panchavati beset with Daṇḍka van and Implored to redeem it from the terrible curse of the sage Gautam. Receiving the connivance of the sage, He reached Pañchavati and met Jatāyu the chief of vultures. He made a thatched hut of grass and leaves on the bank of vestal river Godāvarī.

In the above chaupāī Lakṣmaṇa invokes Rāma modestly to inculcate about such abstruse jnana, reclusion, māyā (Illusion) and devotion by which he may be rapt in His feet and He may shower his compassion, on his devotees.

ग्यान मान जहँ एकउ नाहीं। देख ब्रह्म समान सब माहीं।।
कहिअ तात सो परम बिरागी। तृन सम सिद्धि तीनि गुन त्यागी।।

(3.14.4)

"ज्ञान वह है जहाँ (जिसमें) मान आदि एक भी दोष नहीं है और जो सबमें समानरूप से ब्रह्म का दर्शन करता है हे तात! उसी को परम बिरागी कहना चाहिए जो सारी सिद्धियों को और तीनों गुणों को तिनके की तरह त्याग चुका हो।" (3.14.4)

स्पष्टीकरण-लक्ष्मण जी की प्रार्थना के पश्चात् श्रीराम जी आत्मा-परमात्मा के मध्य भेद का वर्णन करते हैं। 'मैं', 'मेरा', 'तुम', 'तुम्हारा' आदि की भावना समस्त विश्व के प्राणियों को बस में किए हुए माया है।[74] माया के दो भेद-विद्या और अविद्या क्रमशः सुःख और दुःख के मूल कारण हैं।

उपर्युक्त चौपाई में आगे भगवान राम स्पष्ट करते हैं कि ज्ञानी तो अहंकार एवं बुराईयों को त्यागकर सर्वत्र ब्रह्म को व्याप्त हुआ देखता है। सभी सिद्धियों एवं सत्, रज, तम् तीनों गुणों को तिनके त्यागने के समान ज्ञानी ही वास्तव में वैरागी है।

Gyāna māna jahā¡ ekau nāhī, dekha brahma samāna saba māhī.
kahia tāta so parama birāgī tṛna sama siddhi tīni guna tyāgī

(3.14.4)

"Spiritual wisdom is that which is free from all blemish in the shape of pride" etc. and sees the Supreme Spirit equally in all. He alone, dear

---

74. श्वेताश्वेतरोपनिषद्- 4.10

brother, should be called a man of supreme dispassion, who spurus all occult powers (siddis) as well as the three Guṇas (of which the universe is composed) as if of no more account than a blade of grass." (3.14.4)

Clarification – After the imploringsness of Lakṣmana śrī Rāma, explain the difference between the soul and oversoul, jñāna, māyā (illusion) and devotion. The feeling of 'I' and 'Mine',

Māya[75] which subdues all over created beings, gnāna vidyā and ignorance (Avidya) are two kinds of Māya. Jñāna and ignorance are respectively blissful and powerful.

In the above chaupāī, He explains that jñāna (Vidyā) is devoid of arrogance and evil and pervades everywhere and perceives Brahma, such jñāni is really a stoic who has renounced all siddhis and three attributes like a blade of grass.

धर्म तें बिरति जोग तें ग्याना। ग्यान मोच्छप्रद बेद बखाना।।
जातें बेगि द्रवउँ मैं भाई। सो मम भगति भगत सुखदाई।।

(3.15.1)

"धर्म से वैराग्य और योग से ज्ञान उत्पन्न होता है, जो मोक्ष देने वाला है- ऐसा वेदों में वर्णन किया गया है। और हे भाई! जिससे मैं शीघ्र ही प्रसन्न होता हूँ, वह है मेरी भक्ति, जो भक्तों को सुख देने वाली है।" (3.15.1)

स्पष्टीकरण-भगवान राम स्पष्ट करते हुए कहते हैं कि जो स्वयं, ईश्वर तथा माया के प्रति अनभिज्ञ है, वही जीवात्मा है। जो सभी से परे, माया का प्रेरक तथा कर्मानुसार बन्धनों तथा मोक्ष का दाता है वही ईश्वर है।

उपर्युक्त चौपाई में श्रीराम जी धर्म, वैराग्य, योग, ज्ञान का स्पष्टीकरण करते हुए कहते हैं कि जो मुझे प्रसन्न करता है, वह मेरा सच्चा भक्त है और मेरी भक्ति सब प्रकार से आनन्द दायक है। ईश्वर की प्राप्ति केवल भक्ति के द्वारा ही होती है।[76]

Dharama te birati joga te gyānā, gyāna mocchaprada beda bakhānā.
Jāte begi dravaū maī bhāī, so mama bhagati bhagata sukhadāī.

(3.15.1)

"Dispassion results from the practice of virtue, while spiritual wisdom comes of the practice of Yoga (concentration of mind); and wisdom is the bestower of Liberation; so declare the Vedas. And that

75. (A) Sśivetāaśvetaropanisada – 4.10
(B) Brahma sūtra śaṅkara Bhāṣya 1.1.4

76. श्वेताश्वेतरोपनिषद्- 4.10

which melts My heart quickly, dear brother, is devotion, which gives sublime, happiness to My devotees." (3.15.1)

Clarification – śrī Rāma explains that the soul (innerself) that is uncognizant about self, The Supreme God and Māyā (illusion, is called jivātmā (the soul) and that who is devoid of all things and powers, animator of Māyā and the giver of bonds and salvation (according to actions) is called the Supreme God.

In the above, chaupāī, explaining the magnificence of dharma (piety) reclusion, yoga, jñāna and salvation, tells that That who rejoices Me is my true devotee full of My Devotion which is always emits rapture and ecstasy, "God is attained by devotion only.[77]

सो सुतंत्र अवलंब न आना। तेहि आधीन ग्यान बिग्याना।
भगति तात अनुपम सुखमूला। मिलइ जो संत होइँ अनुकूला।।
(3.15.2)

"वह भक्ति स्वतंत्र है, [ज्ञान-विज्ञान आदि किसी] किसी अन्य साधना का सहारा नहीं है ज्ञान और विज्ञान तो उसके अधीन हैं। हे तात! भक्ति अनुपम एवं सुख की मूल है; और वह तभी प्राप्त होती है जब संत प्रसन्न होते हैं।" (3-15-2)

स्पष्टीकरण-श्रीराम जी लक्ष्मण को ज्ञान प्रदान करते हुए कहते हैं कि धर्माचरण से वैराग्य तथा योग के द्वारा (ईश्वर में दत्तचित्त होकर ध्यान से) ज्ञान और ज्ञान द्वारा मोक्ष प्राप्त होता है। मुझे प्रसन्न करने वाला व्यक्ति मेरी सुखों की मूल भक्ति को प्राप्त करता है। दूसरे शब्दों में मेरी भक्ति सभी भक्तों की आनन्ददायिका होती है।

उपर्युक्त चौपाई में ज्ञान और भक्ति की महिमा को व्यक्त किया गया है जो परमात्मा एवं साधु-सन्तों की कृपा से ही प्राप्त होती है।

So sutaṁtra avataṁba na ānā, tehi ādhina gyāna bigyānā.
Bhagati tāta anupama sukhamūlā milai jo saṁta hoī anukūlā.
(3.15.2)

"Devotion stands by itself and requires no other prop; whereas jūāna (knowledge) of God in His Absolute (formless aspect) and Vijñāna (knowledge of the Saguna aspect of God, both with and without form) are subservient to devotion. Devotion, dear brother, is incomparable and the very root of bliss; it can be acquired only by the kindness of saints." (3.15.2).

77. Setaśvetaropaniṣada- 4.10

Clarification – In the previous chaupāi, śrī Rāma ji explains to Laksmana that according to vedas, through the practice and demeanour of piety, stoicism and salvation is attained, jñāna is attained by yoga (concentration and meditation to be intervolved in the oversoul) and the salvation is attained through real jñāna and that, who enraptures Me, is My devotion which is blissful for my devotees. In other words, the Supreme God is perceived by the real jñāna and raptured by devotee's devotion, the bestower of all blisses.

In the above chaupai also, the magnificence of jñāna and devotion which are attained through the compassion of the Supreme God and sages.

भगति जोग सुनि अति सुख पावा। लछिमन प्रभु चरनन्हि सिरु नावा।।
एहि बिधि गए कछुक दिन बीती। कहत बिराग ग्यान गुन नीती।।

(3.16.1)

"इस भक्तियोग को सुनकर लक्ष्मणजी को अत्यधिक सुख मिला और उन्होंने प्रभु श्रीरामचंद्रजी के चरणों में सिर झुकाया। इस प्रकार वैराग्य, ज्ञान, गुण और नीति कहते हुए कुछ दिन व्यतीत हुए।।"(3.16.1)

स्पष्टीकरण-भगवान श्रीराम लक्ष्मण को पुन: उपदेश देते हुए बतलाते हैं कि 'हे लक्ष्मण, सभी प्रकार के आनन्द की अकथनीय एवं अनुपम मूल स्रोत मेरी भक्ति ज्ञान तथा विज्ञान को वश में करने वाली है। गुरुओं, ब्राह्मणों तथा मेरे उपदेशों का पालन करने वाले लोग मेरी भक्ति को प्राप्त करते हैं। जो विषय-वासना एवं अहंकार से रहित होकर, मेरे गुणगान से रोमांचित एवं प्रसन्न होते हैं वे मुझे बस में कर लेते हैं।

उपर्युक्त चौपाई में लक्ष्मणजी भगवान राम के द्वारा उपदेशित भक्तियोग को सुनकर उनके चरणकमलों में नतमस्तक हो जाते हैं और इस प्रकार ज्ञान, वैराग्य, गुण एवं नैतिक विषयों पर चर्चा करते हुए दिन व्यतीत करते हैं।

Bhagati joga suni ati sukha pāva, lachimana prabhu carananhi siru nāvā.
Ehi bidhi gae kachuka dina bītī, kahata birāga gyāna guna nitī.

(3.16.1)

"Lakṣmaṇa was greatly delighted to hear the above discourse on the discipline of Devotion (Bhakti) and bowed his head at the feet of the Lord. In this way some days were spent in discoursing on dispassion, spiritual wisdom, goodness and morality?" (3.16.1).

Clarification – Śri Rāma again precepts Lakṣmaṇa that his devotion is free and subduer of jñāna and vijñāna. This is ineffable and peerless source of all blisses. The followers of the precepts of gurus, Brāhmaṇs get my devotion and those; who are devoid of coition, propensity, arrogance are horripilated and glad with My extollings to subdue Me.

In the above chaupāi, hearing about the Bhakti yoga, Lakṣmaṇa became mirthful and bowed his head to the lotus feet of śrī Rāma. In this way, they passed the days conversing about jñāna reclusion, virtues and ethical topics.

छंद- उर दहेउ कहेउ कि धरहु धाए बिकट भट रजनीचरा।
सर चाप तोमर सक्ति सूल कृपान परिघ परसु धरा॥
प्रभु कीन्हि धनुष टकोर प्रथम कठोर घोर भ्यावहा।
भए बधिर ब्याकुल जातुधान न ग्यान तेहि अवसर रहा॥
(3.18)

श्रीराम द्वारा खर-दूषण का वध

"[खर-दूषण का] हृदय जल उठा। उन्होंने कहा- पकड़ लो (कैद कर लो)। यह सुनकर भयानक राक्षस योद्धा बाण, धनुष तोमर, शक्ति (सांग), शूल (बरछी), कृपाण (कटार), परिघ और फरसा ले-कर दौड़ पड़े। प्रभु श्रीरामजी ने पहले धनुष का बड़ा कठोर घोर और भयंकर टंकार किया, जिसे सुनकर राक्षस बहरे और व्याकुल हो गए। उस समय उन्हें कुछ भी चेत न रहा।" (3.18)

स्पष्टीकरण-गत चौपाइयों में सूर्पणखा के साथ विवाह करने से मना करने के पश्चात्, सूर्पणखा राक्षसी का विकराल रूप धारण करके सीता पर

झपटी और भगवान राम की अनुमति से लक्ष्मण जी ने उसकी नासिका तथा कान काट दिये। बिना नाक-कान के वह खर और दूषण नामक दुष्ट राक्षसों के पास पहुँची तथा उनके पुरुषत्व तथा पराक्रम को कोसा और धिक्कारा, जिससे प्रतिशोध की अग्नि में जलते हुए, उन्होंने सशस्त्र राक्षसी सेना सहित पंचवटी पहुँच कर अपने दूत को संदेश देकर भेजा कि, या तो अपनी पत्नी को उन्हें सौंप दे और अपने घर वापस चले जाएँ। इस अपमानजनक ललकार को सुनकर श्रीराम ने अपने सिर पर जटा-जूट सँभालकर तथा (पराक्रम) वीर रस में उन्मत्त होकर दूत से कहा, "हम साधु सन्तों के रक्षक तथा दुष्ट राक्षसों के विनाशक हैं, मरने के लिये तैयार हो जाओ या युद्ध क्षेत्र से वापस चले जाओ"। इस समाचार से क्रोध से जलभुनकर, खर और दूषण ने अपनी राक्षसी सशस्त्र सेना के साथ घातक हथियारों की श्रीराम जी पर वर्षा कर दी।

उपर्युक्त चौपाई में इस बात को चित्रित किया गया है कि भगवान राम की धनु-प्रत्यज्यचा से उत्पन्न भीषण टंकार से राक्षसी सशस्त्र सेना सभी रणकौशलों तथा कार्यों को भूलकर मूर्च्छित, बधिर एवं अकर्मण्य हो गई, वह टङ्कार आकाश में भीषण ध्वनि करती हुई गूँजती रही।

Ura deheu kaheu ki dharahu dhāe bikaṭa bhaṭa rajanīcarā,
Sara cāpa tomara sakti sūla kṛpāna parigha parasu dharā.
Prabhu kīnhi dhanuṣa takora prathama kaṭhora ghora Bhyāvahā
bhae badhir dyāsuha jātudhāna na gyāna tehi avasara rahā.
(3.18)

"Their heart was on fire and they exclaimed, 'Capture him', hearing which fierce demon-warriors rushed forth, all armed with bows and arrows, steel clubs; pikes, spears, scrimitars, maces and axes. First of all the lord gave His bow a twang-shriol, terrifie and fearful, which deafened the ears of and dismayed the demons, who had no wit left in them." (3.18)

Clarification – In the previous chaupāīs, it is described that having been forbidden by Rāma to marry Superṇa khān, disguising in a terrible demoness, pounced up on sītā, with the cibbuvabce of Śrī Rāma, Lakṣmaṇa struck off her nose and years. Without her nose and ears she reached the dissolute demons named Khara and

Dūṣaṇa and imprecated and damned them for their manhood and futile prowess. Having been encited, and ignited with revenge they reached Panchavatī with fiendish armed forces and sent an envoy to advise Rāma to consign His wife to them and go back home. Hearing this abased challenge coiling the tuft of matted hair on His head and imbued in the savour of prowess śrī Rāma said to envoy, ... "We are the protector of sages and devastator of dissipate demons, be ready to die or to go back from the battle field." Hearing this news, ignited with rage, Khara and Drīṣaṇa with their demoniac forces showered the fatal weapons on Rāma.

In the above chaupāī it is depicted that all the fiedish armed forces lost their all jñāna about all skills and actions, became unconscious deaf and indolent because of the formidable twang of Rām's bow-string echoing every where.

बिद्या बिनु बिबेक उपजाएँ। श्रम फल पढ़ें किएँ अरु पाएँ॥
संग तें जती कुमंत्र ते राजा। मान ते ग्यान पान तें लाजा॥

(3.20.5)

रावण के सम्मुख अपमानित शूर्पणखा

"शराब पी लेता है और दिन-रात पड़ा सोता रहता है। तुझे यह पता नहीं है कि शत्रु तेरे सिर पर खड़ा है। नीति के बिना राज्य और धर्म के बिना धन प्राप्त करने से भगवान को समर्पण किए बिना उत्तम कर्म करने से और ज्ञान उत्पन्न किए बिना विद्या पढ़ने से परिणाम में श्रम ही हाथ लगता है। विषयों के साथ से संन्यासी, बुरी सलाह से राजा, मान से ज्ञान, मदिरापान से लज्जा।" (3.20.5)

स्पष्टीकरण-चौदह हजार राक्षसों की शर्मनाक हार तथा विनाश करने के पश्चात् भगवान राम कुटिया लौटते हैं। सीता जी तथा लक्ष्मण जी गुफा से बाहर आते हैं। भगवान राम उन्हें अपनी छाती से लगा लेते हैं। देवतागण प्रसन्न होकर उन पर रंग-बिरंगे फूल आकाश से वर्षाते हैं।

उपर्युक्त चौपाई में शूर्पणखा के विपुल ज्ञान को प्रदर्शित किया गया है। खर दूषण तथा त्रिसरा सहित चौदह हजार सशस्त्र राक्षस-सेना के विनाश के कारण वह स्वयं को तीन लोकों के स्वामी रावण की बहन होने के नाते, अपमानित अनुभव करती है।

यद्यपि वह एक राक्षसी है किन्तु वह मानव-जीवन के विविध क्षेत्रों से सम्बन्धित विपुल ज्ञान की एक अद्भुत पारंगत विदुषी प्रतीत होती है। वह अपने भाई रावण को डाँटती-फटकारती हुई अपने व्यापक साम्राज्य एवं राजकोष के प्रति उसकी शिथिल एवं उपेक्षापूर्ण नीतियों तथा अहंकार के प्रति सजग एवं सचेत करती है। विशाल साम्राज्य के सुखमय भविष्य के लिये वह उपकारक तथा ज्ञानयुक्त उदाहरणों के द्वारा उपदेश एवं शिक्षा प्रदान करती है।

Bidyā binu bibeka upajāē śrama phala parhē kiē aru pāi.
Saṁga te jatī kumaṁtra te rāja, māna te gyāna pāna tē laja.
(3.20b.5)

"and learning which does not beget wisdom is nothing but fruitless labour to the man who has gained such kingdom or wealth, to the doer of the noble acts and to the student, respectively. A recluse is quickly undone by attachment to objects, a king by evil counsel wisdom by conceit, modesty by drinking." (3.20b.5)

Clarification – In the above chaupāi, the abundant jñāna, of sūrpaṇa khā is revealed after the shameful defeat and devastation of fourteen thousand fiendish armed forces, Śrī Rāma returned to his cottage Lakṣmaṇa and śita came out of the cave śrī Rāma clanps them to His bosom, then, gods begin to shower multi-coloured flowers over them from the ether blissfully.

In the above chaupāī the abundant jñāna of Sūperṇa khaān is revealed. After the shameful distruction of fourteen thousand fiendish armed forces with Khara and Duṣaṇa and Tesarā by Rāma, she feels abasement and dishonoured, as being a sister of Rāvana, the valorous and vigorous lord of the three spheres, although she is demoness but seems a marvellous and dexterous erudite of abundant Jñāna or knowledge related to different fields of the human life scolding and abasing her brother Rāvana awares him to be attentive and cautious towards his lenient policies, egoism about his realm and exchequer. She precepts him through many instances full of obscure and beneficial jñāna for his blissful future of the vast empire.

जेहि श्रुति निरंजन ब्रह्म ब्यापक बिरज अज कहि गावहीं।
करि ध्यान ग्यान बिराग जोग अनेक मुनि जेहि पावहीं॥
सो प्रगट करुना कंद सोभा बृंद अग जग मोहई।
मम हृदय पंकज भृंग अंग अनंग बहु छबि सोहई॥
(3.31.3)

श्रीराम-लक्ष्मण का घायल जटायु से मिलन

"जिनको श्रुतियां निरंजन (माया से परे), ब्रह्म, व्यापक, निर्विकार और जन्मरहित कहकर गान करती हैं। मुनि जिन्हें ध्यान, ज्ञान, वैराग्य और योग आदि अनेक साधनों द्वारा पाते हैं। वे यही करुणाकंद, शोभा के समूह [स्वयं श्रीभगवान] प्रकट होकर जड़-चेतन समस्त जगत को मोहित कर रहे हैं। मेरे हृदय-कमल के भ्रमररूप उनके अंग-अंग में बहुत से कामदेवों की छवि सुशोभित हो रही है।" (3.31.3)

स्पष्टीकरण-रावण के द्वारा विवश होकर मारीच स्वर्ण एवं मोतियों से जटित मायावी हिरण का रूप धारण करके कुटी के पास जाकर सीता जी को मोहित कर देता है। सीता जी को स्वर्णिम मृग-छाल की लालसा-पूर्ति हेतु भगवान राम हिरण का पीछा करते हुए प्राणघाती बाण मारते हैं। मरते

समय हिरण अपने वास्तविक रूप में आकर लक्ष्मण का कई बार नाम लेकर ऊँचे स्वर में चिल्लाता है, जिसे सुनकर सीता जी श्रीराम की रक्षा हेतु लक्ष्मण को हठात् वहाँ से भेज देती हैं। श्रीराम, लक्ष्मण को अपने निकट देखकर स्तब्ध हो जाते हैं। कुटिया में सीता को न पाकर, श्री राम, लक्ष्मण के साथ सीता जी के विरह में तथा खोज में सामान्य व्यक्ति की तरह विलाप करते हैं। मार्ग में अपने भक्त व गिद्धराज जटायु को घायलावस्था में देखते हैं, जो प्रभु के ध्यान में लीन है। वह हवाई मार्ग से ले जाते हुए रावण तथा समस्त घटना के विषय में श्रीराम को बतलाता है। भगवान राम के साक्षात दर्शन के पश्चात् जटायु मुक्ति की इच्छा करता है। भगवान राम उसे परम धाम जाने का वर प्रदान करते हुए वहाँ पर अपने पिता जी को इस घटना के विषय में न बताने की सलाह देते हैं और कहते हैं कि स्वयं दुष्ट रावण ही अपने परिवार के साथ उन्हें (दशरथजी को) स्वयं बताएगा कि जटायु भगवान हरि का साक्षात् रूप धारण कर, अश्रु प्रवाहित करते हुए भगवान् श्रीराम का गुणगान करने लगता है।

उपर्युक्त छन्द में जटायु भी हरि के रूप में परमात्मा के विषय में वास्तविक एवं गूढ़ ज्ञान को व्यक्त करता है एवं अपरिमित भण्डार तथा सर्व हितकारी परमात्मा के गुणों का गान करने लगता है।

Jehi śrutī niraṁjana brahma byāpaka biraja aja kahī gāvahī,
kari dhyāna gyāna birāga joga aneka muni jehi pāvahī,
so pragata karunā kaṁda sobhā bṛṁda aga jaga mohaī,
mams hṛdya paṅkaja bhṛṅga aṁga anaṅga bahu chabi sohaī.
(3.31.3)

"He whom the Vedas glorify under the name of Brahma, pure (free from the taint of Māyā) all pervading, passionless and unborn, whom the sages attain through manifold practices such as meditation, discretion, dispassion and Yoga (self-discipline), that fountain of mercy has become manifest as the very incarnation of beauty and enraptures the whole animate and inanimate creation. He is the bee that resides in the lotus of my heart and through every limb of His shines the splendor of many a god of love." (3.31.3)

Clarification – In the previous chaupāī, Being compelled by Ravana. Mārīcha in guise of the illusionary deer studded with gold and jewels reaching near the cottage, he enchants sita and on the demand of Sīta for his golden skin, śrī Rāma chases the deer and shot him a fatal shaft. At the time of his death, appearing in his real form, he roared loudly naming Lakṣmaṇa, many times. Hearing the same cry of śrī Rāma, Sitā compelled Lakṣmaṇa to go to protect his brother. To see Lakṣmaṇa, śrī Rāma becomes stunned. Not to find Sītā in the cottage, śrī Rama with Lakṣmaṇa astrays in the forest in search of Sitā and lament like a common man because of the segregation of Sītā. In the way, he finds His wounded devotees named jaṭāū, the king of vultures, meditating His lotus feet. He tells about the abduction of Sita by Rāvaṇa in an airy-chariot. After seeing the countenance of Śrī Rāma, he wishes to be redeemed. Śrī Rāma blesses him to go to His supreme Abode and advises not to tell His father about this incident. There Rāvana himself along with his family will tell him every thing, dropping his body pilled with tears begins to extol and praise lord Rāma.

In the above chhaṁda, Jatāū in guise of Hari's own form elicit the real and obscure jñāna about the Supreme God through his extolling and praising Him as the fathomless repository of innumerable and ineffable virtues and powers, beneficial for human beings.

चौपाई- सापत ताड़त परुष कहंता। बिप्र पूज्य अस गावहिं संता।।
पूजिअ बिप्र सील गुन हीना। सूद्र न गुन गन ग्यान प्रबीना।।1।।

(3.33.1)

"शाप देता हुआ, मारता हुआ और कठोर वचन करता हुआ भी ब्राह्मण पूज्य है, ऐसा संत कहते हैं। शील और गुण से हीन भी ब्राह्मण पूजनीय है और गुणसमूहों से युक्त और ज्ञान में निपुण भी शूद्र पूजनीय नहीं है।" (3.33.1)

स्पष्टीकरण-भगवान शिव पार्वती को कहते हैं कि जो लोग सांसारिक भोगों में लिप्त होकर भगवान को त्यागते हैं, वे अत्यन्त दुर्भाग्यशाली हैं। आगे कहते हैं कि, ऋषि दुर्वासा के द्वारा शापित कबन्ध नामक राक्षस को श्रीराम जंगल में बध करके मुक्त करते हैं।

उपर्युक्त चौपाई में 'शूद्र' शब्द अत्यन्त विवादास्पद एवं विचारणीय है। महाकवि तुलसीदास जी 'इस शब्द का सटीक तथा समुचित अर्थ जानते थे। किन्तु कुछ अज्ञानी पाठक गण 'शूद्र' शब्द का विपरीत और नकारात्मक अर्थ निकालते हैं। महाकवि तुलसीदास जी न केवल भगवान राम के अनन्य भक्त थे अपितु भगवान श्री कृष्ण के भी परम भक्त थे, तभी तो उन्होंने ब्रजभाषा में दो पुस्तकें लिखी- 'कृष्ण गीतावली' तथा 'गीतावली'। 'शूद्र' शब्द का

सही अर्थ है- गुणवान और ज्ञानी लोग जो, जन्म से नहीं, अपितु अपने कर्मों और गुणों के आधार पर अत्यन्त नीच और दुष्ट हैं, वे ही शूद्र कहलाते हैं। कोई भी व्यक्ति, जन्म से नहीं, अपितु अपने बुरे कर्मों और गुणों के कारण 'शूद्र' बन सकता है। भगवान कृष्ण श्रीमद्‌भगवद्‌गीता में कहते हैं- "ब्राह्मण, क्षत्रिय, वैश्य और शूद्र- इन चार वर्णों का समूह, गुण और कर्मों के आधार पर विभागपूर्वक मेरे द्वारा रचा गया है।"[78]।

sāpata tāṛat paruiṣa kahaṁtā, bipra pūjya asa gāvahi saṁtā.
pūja bipra sila guna hīnā, sūdra na guna gana gyāna prabīnā.
(3.33.1)

"A Brahmana, even though he may curse you, beat you or speak harsh words to you, is still worthy of adoration: so declare the saints. A Brāhmana must be adored, though he may be lacking in amiability and virtue, not so a Śūdra, though possessing a host of virtues and rich in knowledge." (3.33.1)

Clarification – Lord śīva tells Umā that those people are unfortunate who are rapt in mundane enjoyments abandoning the devotion of śrī Hari. Furhter He tells that śrī Rāma kills the demon named Kabaṅdha in the forest who was cursed by Durvāsā muni, now is redeemed by śrī Rāma.

In the above chaupāī, the word "Sūdra is very controversial and most considerable. The epic poet, being a great erudite was properly known to its appropriate meaning, but some uncognizant readers take the contrary and negative meaning of the word śūdra. Tulsīdas ji was not only the devotee of śrī Rāma but also was the devotee of Lord Krishna, as he has also composed 'Kriśna Gītāvati and Gītāvali. The appropriate meaning of the word 'śūdra' is those, who are vile and sordid, not by birth but by their behaviour, actions and qualities, even though they may be dexterous in qualities and jñāna are called śūdra. Any body of any caste may be śudra by one's evile Karmas, actions and qualities not by birth as Lord Krishna says in Gītā. Four as varṇas are organized by Me on the basis of qualities and Karmas not by birth.[79]

78. चातुर्वण्यं मया सृष्टं गुणकर्मविभागश:
तस्य कर्त्तारमपि मां विद्धयकर्त्तारमव्यम्।।

– श्रीमद्‌भगवद्‌गीता- 4/13

79. Chātirvarṇyamū mayā sṛṣtaṁ guṇakarma vishāyśaḥ.
Tasya kartāramapi māṁ viddyakartāramaryayaṁ.

– Śrimadbhagvadgśītā - 4/13

जनहि मोर बल निज बल ताही। दुहु कहँ काम क्रोध रिपु आही।
यह बिचारि पंडित मोहि भजहीं। पाएहुँ ग्यान भगति नहिं तजहीं।।
(3.42.5)

"मेरे सेवक को केवल मेरा ही भरोसा रहता है और ज्ञानी को अपना बल होता है। पर काम-क्रोधरूपी शत्रु तो दोनों के लिए हैं। [भक्त के शत्रुओं को मारने की जिम्मेदारी मुझ पर रहती है, क्योंकि वह मेरे परायण होकर मेरा ही बल मानता है; परंतु अपने बल को मानने वाले ज्ञानी के शत्रुओं का नाश करने की जिम्मेवारी मुझ पर नहीं है।] ऐसा विचारकर बुद्धिमान लोग मुझको ही भजते हैं। वे ज्ञानी हो जाने पर भी भक्ति को नहीं छोड़ते।" (3.42.5)

स्पष्टीकरण-शबरी के प्रति नवधा भक्ति के उपदेश तथा उसकी मुक्ति होने के पश्चात् श्रीराम और लक्ष्मण सबरी द्वारा, निर्देशित सुग्रीव की मित्रता हेतु पम्पा नामक सरोवर आते हैं। उसमें स्नान करने के पश्चात् एक वृक्ष की छाया में बैठ जाते हैं।

जहाँ पर नारद जी अपनी वीणा के साथ उनके पास आकर उन्हें साष्टाङ्ग प्रणाम करते हैं। श्रीरामजी उन्हें अपनी छाती से लगा लेते हैं- "मैं जब विवाह करना चाहता था तो आपने मुझे अपनी इच्छा को पूर्ण क्यों नहीं होने दिया?" भगवान् राम उत्तर देते हैं, "हे मुनिवर! मैं अपने भक्तों को उसी प्रकार प्रेम करता हूँ जितनी कि माँ अपने बच्चे की ध्यानपूर्वक देखभाल करती है, बच्चे को, बड़ा होने पर, उतना प्यार नहीं करती, जितना कि पहले करती थी, क्योंकि वह समझदार होने के कारण स्वयं स्वावलम्बी (स्वयं पर निर्भर) हो गया है। उसी प्रकार तुम मेरे प्रिय भक्त हो और इसीलिये मैंने आपको वासना के कुएँ में गिरने से बचाया।

उपर्युक्त चौपाई में श्रीराम ज्ञानी और भक्त के मध्य अन्तर को स्पष्ट करते हैं कि काम और क्रोध दोनों ही ज्ञानी और भक्त के लिये समान रूप से शत्रु हैं। ज्ञानी अपनी शक्ति से इन दोनों शक्तियों से मुक्ति पाने में समर्थ होता है, वह स्वयं पर निर्भर होता है, जबकि भक्त ज्ञान-शक्ति के बिना काम-क्रोध दोनों से मुक्त होने में समर्थ नहीं होता। वह आत्मनिर्भर न होकर मेरे ऊपर ही निर्भर है। भक्त एक बड़ा होकर भी मुझे कभी नहीं त्यागता, इसलिये मैं उसकी चिन्ता करता हूँ और मैं उन्हें काम-क्रोध दोनों से मुक्त होने में सहायता करता हूँ।

janahi mora bala nja bnala tāhi, duhu kahā kāma krodha ripu āhī.
yaha bicālri paṇḍita mohi bhajahī, pāehū gyāna bhagati nahī tajahī.
(3.42-5)

"A devotee depends on Me, while the former, a wise man, is self-dependent, but both have to face enemies like lust and anger. Pondering thus, the prudent adore Me and never take leave of devotion even after attaining wisdom." (3.42.5)

Clarification – After the elucidation about the nine forms of devotion to śabarī and the salvation of śabarī, śrī Rāma reached the Pampūluke for the friendship of sugīva as pointed by sabarī. Afer taking bath in the Lake, they sat under the shade of a true, where Narda muni came with his lute and prostrates before them. Śrī Rāma clasp him to His basom. Nārada asks śrī Rāma, "I wanted to marry, why then did you not let me accomplish my desire"? śri Rama answers "O sage I always take care of my devotee as a mother tends her child, when her child has grown as an infant, she loves not as before because now he depends on himself, similarly, I redeemed you from falling into the well of lust."

In the above chaupāī, śrī Rāma differentiates between jñānī and the devotee Propensity (lust) and wrath are the same enemies for both jñānī and devotee. The jñānī has his own power to redeem himself from them. He depends on Me. My devotee being as a jñānī also never leaves (my devotion, so I help him to redeem from lust and wrath.

जे न भजहिं अस प्रभु भ्रम त्यागी। ग्यान रंक नर मंद अभागी।।
पुनि सादर बोले मुनि नारद। सुनहु राम बिग्यान बिसारद।।
(3.44.2)

"जो मनुष्य भ्रम को छोड़कर ऐसे प्रभु को नहीं भजते, वे ज्ञान के कंगाल, दुर्बुद्धि और अभागे हैं। फिर नारद मुनि आदर सहित बोले- हे विज्ञान विशारद श्रीराम जी! सुनिए।" (3.44.2)

स्पष्टीकरण-भगवान राम नारद मुनि को समझाते हुए वास्तविक ज्ञान प्रदान करते हुए कहते हैं कि वेद, पुराण एवं सन्तों के अनुसार युवा नारी माया रूपी हरे-भरे जंगल की वृद्धि के लिये हरे-भरे बसन्त के समान है। ईश्वर-ध्यान, पवित्रता एवं गुण रूपी सरोवर एवं झीलों के लिए ग्रीष्म ऋतु है। युवा स्त्री पाप-समूह रूपी उल्लुओं के लिये सुखद एवं अंधकार पूर्ण रात्रि है।

हे नारद मुनि! यही कारण है कि मैंने अपने इस प्रकार के इरादे से तुम्हें विवाह करने से रोका था। भगवान के इन उपकारक शब्दों को सुनकर नारद पुलकित होकर प्रभु के गुण-गान करने लगे।

उपर्युक्त चौपाई में नारद जी सांसारिक माया-मोह से मुक्ति हेतु ज्ञान पर अधिक बल देते हुए वे कहते हैं कि जो लोग सांसारिक भ्रम एवं माया-जाल को त्यागकर प्रभु का भजन नहीं करते, वे अत्यंत दुर्भाग्यपूर्ण है। महाकवि गोस्वामी तुलसीदास जी उपर्युक्त चौपाइयों में रूपक अलंकार का प्रयोग करते हैं।

Je na bhajahji as a prabhu bhrama tyāgī, gyāna ramka nara mamda abhāgī.
Puni sādara bole muni nārada, sunahu Rāma bigyāna bisārada.

(3.44.2)

"Men who do not worship such a lord, shaking off all delusion, are bankrupt of wisdom, dull witted and wretched." The sage Nārada again reverently spoke to the Lord, "Listen, O Rāma who are well-versed in sacred lore." (3.44.2)

Clarification – Śrī Rāma inculcates muni Nārada imparting the real jñāna that in accordance with vedas, purāṇas and saints, the woman is like a vernal and verdant spring season for the flourishment of the forest of delusion. Like a hot she dries up all the ponds and lakes of meditation, sanctity, and virtues. The young woman is a rapturous and darky night for the multitude of owls of sins, O Nārada, it is why perceiving such intention in My Heart, I prevented from marrying. Hearing these beneficent words, Nārada became titillated and extols His intense lovingness and affection.

In the above chaupāī, Nārada emphasizing on jñāna for the emancipation of mundane delusion, He says that those persons, who do not adore the Supreme God, renouncing the terrestrial fallacy are unfortunate. The epic poet has used the figure of speech 'Metaphor' in the previous chaupāīs.

4. किष्किन्धा काण्ड (Kiṣkindhā Kāṇḍa)

सोरठा-मुक्ति जन्म महि जानि ग्यान खानि अघ हानि कर।
जहँ बस संभु भवानि सो कासी सेइअ कस न॥ (4.1)

" जहाँ श्रीशंकर-पार्वती बसते हैं, उस काशी को मुक्ति की जन्मभूमि, ज्ञान की खान और पापों का नाश करने वाली जानकर उसका सेवन क्यों न कर लिया जाए?" (4.1)

स्पष्टीकरण-काशी जी अत्यन्त गंभीर एवं गूढ़ ज्ञानपूर्ण एवं प्रवीण साधु सन्तों की सुप्रसिद्ध पावन स्थली रही है। किष्किंधा कांड को आरंभ करने से पूर्व वे (महाकवि तुलसीदास जी) मङ्गलाचरण के रूप में, काशी जी को एक मुक्ति की जन्मस्थली, ज्ञान का भण्डार, तथा पापहारिणी मानकर, उसका गुणगान करते हैं।

mukti janma mahi jāni gyāna khāni agha hāni kara,
jahā basa saṁbhu bhavāni so kāsi sela kasa na (4.1).

"Why not reside in Kāsī (the modern Varanasi), the abode of Lord śiva and Goddess Pārvatī, knowing it to be the birthplace of Mukti (final beatitude), the mine of spiritual wisdom and the destroyer of sins? O stupid mind, how is it that you do not worship Him who quaffed the deadly venom (chumed out of the ocean of milk at the dawn of creation), the very presence of which becoming all the host of gods? Who else is so merciful as Lord Śankara." (4.1)

Clarification – Kāśī ji has been the highly renowned holy place of the most erudite sages and saints of the intense and abstruse jñāna, Before starting the Kiṣkindhā kāṇḍa, in the form of benediction, he extols śrī Kāśī ji as the birth place of salvation, the abode of jñāna (knowledge, and as an abductor or annihilator of sins.

उपजा ज्ञान बचन तब बोला। नाथ कृपाँ मन भयउ अलोला॥
सुख संपति परिवार बड़ाई। सब परिहरि करिहउँ सेवकाई॥8॥
(4.6.8)

"अब ज्ञान उत्पन्न हुआ तब वे ये बचन बोले कि हे नाथ! आपकी कृपा से अब मेरा मन स्थिर हो गया।" (4.6.8)

स्पष्टीकरण- गत चौपाइयों में राम के साथ मित्रता, एक ही बाण से बाली का बध करने का पक्का आश्वासन, क्षण भर में सात ताड़ के वृक्षों को

गिराना, राम जी द्वारा उपदेशित सच्चे मित्र के लक्षणों को आत्मसात करना, श्रीराम जी की अतुल्य शक्ति एवं पराक्रम का बोध करना आदि के पश्चात् सुग्रीव आह्लाद से भावातिरेकित हो जाता है और भगवान राम से कुछ कहने को प्रेरित होता है।

उपर्युक्त चौपाई में सुग्रीव अपने मन और मस्तिष्क को एक वास्तविक तथा अनुप्राणित करने वाले ज्ञान से प्रेरित होकर भगवान राम जी से कहता है – "हे मेरे स्वामी, आपकी कृपा से मेरा मन अब स्थिर तथा अविचल हो गया है। मैं अपने सभी व्यक्तिगत स्वार्थों, मान तथा सभी चीजों को त्यागकर सतत रूप से निष्ठा पूर्वक सेवा करूँगा।

Upajā gyāna bacana taba bolā, nātha kṛpā mana bhayau alolā.
sukha saṁpati parīvāra baḍaī saba parihari karihaū sevakā.
(4.6.8)

"When the light of wisdom dawned on him, he said, "My mind, O Lord has been set at rest by your grace. Renouncing pleasure, prosperity, home, persona glory and all, I will render service to you." (4.6.8)

In the previous chaupāīs after the true friendship with Rāma His staunch assurance to kill Bāli through a single shaft, striking down the seven palm trees in a moment and embibing attributes and characteristics precepted by śrī Rāma, perceiving His unfathomed strength and valour, Sugrīva became overwhelmed with exultance.

In the above chaupāī, the real and animative jñāna illuminated mind and heart of Surīgrva and was impelled to say to śrī Rāma esteemly – O' my Lord, now, my mind has become stable and immutable because of your kind compassion and renouncing my all personal interest, honour and all things I will save you incessant and devoutly.

तारा बिकल देखि रघुराया। दीन्ह ग्यान हरि लीन्ही माया।।
छिति जल पावक गगन समीरा। पंच रचित अति अधम सरीरा।।
(4.10.2)

"तारा को व्याकुल देखकर श्रीरघुनाथजी ने उसे ज्ञान दिया और उसके अज्ञान को हर लिया। [उन्होंने कहा-] पृथ्वी, जल, अग्नि, आकाश और वायु- इन पांच तत्वों से यह अत्यंत अधम शरीर बनाया गया है।" (4.10.2)

स्पष्टीकरण- गत चौपाई में, भगवान श्रीराम की भक्ति को प्राप्त कर अपने ही समान पराक्रमी पुत्र अंगद को श्रीराम को सौंपकर, बाली, श्रीराम जी के परमधाम को सिधार गया। बाली की पत्नी विचलित दशा में रोती हुई प्रजा के साथ वहाँ पहुँची।

उपर्युक्त चौपाई में, श्रीराम जी ने तारा को अत्यंत शोक-संतप्त देखकर, अपने दैविक ज्ञान के द्वारा उसके शोक एसं संताप को हर लिया। और उसे सान्त्वना देते हुए तथा ज्ञान का उपदेश देते हुए कहा कि, उसे मृत पति के लिये नहीं रोना चाहिए क्योंकि यह अधम तथा नश्वर शरीर पंच तत्वों से निर्मित है।

Tāra bikal dehri raghurāyā dīnhā gyāna hari līnhī māyā.
chiti jal pāvaka gaagana samīrā, paṅcha rachit ati adhama sarīrā
(4.10.2)

"When Śrī Raghunātha saw her distress, He imparted to her wisdom and dispelled her delusion, "Made of the five elements, viz, earth, water, fire, ether and air, this body is extremely vile. " (4.10.2)

Clarification – In the previous chaupāīs, being bestowed with the boon of His devotion, consigning his son named Aṅgad, the valorous like his father, to Śrī Rāma, Bāli left for the abode of śrī Rāma. Bāli's wife Tārā reached there lamenting in dismayed condition with vassals.

In the above chaupāī, when śrī Rāma saw Tārā severely afflicted and anguished, He abducted her all delusion and woe by His divine jñāna, and solacing her, He imparted jñāna that she must not lament and repent for her demised husband as this vile body is mortal and perishable, constituted with five elements.

प्रगट सो तनु तब आगे सोवा। जीव नित्य केहि लगि तुम्ह रोवा।
उपजा ग्यान चरन तब लागी। लीन्हेसि परम भगति बर मागी।।
(4.10.3)

"वह शरीर तो प्रत्यक्ष तुम्हारे सामने सोया पड़ा है, और जीव नित्य है। फिर तुम किसके लिए रो रही हो? जब ज्ञान उत्पन्न हो गया, तब वह भगवान के चरणों पर गिर पड़ी और उसने भक्ति का वर मांग लिया।" (4.10.3)

स्पष्टीकरण-उपर्युक्त चौपाई में बाली-वध के पश्चात् यह समझाया गया है कि एक माया से भ्रमित व्यक्ति वास्तविक ज्ञान से प्रकाशित होकर ही उस प्रकाशमान परमात्मा से परिचित हो सकता है, इसलिये श्रीराम तारा

को जब ज्ञान प्रदान करते हैं तो तारा ज्ञान द्वारा सचेत होकर भगवान् राम के चरण-कमलों से लिपट जाती है।

pragata so tanu taba āge sovā jīva nitya tehi lagi tumha sevā
Upajā, gyāna charana taba lāgī linhesi parama bhagati bara māgī.
(4.10.3)

"The light of wisdom dawned on her and now she embraced His feet and asked of Him the boon of Supreme Devotion." (4.10.3)

Clarification – In the above chaupāi, it is apprehended that a deluded person can perceive the resplendent supreme god, after having been illuminated by real jñāna, so Śri Rāma bestowed Tāra with the real jñāna and she clasps His lotus feet with her hands.

बिबिध जंतु संकुल महि भ्राजा। प्रजा बाढ़ जिमि पाइ सुराजा॥
जहँ तहँ रहे पथिक थकि नाना। जिमि इंद्रिय गन उपजें ग्याना॥
(4.10.6)

"पृथ्वी अनेक तरह के जीवों से भरी हुई उसी तरह सुशोभित है, जैसे अच्छे राजा को पाकर प्रजा की वृद्धि होती है। जहाँ-तहाँ अनेक पथिक थककर ठहरे हुए हैं, जैसे ज्ञान उत्पन्न होने पर इंद्रियाँ शिथिल होकर विषयों की ओर जाना छोड़ देती हैं।" (4-10-6)

स्पष्टीकरण-भगवान राम की आज्ञा से सुग्रीव को राजा तथा अंगद को राजकुमार के रूप में लक्ष्मण जी द्वारा अभिषिक्त किये जाने के पश्चात् प्रवर्षण पर्वत पर एक स्फटिक शिला पर बैठकर, श्रीराम जी, लक्ष्मण को वर्षा ऋतु में, हरी-भरी पृथ्वी के अत्यन्त मनोहर एवं आकर्षक दृश्यों के माध्यम से आलंकारिक उदाहरणों सहित विविध एवं गोपनीय ज्ञान का प्रकाशन करते हैं।

उपर्युक्त चौपाई में भी भगवान राम अत्यन्त प्रकाशमान एवं परम गूढ़ ज्ञान को वर्णित करते हुए अलंकृत भाषा में कहते हैं कि जिस प्रकार वर्षाती जमीन पर एक यात्री चलते-चलते थकावट का अनुभव एवं बोध कर के शिथिल हो जाता है, उसी प्रकार, वास्तविक ज्ञान को अनुभव करने के पश्चात् इन्द्रियाँ भी सांसारिक भोगों के प्रति विमुख होकर शिथिल हो जाती हैं।

Bibidha jantu saṅkula mahi bhrajā pryjā badha jimi pai surājā
jahī tahā rahe pathika thaki nānā jimi indriya gana upajē gyāna
(4.10.6)

"The earth looks charming with the swarms of various living creatures even as the population grows under a good government.

Many a weary traveller has stopped here and there just as with the dawning of wisdom the senses become still." (4.10.6)

Clarification – After crowning Sugriva as a king and installing Aṅgada as a crown prince by a Lakṣmana, with the connivance of śrī Rāma, seated on the glistening rock of crystal on the Pravarṣaṇa Mountain, śrī Rāma reveals very estoric and multi-jñāna to Lakṣmana, through very elegant, charming scene of vernal and verdant nature in the rainy season through many figurative examples.

In the above chaupāi also, śrī Rāma explicates the importance of illumination and manifestation of mystic jñāna that just as a traveller, on the rainy earth, becomes laxit after perceiving the fatigue, similarly, after perceiving the real jñāna, all sense organs become laxit to enjoy the mundane enjoyments.

कबहुँ दिवस महँ निबिड़ तम कबहुँक प्रगट पतंग।
बिनसई उपजइ ग्यान जिमि पाइ कुसंग सुसंग।। (4.15ख)

"कभी बादलों के कारण दिन में घोर अंधकार छा जाता है और कभी सूर्य प्रकट हो जाता है, जैसे बुरा संग पाकर ज्ञान नष्ट हो जाता है और सत्संग पाकर उत्पन्न हो जाता है।" (4-15ख)

स्पष्टीकरण–भगवान् राम आगे ज्ञान के महत्त्व को गुणगान करते हुए कहते हैं कि ज्ञान और अज्ञान क्रमशः सुसंगति एवं कुसंगति के द्वारा प्राप्त होते हैं। ज्ञान के बिना लोग अज्ञानान्धकार के वशीभूत हो जाते हैं और ज्ञान के द्वारा वे आनन्दमय एवं प्रकाशमान हो जाते हैं।

Kabahū divasa mahā nibira tqama kabnahūka pragata pataṁga.
binassaī upajai gyāna jimi pāi kusaṁga susaṁga
(4.15b)

"Now it becomes pitch dark (due to clouds) even during the day, while at other times the sun would shine brightly, just as the light of wisdom is obscured in the company of the vile and manifests itself in the company of the good." (4.15b)

Clarification – In the above chaupāī also, śrī Rāma further extols the importance of jñāna that jñāna and ignorance are attained respectively by the limpid meeting of the society and evil meeting of the society. Without real jñāna people are subdued by the darkness of ignorance and are rapturous and enlightened by only real jñāna.

सुनि सुग्रीवँ परम भय माना। विषयँ मोर हरि लीन्हेउ ग्याना।
अब मारुतसुत दूत समूहा। पठवहु जहँ तहँ बानर जूहा।।
(4.18.2)

"हनुमानजी के वचन सुनकर सुग्रीव बहुत डर गया। [और कहा-] विषयों ने मेरे ज्ञान को हर लिया। अब हे! पवनसुत। जहाँ-जहाँ वानरों के यूथ रहते हैं, वहाँ दूतों के समूहों को भेजो।" (4.18.2)

स्पष्टीकरण-भगवान राम वर्षा ऋतु की समाप्ति तथा शरद ऋतु के आरंभ होने तक भी सीता की खोज न होने से चिंतित होकर लक्ष्मण को नम्रता पूर्वक सुग्रीव को बुलाने की सलाह देते हैं। दूसरी तरफ हनुमान जी सुग्रीव के चरणों में नतमस्तक होकर श्रीराम जी के लिये सीताजी की खोज करने की प्रतिज्ञा के प्रति धर्म, नीति, सहित सचेत करते हैं।

उपर्युक्त चौपाई भी यही बात स्पष्ट करती है कि अपरिमित सांसारिक भोगों के कारण ही मनुष्य वास्तविक ज्ञान से वंचित हो जाता है और राजा सुग्रीव की तरह पवित्र और कल्याणकारी कार्यों को विस्मृत कर बैठता है।

Suni sugrva parama bhaya mānā, visaya mora, harī linheu jñāna.
Aba māeutasuta dūta samūhā paṭhavahu jahā tahā bānara jūhā.
(4.18.2)

"Surgrīva felt much alarmed to hear the words of Hanumān. "Sensuality has robbed me of my senses. Now O son of the wind god, troops of monkeys are scattered here and there; send batches of messengers to them." (3.18.2)

Clarification – Śrī Rāma becomes worried about sītā who has not been still explored while the rains are over the autumns has set in and advised Laxmana to summon Sugriva modestly. On the other hand, bowing his head at the feet of Sugrīva, Hanumāna ji circumspects Sugrīva through four more policies about his promise to explore sītā ji, for Lord śrī Rāma.

The above chaupāī reveals that because of the immense hedonistic and terrestrial enjoyments the real jñāna of man is subjugated and becomes oblivious of vestal and beneficial actions like Sugrīva.

5. सुन्दर काण्ड (Sunder Kāṇḍa)

ममता रत सन ग्यान कहानी। अति लोभी सन बिरति बखानी॥
क्रोधिहि सम कामिहि हरिकथा। ऊसर बीज बएँ फल जथा॥
(5.57.2)

समुद्र द्वारा मार्ग न देने पर श्रीराम का क्रोध

"ममता में फंसे हुए मनुष्य से ज्ञान की कथा, अत्यंत लोभी व्यक्ति से वैराग्य का वर्णन, क्रोधी से शांति की बात और कामी से भगवान की कथा, इनका वैसा ही फल होता है, जैसा ऊसर में बीज बोने से होता है, अर्थात् यह सब व्यर्थ होता है।" (5.57.2)

स्पष्टीकरण–लंका पहुँचने के लिये श्रीराम समुद्र से मार्ग देने की याचना करते हैं, तीन दिन व्यतीत होने के पश्चात् भी मूढ़ समुद्र श्रीराम की प्रार्थना को अनसुनी कर देता है, तब क्रोधित होकर श्रीराम सदाचारी लोगों को अनेक प्रकार से अनेक उदाहरणों द्वारा ज्ञान प्रदान करते हैं।

उपर्युक्त चौपाई भी अपने पवित्र एवं कल्याणकारी उद्देश्यों एवं कार्यों को बलपूर्वक पूर्ण करने के लिए प्रतिकूल तथा नकारात्मक शक्तियों को अपने वश में करने के लिए वास्तविक ज्ञान व्यक्त करती है। जैसे– सांसारिक भोगों में लिप्त मनुष्य को ज्ञान प्रदान करना, अत्यन्त कृपण व्यक्ति को वैराग्य, क्रोधी को शान्ति, कामवासना प्रिय कामी को परमात्मा के उपदेश देना आदि उसी प्रकार निष्फल है, जिस प्रकार बीजों को ऊसर भूमि में बोना। यहाँ आलंकारिक भाषा का प्रयोग किया गया है।

Mamatā rata sana gyāna kahānī ati lobhī sana birati bakhānī.
Krodhihi sama kāmihi hari kāthā, ūsara bīja boī phala jathā.
(5.57.2)

"Talking wisdom to one steeped in worldliness, glorifying dispassion before a man of excessive greed, a lecture on mind control to an irascible man and a discourse on the exploits of Śrī Hari to a libidinous person are as futile as sowing seeds in a barren land." (5.57.2)

Clarification- Śrī Rāma craves the sea to give the way to reach Laṅkā being clapsed three days the obtuse sea evades the prayer of Śri Rāma then being ragious. He instructs the complaisant people through jñāna in many ways through many examples.

The above chaupāī also emits the real jñāna to us to subjugate the rival and negative powers to accomplish our vestal and beneficial aims to provide jñāna to trapped man in hedonistic enjoyments reclusion to rapacious, in tequility to ragious, and precepts of God to libidinous man, are as fruitless as to sow the seeds in the barren land. The rhetorical language is used here.

मुनि एक नाम चन्द्रमा ओही। लागी दया देखि करिमोही।
बहुत प्रकार तेहिं ज्ञान सुनावा। देह जनित अभिमान छड़ावा।।
(4.27.3)

"वहाँ चन्द्रमा नामक एक मुनि थे। मुझे देखकर उन्हें बहुत दया आई। उन्होंने बहुत प्रकार से मुझे ज्ञान सुनाया और मेरे देह जनित (देह सम्बन्धी) अभिमान को छुड़ा दिया।" (4.17.3)

स्पष्टीकरण-सीता जी की खोज में हनुमान आदि योद्धाओं के समूह को समुद्र के किनारे बैठा देखकर सम्पाती अपनी युवावस्था की एक कहानी को सुनाता हुआ कहता है कि मैं और मेरा भाई जटायु सूर्य के प्रभाव-मंडल तक पहुँचने हेतु आकाश में उड़े, किन्तु सूर्य के तेज को सहन न करने के कारण जटायु वापस आ गया किन्तु मैं अपनी विपुल शारीरिक शक्ति के अभिमान के कारण उड़ता रहा और सूर्य के अमित तेज से मेरे पंख जल गए और जमीन पर गिर पड़ा और चन्द्रमा नामक साधु ने मुझे अनुप्राणित किया।

उपर्युक्त चौपाई भी हमको यही शिक्षा देती है कि हमें अपनी शारीरिक शक्तियों एवं मनोभावों के प्रति ही अभिमानी एवं विश्वस्त नहीं होना चाहिए अन्यथा वे हमारे उस आध्यात्मिक ज्ञान को नष्ट कर देते है, जो सभी

आध्यात्मिक शक्तियों तथा प्रभु की पहिचान कराने का स्रोत है, जैसे कि चन्द्रमा नामक ऋषि ने सम्पाती के शारीरिक एवं अज्ञान को ज्ञान के द्वारा विदीर्ण किया था।

Muni eka nāma chaṁdrama ohī, lāgī dayā dekhi kari mohī.
Bahuta prakāra tihī gyāna sunāvā, dehi janit, abhimān chaḍāvā.
(4.27.3)

"A sage, Chaṁdramā by name, who lived there, was moved with compassion when he saw me. He taught spiritual wisdom in many ways and rid me of my ignorance of identification with the body." (2.27.3)

Clarification – When all the host of monkeys, Hanumāna and other warriors were seated on the seashore in search of sītā ji, Saṁpātī narrates his story that in the prime of youth-both brothers soared in the heavens to approach the orbit of the sun. Jatayu could not bear the heat of the sun and came back, but because of my pride and arrogance of immense strength, I soared on and my wings were ignited by the immense heat of the sun and fell down on the earth. A sage named Chaṁdramā animated him.

The above chaupāī instructs us that we must not be proud and faithful towards our only physical powers and mental dispositions otherwise they eradicate our that spiritual jñāna (knowledge) which is the source of true, limpid mirth, spiritual powers and the recognition of the supreme God, as the hermit named chandramā redeemed saṁpati's physical pride and ignorance through providing jñāna.

6. लंका काण्ड (Laṅka Kāṇḍa)

रामं कामारिसेव्यं भवभयहरणं कालमत्तेसिंहं
योगीन्द्रं ज्ञानगम्यं गुणनिधिमजितं निर्गुणं निर्विकारकम्
मायातीतं सुरेशं खलवधनिरतं ब्रह्मवृन्दैकदेवं
वन्दे कन्दावदातं सरसिजनयनं देवमुर्वीशरूपम्।। (6.1)

"कामदेव के शत्रु शिवजी के सेव्य, भव (जन्म-मृत्यु) के भय को हरने वाले, कालरूपी मतवाले हाथी के लिए सिंह के समान, योगियों के स्वामी, (योगेश्वर), ज्ञान के द्वारा जानने योग्य, गुणों के निधि, अजेय, निर्गुण, निर्विकार, माया से परे, देवताओं के स्वामी, दुष्टों के वध में तत्पर, ब्राह्मण वृन्द के एक मात्र देवता (रक्षक), जल वाले मेघ के समान सुन्दर श्याम,

कमल के-से नेत्रवाले, पृथ्वीपति (राजा) के रूप में परमदेव श्रीराम जी की मैं वन्दना करता हूँ।" (6.1)

स्पष्टीकरण-उपर्युक्त चौपाई में मङ्गलाचरण के रूप में महाकवि तुलसीदास जी, अनुपम पराक्रम, तेज, गूढ़ज्ञान, अपराजेयता, निर्गुण, दोषहीनता, माया से अतीत, देवताओं के स्वामी आदि अपरिमित तथा अकथनीय गुणों के निधान परमात्मा के गुणों का अलंकृत एवं मनोहर भाषा में गुणगान एवं अर्चना करने के द्वारा हमें विपुल ज्ञान प्रदान करते हैं।

Rāmaṁ kāmārisevyaṁ bhavabhayaharaṇaṁ kālamattebhasiṁhaṁ
yogīndraṁ jñānagamyaṁ guṇanidhimajitaṁ nirguṇaṁ nirvikāraṁ,
māyātītaṁ sureśaṁ khalavdhaniratam brahmavṛndaikadevaṁ
vande kandāvadātaṁ sarasijanayanaṁ devamurvīśarūpam
(6.1)

"I adore Śrī Rāma, the supreme Deity, the object of worship even of Śiva (the destroyer of Cupid), the Dispeller of the fear of rebirth, the lion to quell the mad elephant in the form of Death, the Master of Yogis, attainable through knowledge, the repository of good qualities, unconquerable, attributeless, immutable, beyond the realm of Māyā the Lord of celestial, intent on killing the evil-doers, the only protector of Brāhmanas, heartiful and dark complexioned as a cloud laden with moisture, who has lotus-like eyes and Supreme Brahma, who appeared in the form of an earthly king." (6.1)

Clarification – In the above chaupāī, in the form of benediction, the epic poet Goswāmi Tulsidassaji, adores, providing us the immense jūāna about the Supreme God as the fathomless repository of matchless virtues of valour, vigour, obscure jnana, invincibility, formless and beyond illusion Lord of Gods etc. The epic poet adores and eulogizes Śrī Rāma through many adjectives and rhetorical language.

दोहा- तेहि रावन कहँ लघु कहसि नर कर करसि बखान।
रे कपि बर्बर खर्ब खल अब जाना तव ग्यान।। (6.25)

रावण-अंगद-संवाद

"उस रावण को तू छोटा कहता है और मनुष्य की बड़ाई करता है? अरे दुष्ट, असभ्य, तुच्छ बंदर! मैंने तेरे को समझ लिया।" (6.25)

स्पष्टीकरण-रावण और अंगद का गत संवाद यही प्रगट करता है कि अहंकार प्रत्येक प्राणी के लिये विनाशक होता है। शिव-मूर्ति की उपासना के पश्चात् श्रीराम जी वानर-सेना की सहायता विशेष रूप से नल और नील के द्वारा निर्मित प्रस्तर-पुल को पार करके, अंगद को अपने दूत के रूप में मित्रता हेतु रावण के पास भेजते हैं। वहाँ अंगद, रावण को सीता जी को लौटाने तथा प्रभु राम द्वारा उसके अपराधों को क्षमा किये जाने की सलाह देते हैं तो क्रोध पूर्वक अंगद को धमकाते हुए रावण अपने पराक्रम की शेखी मारते हुए कहते हैं, "मैं वही रावण हूँ, जिसकी भुजाओं के बल को कैलाश पर्वत जानता है, जिसके पराक्रम से स्वयं शिवजी परिचित हैं, जिनकी पूजा के लिये अपने कमल रूपी शीशों को स्वयं अपने हाथों से अर्पित किया। सभी दिशाओं के दिग्पाल मेरी भुजाओं के बल से परिचित हैं।

उपर्युक्त चौपाई से हमें यह ज्ञात होता है कि मनुष्य का अहंकार और कामवासना उसके ज्ञान को दिन-प्रतिदिन नष्ट करते जाते हैं और अन्ततः वह अपनी कीर्ति एवं प्रसिद्धि से वंचित हो जाता है- जैसा कि महाभारत में भी कहा जाता है- "अभिमान से महान् यश नष्ट हो जाता है।"[80]

Tehi rāvana kahā laghu kahjasi nara kara karasi bakhāna.
re kapi Barbara kharba kahala aba jānā tava gyāna.(6.25)

80. "हन्तिमानो महत यशः"

–महाभारत, अनुशासन पर्व, 69/19

"You belittle that Rāvana and extol a mortal man? Vile monkey, O puny wretch, I have now fathomed your wisdom." (625)

Clarification– The previous dialogue between Rāvana and Aṅgada reveals that arrogance is always pernicious for real Jñāna of every living being after adoring the Śiva's emblem, Śri Rāma, crossed over the stone-bridge specially built by Nala and Nila with the help of monkey-troops and sends Aṅgada as His envoy to Rāvaṇa for friendship. Aṅgada friendly advises him to return sita ji esteemly and śrī Rāma will forgive his all offences. Scolding him ragiously, Rāvana begins to brag his prowess "I am the same Rāvaṇa whose arms are acquainted with mount Kailash, whose valour is known to śiva Himself, for whose worship, I offer my lotus like heads with my own hands and valour of my arms are well known to the escorters of eight quarters.

The above chaupāi also emits that arrogance and libido of a man begin to eradicate his jñāna day by day and in the long run, he becomes devoid of celebrity and fame as it is also said in Mahābharata "Pride destroys even great fame."[81]

पुनि कृपाल हँसि चाप चढ़ावा। पावक सायक सपदि चलावा।।
भयउ प्रकास कतहुँ तम नाहीं। ग्यान उदयँ जिमि संसय जाहीं।।

(6.46.2)

"फिर कृपालु श्रीरामजी ने हँसकर धनुष चढ़ाया और तुरंत ही अग्निबाण चलाया, जिससे प्रकाश हो गया।।, कहीं अँधेरा नहीं रह गया। जैसे ज्ञान के उदय होने पर (सब प्रकार के) सन्देह दूर हो जाते हैं।" (6.46.2)

स्पष्टीकरण–गत चौपाइयों में मंदोदरी भगवान् राम की पिछली दैविक लीलाओं का स्मरण करने का ज्ञान रावण को प्रदान करती हैं किन्तु वह अपनी शक्तियों के प्रति अहंकारी और हठी ही रहता है। अंगद भी भगवान् राम की उदारता, कृपा, धैर्य, क्षमाशीलता तथा पराक्रम से परिचित कराने हेतु रावण के मन-मस्तिष्क में ज्ञान की किरणें प्रकाशित करने का प्रयास करता है। अंगद लंका से लौटकर भगवान राम जी को सब कुछ वर्णित करता है। भगवान राम की अनुमति से सुग्रीव लंका के किले पर वानर-सेना सहित आक्रमण करते हैं, जहाँ हनुमान जी द्वारा घायल तथा मूर्च्छित हुए मेघनाद को उसका सारथि दूर ले जाता है। सूर्यास्त के समय जब बानर सेना वापस लौटती है तो

81. "Haṅti māno mahad yaśah" - Mahabhārata, Anuśasana Parva – 69/19

अकम्पन और अतिकाय अपने जादू तथा तंत्रमंत्र द्वारा सर्वत्र अंधकार प्रसारित कर देते हैं और बरसते हुए पत्थर, खून तथा राख वानर-सेना का वध करते हैं।

उपर्युक्त चौपाई भी द्विअर्थक (श्लेषात्मक) ज्ञान का प्रकाशन करती है, जिस प्रकार सन्देह ज्ञान के द्वारा नष्ट हो जाता है, उसी प्रकार भगवान राम द्वारा आकाश में छोड़ा गया अग्निबाण भी सम्पूर्ण अंधकार को विनष्ट कर देता है। प्रथमतः 'ज्ञान' शब्द का अर्थ है- वास्तविक ज्ञान जो भक्तों को भगवान् की दैविक शक्तियों का ज्ञान कराता है, दूसरा अर्थ है, वह ज्ञान जो अज्ञान और माया के अंधकार को विदीर्ण करता है। जैसे कि 'विवेक-साहस्री' नामक ग्रन्थ में कहा गया है- "ज्ञान से ही समस्त दु:खों की शान्ति और (जन्म-मरण) बन्धन का विनाश होता है।"[82]

Puni kṛpāla hāsi cāpa caṛhāvā, pāvaka sāyaka sapadi calāvā.
bhayau prakāsa katahū tama nāhī gyāna udayā jimi saṁsaya jāhī.
(6.46.2)

"The All merciful then drew His bow with a smile and forthwith let fly a fiery dart. Lo! there was light all around and no trace of darkness was left anywhere, even as doubts disappear with the dawn of spiritual enlightenment." (4.46.2)

Clarification – In the previous chaupāī, Mandodari provides jñānas to Rāvana to incur the previous divine paseants performed by śrī Rāma, but he remains obstinate and proudy of his powers.

Aṅgada also tries to blaze the rays of jñāna in the heart and mind of Rāvaṇa to be acquainted with the bountry, compassion, fortitude, forgiveness and odour of śrī Rāma and he returns to Rāma and tells all the story.

With connivance of śrī Rāma, śugrīva attack with his monkey army the fort of Lanka and beset with monkeys, where a chariot driver carries away Meghanāda, the wounded and fainted by Hanumāna. The two valiant demons named Akaṁpana and Atikāya, spread the darkness everywhere with their conjuration and hallucination and showering blood, shes and stones begin to kill the monkey- troop.

The above chaupāī also reveals the importance of jñāna which is equivocal in meaning śrī Rāma shots a firy shaft in the ether which dispels all the darkness as all the scepticism is dispelled by jñāna.

---

82. ज्ञानादेव समस्तदु:खशमनं,
बन्धस्य नाशस्तथा। - विवेक साहस्री, पृ. 69

Firstly, the jñāna means the real jñāna which enables the devotees to realize the divine powers of the Supreme God and other meaning is to enable the people to dispel the darkness of ignorance and delusion as it is said in 'Viveka Sāhasrī, - All sorrows disappear through the jñāna (knowledge) and also the bonds of birth are destroyed by it!"[83]

होत महा रन रावन रामहिं। जितिहहिं राम न संसय या महिं।।
इहाँ भएँ मैं देखउँ भाई। ग्यान दृष्टि बल मोहि अधिकाई।।
(6.46.3)

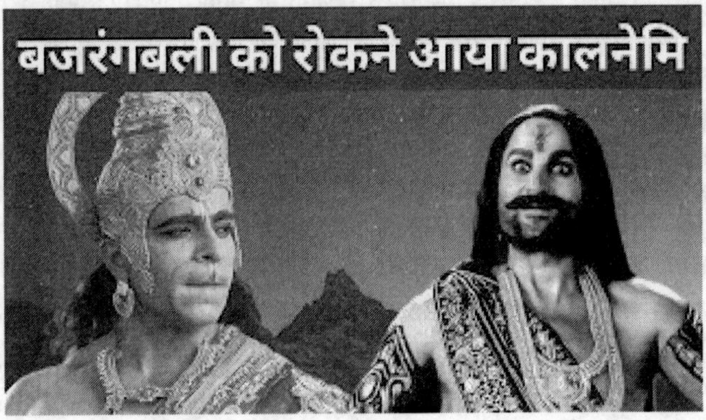

और बोला- "रावण और राम में घनघोर युद्ध हो रहा है। रामजी जीतेंगे, इसमें संदेह नहीं है। मैं यहाँ रहता हुआ ही यह सब देख रहा हूँ। मुझे ज्ञानदृष्टि प्राप्त है।" (4-46-3)

स्पष्टीकरण-रावण की आज्ञा एवं अनुमति लेकर कालनेमि नामक राक्षस अपनी माया से मायावी सरोवर एवं सुन्दर बाग युक्त साधु के वेश में आश्रम का निर्माण करता है, जहाँ हनुमान जी थकावट के कारण उस साधु से प्यास बुझाने हेतु जल माँगते हैं।

उपर्युक्त चौपाई में साधु हनुमान जी का वध करने तथा अपने मुख्य उद्देश्य की पूर्ति करने से रोकने के लिए हनुमान जी को षड्यन्त्रपूर्ण तथा छलयुक्त ज्ञान प्रदान करता है और श्री राम तथा रावण के मध्य होने वाले युद्ध के विषय में भविष्यवाणी करता है।

---

83. jñānādeva samosta dukha āamanaṁ
Baṁdhasya nāśastathā - Viveka sāhasri page 69.

Hota mahā rana rāvana rāmahī, jithahi rāma na saṁsaya yā mahi.
Ihā bhaē maī dekhaū bhāī, gyāna dṛṣti bala mohi adhikāī.
(6.46.3).

"A fierce war is raging between śrī Rāma and Rāvana, of which Rāma will undoubtedly emerge victorious. I behold everything, dear one, even from here; for my great strength lies in my intuition." (6.46.3)

Clarification – By the conmand and sufferance of Rāvaṇa, the Ogre named Kālanami inguise of a hermit begets an illusory beautiful and a large hermitage consisting of a beautiful pond and garden, where Hanumāna asks Hermit for water to quench His thirst because of His fatigue.

In the above chaupāī, the hermit (Kalāneami) provides wily jñāna full of conspiracy to kill Hanumāna and prevents from completing His Main aim and predicts about the war to be happened between śrī Rāma and Rāvaṇa.

मागा जल तेहिं दीन्ह कमंडल। कह कपि नहीं अघाउँ थोरें जल।
सर मज्जन करि आतुर आवहु। दिच्छा देउँ ग्यान जेहिं पावहु॥
(6.56.4)

"हनुमानजी ने उससे जल माँगा, तो उसने कमंडलु दे दिया। हनुमानजी ने कहा- थोड़े जल से मैं तृप्त नहीं होने वाला, तो वह बोला- तुम इस तालाब में स्नान करके तुरंत लौट आओ, तो मैं तुम्हें दीक्षा दूँगा, जिससे तुम ज्ञान प्राप्त कर सको।" (6.56.4)

स्पष्टीकरण-हनुमान जी की मृत्यु की पूर्व नियोजित योजनानुसार, मायावी साधु हनुमान जी को मायावी सरोवर में स्नान करने के पश्चात्, आध्यात्मिक एवं अत्यन्त गोपनीय ज्ञान की दीक्षा ग्रहण करने के लिये लालच देता है, ताकि सरोवर में राक्षसी मगरमच्छ के रूप में उसको निगलकर समाप्त कर दे।

Māgā jala tehī dinha kamaṇḍala, kaha kapi nahī aghāū thorē jala.
sara majjana kari atūra āvahu, dicchā deū gyāna jehī pāvahū.
(6.56.4)

"On his asking for water, the demon gave Hanumān his own water, pot; but the monkey chief said, "My thirst will not be quenched by a small quantity of water." "Then take a plunge in the lake and speedily come back. After that I will initiate you and you will have spiritual insight." (6.56.4)

Clarification – According to the pre-planning for the death of Hanumānaji, the hermit entices him to adopt the initiation of the spiritual and isoteric jñāna knowledge, after taking bath in the illusive pond so that the illusive female crocodile may devour Him.

कीन्हेहु प्रभु विरोध तेहि देवक। सिव बिरंचि सुर जाके सेवक।।
नारद मुनि मोहि ग्यान जो कहा। कहतेउँ तोहि समय निरबहा।।
(6.62.3)

"हे स्वामी! तुमने उस देवता का विरोध किया, शिव, ब्रह्मा आदि देवता भी जिसके सेवक हैं। नारद मुनि ने मुझसे कहा था, वह मैं तुझसे कहता, पर अब तो समय ही नहीं रहा।" (6.62.3)

सहातार्थ रावण का कुंभकरण के पास आना

स्पष्टीकरण–हनुमान जी के द्वारा लाई गई बूटी से लक्ष्मण के पुनर्जीवन का समाचार सुनकर रावण विचलित एवं निराश होकर अपने भाई कुंभकरण के पास गया, रावण से संक्षेप में बातें सुनकर उसने सलाह दी कि उसे सीता जी को लौटाकर भगवान राम की शरण में चले जाना चाहिए था, किन्तु अब बहुत देर हो गई। वह भगवान के अवतार रूप को भी बतलाता है।

उपर्युक्त चौपाई में कुम्भकरण, भाई रावण को श्रीरामजी के अलौकिक रूप एवं शक्तियों से परिचित कराता है, और नारद के द्वारा प्रदान किये ज्ञान का भी प्रकाशन करना चाहता है, किन्तु बतलाने के लिये समय शेष नहीं रहा।

Kinhehu prabhu birodha tehi devaka, siva biramci sura jāke sevaka.
Nārada muni mohi gyāna jo kahā kahateū tohi samaya nirabahā.
(6.62.3)

"You have courted war with the Divinity who has for His servants gods like Śiva and Brahmā (the Creator), I would have confided to you the knowledge which the sage Nārada had once imparted to me; but the time has now passed." (6.62.3)

Clarification – Hearing the news of survival of Lakṣmana by the herb brought by Hanumāna, being perplexed and desparate Rāvana called on his brother Kuṁbhakaraṇa. Hearing the brief story narrated by Rāvana, he advised that he might have gone abandoned Sitaji and gone in His refuge, but at present he had become very late. He reveals that Śrī Rāma is the real incarnation of the Supreme God.

In the above chaupāi Kuṁbhakaraṇa makes Rāvana acquainted him with śrī Rāma's supernatural form and powers and wants to reveal the jñāna which was already imparted to Him by Nārada, but it was not time more to be told.

राम बचन सुनि बिहँसा मोहि सिखावत ग्यान।
बयरु करत नहिं तब डरे, अब लागे प्रिय प्रान॥ (6.90)

"श्रीरामजी के वचन सुनकर रावण हँसा और बोला– मुझे ज्ञान सिखाते हो? उस समय बैर करते नहीं डरे, अब प्राण प्यारे लग रहे हैं।" (6.90)

स्पष्टीकरण–कुंभकरण एवं मेघनाथ की मृत्यु के पश्चात्, रावण प्रतिशोध की ज्वाला से प्रज्वलित होकर देवराज इन्द्र द्वारा प्रेषित दिव्य एवं अनुपम रथ में विराजमान श्रीराम के सम्मुख, रणक्षेत्र में अपने रथ को खड़ा करते हुए श्री राम को काल के हवाले करने का निश्चित रूप से विश्वास दिलाता है। भगवान राम, रावण को व्यर्थ में अपनी कीर्ति को शेखी मारने के द्वारा नष्ट न करने की सलाह देते हुए संसार में तीन प्रकार के लोगों के विषय में ज्ञान प्रदान करते हुए तीसरे प्रकार के व्यक्ति के विषय में बताते हुए कहते हैं कि वह करके दिखाता है, केवल गाता नहीं है। तब रावण, भगवान राम को उत्तर देता है।

उपर्युक्त चौपाई में भगवान राम द्वारा प्रदत्त ज्ञान के द्वारा रावण, प्रेरित होने के बजाय, श्री राम जी के सम्मुख व्यंग्यात्मक शब्दों के द्वारा उपहास करने लगता है।

Rāma bacana suni bihāsā mohi sikhāvata gyāna.
bayaru karata nahī taba ḍare aba lāge priya prāna.
(6.90)

"Rāvana heartily laughed when he heard Śrī Rāma's word. "Ah! You teach me, wisdom! You did not shrink from waging war against me then; now it seems you hold your life very dear." (6.90)

Clarifcation – After the death of Kuṁbhakaraṇa, and Meghanāda, ignited in the fire of revenge, Rāvaṇa places his chariot before śrī Rām's celestial and peerless chariot sent by Indra in the battle field. Rāvana assures śrī Rāma to consign Him to death in the battlefield certainly śrī Rāma imparts jñāna to him not to ruin his celebrity by bragging and advises to listen to three types of men in this world of which the third type of men who does but not proclaim it, then Rāvaṇa answers as follows –

In the above chaupāī, in spite of being impelled by śrī Rām's jñāna, he begins to jest in a very sarcastic words before śri Rāma.

जन रंजन भंजन सोक भयं। गतक्रोध सदा प्रभु बोधमयं।
अवतार उदार अपार गुनं। महि भार बिभंजन ग्यानघनं।।

(6.110.3)

"हे प्रभो! आप सेवकों को आनंद देने वाले, शोक और भय का नाश करने वाले, सदा क्रोधरहित तथा नित्य ज्ञानस्वरूप हैं। आपका अवतार अत्यंत अपार उदार गुणों वाला, पृथ्वी का भार उतारने वाला और ज्ञान की राशि है।" (6.110.3)

स्पष्टीकरण–ब्रह्मा जी भगवान राम के हाथों रावण की मुक्ति होने के पश्चात् ब्रह्मा जी असंख्य प्रकार के ज्ञान के भण्डार के रूप में श्रीराम जी के अनुपम गुणों का गान करते हैं।

उपर्युक्त चौपाई में भी अत्यन्त कृपालु, दयालु, सर्वपालनकर्त्ता, उदार, दानी, पृथ्वी के भार को हरने वाले भगवान राम के अलौकिक गुणों के विषय में देवताओं और सभी प्राणियों को व्यापक ज्ञान प्रदान करते हैं।

jana rañjana bhaṁjana soka bhayaṁ, gatakrodha sadā prabhu bodhamayaṁ.
avatāra udāra apāra gunaṁ, mahi bhāra bibhaṁjana gyānaghanaṁ.

(6.110.3)

"Delight of devotees, and dispeller of their grief and fear, You are ever passionless, and are all intelligence, mylord. Your descent on the mortal plane is beneficent and full of countless virtues: You come to relieve Earth's burdens and Your manifestations on earth are hordes of wisdom personified." (6.110.3)

Clarification – Being overwhelmed and rapturous because of the emanicipation of Rāvana by śrī Rāma, Brahmāji extols the virtues of śrī Rāma as the fathomless repository of innumerable branches of jñāna.

In the above chaupāi also Brahmāji imparts the pervasive jñāna to all gods and human beings by extolling the celestial virtues of śrī Rāma as compassionate, merciful, cherisher, bounty, munificent to all and the abductor of burden of the earth.

गुन ग्यान निधान अमान अजं। नित राम नमामि बिभुं बिरजं।।
भुजदंड प्रचंड प्रताप बलं। खल बृंद निकंद महा कुसलं।।

(6.110.5)

"हे गुण और ज्ञान के भंडार! हे अजन्मा, व्यापक समस्त विकारों से रहित श्रीराम! मैं आपको नमस्कार करता हूँ। आपके भुजदंडों का प्रताप और बल प्रचंड है। दुष्ट समूह के नाश करने में आप अत्यंत निपुण हैं।" (6.110.5)

स्पष्टीकरण-उपर्युक्त चौपाई में भी ब्रह्मा जी, भगवान राम के अनुपम, आनन्ददायक, असंख्य शक्तियों एवं अलौकिक गुण सम्बन्धी अत्यन्त व्यापक एवं हृदय स्पर्शी ज्ञान के प्रति सब देवताओं को परिचित कराते हैं।

Guna gyāna nidhāna amāna ajaṁ, nita rāma namāmi bibhuṁ birajaṁ
bhujadaṇḍa pracaṇḍa pratāpa balaṁ, kahal bṛṁda nikaṁda mahā kusalaṁ.

(6.110.5)

"Repository of virtue and wisdom and beyond all measure. You are devoid of ego." (6.110.5)

Clarification – In the above chaupāi also Brahmāji makes all the gods acquainted with a pervasive and poignant jñāna (Knowledge) about the matchless, blissful, innumerable powres and transcendent virtues of śrī Rāma.

रघुपति प्रथम प्रेम अनुमाना। चितइ पितहि दीन्हेउ दृढ़ ग्याना।।
ताते उमा मोच्छ नहिं पायो। दसरथ भेद भगति मन लायो।।

(6.111.3)

"श्रीरघुनाथ जी ने जीवित काल के प्रेम का स्मरण करके, पिता की ओर देखकर ही उन्हें अपने स्वरूप का ज्ञान करा दिया। हे उमा! दशरथ जी ने भेदभक्ति में अपना मन लगाया था, इसीलिए उन्हें मोक्ष नहीं मिला।" (6.111.3)

स्पष्टीकरण–जब ब्रह्मा जी रोमांचित तथा राम के प्रति असंतुष्ट नेत्रयुक्त होकर श्रीराम जी का गुणगान करते हैं तो उसी समय दशरथ जी अपने दैविक रूप में प्रकट होते हैं और श्रीराम तथा लक्ष्मण को सादर प्रणाम करते देखकर दशरथ जी अपनी कृपा की उन पर वर्षा करते हैं। श्रीराम जी नम्रतापूर्वक पिता जी को बतलाते हैं कि उनकी पवित्र धर्मज्ञता, कृपा एवं प्रेम के कारण ही अजेय रावण को पराजित किया, पुत्र के इन मधुर वचनों को सुनकर दशरथ जी आनन्दाविभूत हो गए।

उपर्युक्त चौपाई अत्यन्त गोपनीय ज्ञान को प्रकट करती हुई सभी को अवगत कराती है कि, पिता दशरथ जी के पवित्र वात्सल्य प्रेम का अनुभव करते हुए ही श्रीराम जी ने पिता जी को अविचल ज्ञान से युक्त कर दिया था, यही कारण है कि श्रीराम के प्रति अटल भक्ति और प्रेम के कारण उनकी मुक्ति नहीं हो पाई थी।

Raghupati prathama prema anumānā, citai pitahi dīnheu dṛha gyānā.
Tate umā mocha nahī pāyo, Dasaratha bheda bhagati mana lāyo.
(6.111.3)

"Śrī Raghunātha understood that His father bore the same affection for Him as he did before. He therefore, looked at His father and bestowed on him pure wisdom. Umā, continues Lord Śīva, Daśaratha did not attain final beatitude for the simple reason that he had set his heart on Devotion while maintaining his separate identity." (6.111.3)

Clarification – Being horripilated and uncomplacent eyes for Rāma, Bhramā ji extols śrī Rāma, in the meanwhile Daśaratha appears in his celestial form. Śrī Rāma and Lakṣmaṇa pay their obeisance to him reverently and father showers blessing over them. Śri Rāma tells modestly that he became able to win invincible Rāma only because of his piety and virtuous compassion and love. He became overwhelmed with excultation to hear his son's sonorous words.

The above chaupāī reveals a very esoteric jñāna to all that perceiving the vestal filial love of father, Rāma had bestowed father with immutable jñāna it is why Daśarath was not emancipated because of His exclusive devotion.

7. उत्तरकाण्ड (Uttarakāṇḍa)

जे ग्यान मान बिमत्त तव भव हरनि भक्ति न आदरी।
ते पाइ सुर दुर्लभ पदादपि परत हम देखत हरी॥
बिस्वास करि सब आस परिहरि दास तव जे होइ रहे।
जपि नाम तव बिनु श्रम तरहिं भव नाथ सो समरामहे॥

(7.12.3)

"जिन्होंने मिथ्या ज्ञान के अभिमान में विशेष रूप से मतवाले होकर जन्म-मृत्यु के भय को हरने वाली आपकी भक्ति का आदर नहीं किया, हे हरि! हम उन्हें देव-दुर्लभ पद से नीचे गिरता देखते हैं, परंतु जो सब आशाओं को छोड़कर आप पर विश्वास करके आपके दास होकर रहते हैं, वे केवल आपका नाम जपकर ही बिना परिश्रम भवसागर से तर जाते हैं। हे नाथ! इस प्रकार आपका हम स्मरण करते हैं।" (7.12.3)

स्पष्टीकरण–अयोध्या में भगवान राम की वंदना गुणगान करके देवों के अपने-अपने लोकों में चले जाने के पश्चात् भाटों (चारण) के वेश में चारों वेद वहाँ आए जिनका सम्मान श्रीराम जी ने आदपूर्वक किया (बिना भेद बताए) वेदों ने श्रीरामजी की वंदना करने के पश्चात् उन अवास्तविक ज्ञानियों को दुर्भाग्यशाली बताते हुए उन्हें कोसा और धिक्कारा जो अपने अहंकार युक्त अतात्विक ज्ञान के कारण भगवान की आनन्दप्रद एवं पावन भक्ति से रहित हैं।

Je gyāna māna bimatta tava bhava harani bhakti na ādarī,
te pāī sura durlabha padādapi parata hama dekhata harī.
bisvāsa kari saba āsa parihari dāsa tava je hoi rahe,
japi nāma tava binu śrama tarahi bhava nātha so samarāmahe.

(7.12.3)

"Intoxicated with the pride of knowledge, they who respect not devotion to You, which takes away the fear of transmigration, may climb up to a rank which even gods find it difficult to attain; yet, O Hari, we see them fall from it. On the other hand, they who have abandoned all other hopes and with unbounded faith choose to remain as Your servants, easily cross the ocean of transmigration by merely repeating Your name. It is for this reason, O Lord, that we particularly invoke You." (7.12.3)

Clarification – In Ayodhya, after imploring and extolling, all gods returned to their abodes, then four vedas in guise of eulogist arrived at three whom the Omniscient Rāma esteemed them reverently without eliciting the secret about them. They began to eulogize and extol the virtues of śrī Rāma.

In the above chaupāī also, adoning and invoking śri Rāma vedas, in guise of bards imprecate and damn those unreal jñānīs (cognizants) who are unfortunate and devoid of śrī Rām's ecstatic devotion because of their unreal and arrogant jñāna (knowledge).

परम प्रेम तिन्ह कर प्रभु देखा। कहा बिबिध बिधि ग्यान विसेषा।
प्रभु सन्मुख कछु कहन न पारहिं। पुनि पुनि चरन सरोज निहारहिं॥
(7.16.2)

"प्रभु ने उनका अत्यंत प्रेम देखकर उन्हें अनेक प्रकार से विशेष ज्ञान का उपदेश दिया। प्रभु के सम्मुख वे कुछ कह नहीं सके। बार-बार प्रभु के चरण कमलों को देखते रहे।" (7.16.2)

स्पष्टीकरण-भगवान राम की भक्ति में अकथनीय आनन्द के कारण, रत हुए वानर-यूथ को पता नहीं चला कि अयोध्या में छः मास कैसे व्यतीत हो गए। अपने घरों के प्रति इतने विस्मृत हो गए कि उन्होंने स्वप्न में भी अपने घरों को स्मरण तक नहीं किया। भगवान राम ने वानर-समूह को अपने निकट बैठाकर उनको नम्रता एवं प्रेमपूर्वक सम्बोधित करते हुए कहा, "आप सभी ने दृढ़ एवं अविचल भावना के साथ मेरी सेवा की है, फिर मैं तुम्हारे त्याग एवं तपस्या को किस प्रकार प्रकट कर सकता हूँ? मैं अपने सेवकों के प्रति गर्व एवं प्रेम करता हूँ।" वे उन्हें हमेशा उनके प्रति प्रेम एवं पूजा की भावना रखते हुए, अपने-अपने घरों को जाने की अनुमति देते हैं। वानर समूह, भगवान के इन प्रेम पूर्ण शब्दों को सुनकर इतने आनन्दित हुए कि वे एक शब्द भी बोलने में असमर्थ थे।

उपर्युक्त चौपाई में भगवान राम ने वानरों के स्वाभाविक एवं पवित्र प्रेम तथा भक्ति को अनुभव करते हुए उनके बिछोह (बिछुड़ना) के कारण दुख रूपी अंधकार को विदीर्ण करने हेतु अत्यन्त स्वाभाविक ज्ञान का उपदेश दिया।

Parama prema tinha kara prabhudekhā, kahā bibidha bidhi gyāna biseṣā.
prabhu samukha kachu kahana na pārahi, puni puni carana saroja nihārahī.
(7.16.2)

"The Lord perceived their excessive love and gave them special instruction in wisdom in various ways. They, however, were unable to say anything in the presence of the Lord; they would simply gaze at His lotus-feet again and again." (7.16.2)

Clarification – The hosts of monkeys were all blent in śrī Rām's devotion and six months passed unnoticed in Ayodhyā because of the ineffable mirth. All hosts of monkeys became oblivious about their houses even never recurred their houses in their dreams.

Most lovingly, śrī Rāma seated by His side, and addressed them in modest word, "You have saved Me with staunch and immaculate spirit, yet how can I elicit your renunciation and penance? I am proud and fond of my attendants. He advises humbly to return to their homes and always adore him devoutly and lovingly hearing the lovingly words, they became too mirthful to utter a single word.

In the above chaupāi, perceiving their exclusive vestal love and devotion, śrī Rāma instructs inherent jñāna to them to dispel the darkness of their affliction and segregation.

ग्यान गिरा गोतीति अज माया मन गुन पार।
सोइ सच्चिदानंद घन कर नर चरित उदार।। (7.25)

"जो ज्ञान, वाणी और इंद्रियों से परे अजन्मा तथा माया, मन और गुणों से परे थे, वही सच्चिदानंदघन भगवान श्रेष्ठ नर-लीला कर रहे थे।।" (7.25)

स्पष्टीकरण–रामराज्य का गुणगान करते हुए काकभुशुण्डि जी वर्णन करते हैं कि सभी लोग निर्दोष एवं उपकारक ज्ञानी, परस्पर सहयोगी, धर्मात्मा, पुण्यात्मा, कृपालु, उदार एवं बिना किसी शत्रुता एवं द्वेष के परस्पर प्रेमपूर्वक रामराज्य में रहते हैं। भगवान राम सर्वसम्मति से सातसमुद्रों से परिवृत पृथ्वी के सम्राट् हैं।

उपर्युक्त चौपाई में काकभुशुण्डि जी श्री राम जी का पुनः गुणगान करते हुए कहते हैं कि श्रीराम जी अत्यन्त व्यापक एवं उपकारक ज्ञान, अकथनीय एवं कल्याणकारी गुणों, सर्वोत्तम तथा आनन्दप्रद लीलाओं के अथाह एवं अनुपम निधान हैं।

Gyāna girā gotīta aja māyā mana guna pāra,
soi saccidānaṁda Ghana kara nara carita udāra (7.25)

"The same Brahma, who is beyond all knowledge, speech and sense-perception, may who is unborn and transcends Māyā (Prakṛti or Matter), the mind and the modes of Prakṛti and is truth, knowledge and bliss solidified, exhibited the ideal conduct of a human being." (7.25)

Clarification – Extolling the Rāma rājya Kakabhuśuṇḍi elicits that all are impeccable and beneficial jñānīs (cognizants) cooperative, righteous, virtuous, compassionate, bounteous without any enmity and grudge one another under the Rāmarājya. Lord Rāma unanimously and undisputed sovereign of the globe beset with seven oceans.

In the above chaupāī Kākabhuśauṅḍi ji again extols śrī Rāma as the fathomless repository of pervasive and beneficial jñāna, ineffable and beneficent virtues, elite and ecstatic paseants of śrī Rāma.

कहुँ कहुँ सरिता तीर उदासी। बसहिं ज्ञान रत मुनि संन्यासी।।
तीर तीर तुलसिका सुहाई। बृंद बृंद बहु मुनिन्ह लगाई।।

(7.28.3)

"नदी के किनारे विरक्त और ज्ञानपरायण, मुनि और संन्यासी निवास करते हैं। सरयू जी के किनारे सुन्दर तुलसीजी के झुंड के झुंड बहुत-से पेड़ मुनियों ने लगा रखे हैं।" (7-28-3)

स्पष्टीकरण-काकभुशुण्डि जी अयोध्या की अकथनीय समृद्धि के विषय में प्रकाश डालते हुए वर्णित करते हैं कि वहाँ सभी घर स्वर्ण एवं मोतियों से जटित हैं, मनमोहक वाटिकाओं से युक्त हैं, जो वर्षभर हरे-भरे रहते हैं तथा भित्तिचित्रों से सुसज्जित हैं।

उपर्युक्त चौपाई में भी काक भुशुण्डि जी कूड़ा-कर्कट एवं कीचड़ रहित अमृतमय एवं निर्मल जल से युक्त दैविक सरयू नदी के मनमोहक एवं उन्मत्त करने वाले तटों (किनारों) का चित्रण करते हैं, जहाँ पर वैरागी एवं ज्ञानियों के समूह यत्र-तत्र आध्यात्मिक ज्ञान का उपदेश देते हैं और वे किनारों पर घातक रोगों के विनाश की स्रोत तुलसी के पौधों को एक पंक्ति में रोपकर लगाते हैं।

Kaū kahū sartā tira udāsī, basahī gyāna rata muni saṁnyāsī
tīra tīra tulasikā suhāī, bṛṁda bṛṁda bahu muninha lagāī.

(7.28.3)

"Here and there on the river bank dwelt sages and recluses unconcerned with the world and devoted to acquiring spiritual wisdom. All along the bank stood in clusters many a lovely Tulasī plant reared by hermits." (7.28.3)

Clarification – Kākabhusuṇḍiji elicits a vast jñāna about the indescribable prosperity of Ayodhyā, where all houses are studded with gold and jewels and consist of charming flower-gardens which remain vernal and verdant throughout the gear and are adorned with varied frescos.

In the above chaupāī also, Kākabhusundiji depicts the enchanting and dementing scene of the banks of celestial Saryū River full of limpid and ambrosial water without any mire and muck, where hosts of stoics and jñānīs (cognizants) preach spiritual jñāna here and there and have planted a row of basil plants as the source of eradication of fatal disease.

धरम तड़ाग ग्यान बिग्याना। ए पंकज बिकसे बिधि नाना।।
सुख संतोष बिराग बिबेका। बिगत सोक ये कोक अनेका।।
(7.30.4)

"धर्म-रूपी तालाब में ज्ञान, विज्ञानरूपी अनेक प्रकार के कमल खिल उठे। सुख, संतोष, वैराग्य और विवेक-रूपी अनेक चकवे शोकरहित हो गए।" (7.30.4)

स्पष्टीकरण-गरुड़ जी से काकभुशुण्डि जी कहते हैं कि जब से राम-प्रताप रूपी सूर्य उदित हुआ, तब से तीनों लोकों में पूर्ण प्रकाश भर गया है। इससे बहुतों को सुख और बहुतों के मन में शोक हुआ।

उपर्युक्त चौपाई में काकभुशुण्डि जी सर्वप्रथम भगवान राम के सूर्य रूपी प्रताप से दुखी होने वालों के विषय में ज्ञान व्यक्त करते हैं- जैसे अज्ञान रूपी अन्धकार समाप्त होता है, पाप रूपी उल्लू जहाँ-तहाँ छिप जाते हैं, द्वेष, मान, मद और अहंकार रूपी चोर दुखी रहते हैं।

उपर्युक्त चौपाई में काकभुशुण्डि जी भगवान राम के प्रताप रूपी सूर्य से प्रसन्न होने वालों के विषय में ज्ञान की शिक्षा देते हैं कि- जैसे ज्ञान रूपी कमल सन्तोष, वैराग्य तथा विवेक रूपी चक्रवाक पक्षी प्रसन्न रहते हैं। यहाँ कवि रूपक अलंकार का प्रयोग करते हुए अलंकारशास्त्रीय ज्ञान प्रदान करते हैं।

Dharama tarāga gyāna bigyānāe paṁkaja bikase bidhi nānā.
Sukha saṁtoṣa birāga bibekā, bigata soka e koka anekā.
(7.30.4)

"Lotuses of every description in the shape of knowledge and realization blossomed in the pond of piety happiness, contentment, dispassion and discrement, like so many Cakravāka birds, were rid of sorrow (7.30.4)

Clarification – Kākabhuśuṇdi tells Garuṇa- O Garuṇa, from the time, the most blazing sun of Śrī Rām's vigour, illuminated in the ether, the three spheres became resplendent which caused mirth to many and agony to some others". First, he enumerates at length those who become afflicted as the darkness of ignorance – vanishes, owls of sins hide here and there, the thieves like jealousy, pride, affectation and arrogance remain anguished.

In the above chaupāi, Kākabhuīuṇdaji throws light upon the jñāna about those who remain blissful in the light of śrī Rām's vigour and valour, like lotuses of jñāna and ruddy geese of complacence, stoism and discretion remain blissful. The poet instructs the rhetorical or figurative jñāna by using the metaphor.

तहाँ रहे सनकादि भवानी। जहँ घटसंभव मुनिबर ग्यानी॥
राम कथा मुनिबर बहु बरनी। ग्यान जोनि पावक जिमि अरनी॥
(7.31.4)

"शिवजी कहते हैं- हे भवानी! सनकादिक मुनि वहीं से चले आ रहे थे जहाँ मुनिश्रेष्ठ अगस्त्यजी रहते थे। मुनि ने श्रीरामजी की कथाएँ सुनाई थीं, वे मुनि ज्ञान प्रदान करने में उसी प्रकार समर्थ थे, जैसे अरिण लकड़ी से अग्नि उत्पन्न होती है।" (7.31.4)

स्पष्टीकरण-शिव जी पार्वती जी को श्रीराम जी की चमत्कारिक, अलौकिक एवं सुखद लीलाओं से युक्त ज्ञान प्रदान करते आ रहे हैं। एक दिन सनकादि मुनि गण मुनि अगस्त्य जी के आश्रम में श्रीराम जी की अकथनीय लीलाओं से युक्त कथाएँ सुनकर उस बगिया में जा पहुँचे जहाँ श्रीराम जी अपने भाइयों तथा हनुमान के साथ उपस्थित थे। सनकादि मुनि देखने में साक्षात् वेद प्रतीत हो रहे थे, और किशोर जैसे दिखाई देते थे, जबकि वे युगीय अथवा कल्पायु के हैं। उपर्युक्त चौपाई में शिवजी से कहते हैं कि अगस्त मुनि भगवान राम की लीलाओं के ज्ञान से पूर्ण कथाएँ ठीक उसी प्रकार ज्ञानाग्नि को प्रकट करने में समर्थ हैं जैसे लकड़ी के दो टुकड़ों की परस्पर रगड़ अग्नि को उत्पन्न कर देती है।

टिप्पणी- 1. कवि ने यहाँ कई अलंकारों का प्रयोग कर अलंकारशास्त्रीय ज्ञान प्रदान किया है। 2. सनकादि मुनि गण ब्रह्मा जी की प्रथम संतान हैं जो ब्रह्मचर्य व्रत-पालन करते हुए अब तक भी ब्रह्मलोक में निवास करते हैं।

Tahā rahe sanakādi bhavānī jahā ghaṭasaṁbhava munibara gyānī.
Rāma kathā munibara bahu baranī, gyāna joni pāvaka jimi aranī.
(7.31.4)

"Sanaka and his brothers, O Bhavānī (continues Lord Śiva) had stayed in the hermitage of the enlightened sage Agastya and the noble sage had narrated to them many a story relating to Śrī Rāma, which are productive of wisdom in the same way as the friction of two pieces of wood produces fire." (7.31.4)

Clarification – Lord Śiva has been incessantly instructing jñāna full of Śri Rāma's miraculous, transcendent and ecestatic paseants, in the presence of Śrī Rām with His brothers and Hanumāna in a virnal and verdant gārden Muni sanka-brothers arrived at there from the hermitage of sagacious jñāni sage Agusta who has told all the dementing and blissful stories of śri Rām's esoteric character. They seem as if they are vedas full of jñāna and infant but are aeon old.

In the above chaupāi, Lord Śiva tells Umā that the stories full of jñāna about śrī Rāma's paseants told by Agusta jī are able to produce the fire of jñāna in the same way as the friction of two pieces of wood produces fire.

Note- The poet instructs the rhetoric jñāna by using many figures of speech. (2) sanaka brothers are the first progeny of Brahma still living as celibates in the abode of Brahma.

ग्यान निधान अमान मानप्रद। पावन सुजस पुरान बेद बद॥
तग्य कृतग्य अग्यता भंजन। नाम अनेक अनाम निरंजन॥
(7.33.3)

"आप ज्ञान के भंडार, [स्वयं] मानरहित और दूसरों को मान देने वाले हैं। वेद और पुराण आपका पावन सुंदर यश गाते हैं। आप तत्व के जानने वाले, की हुई सेवा को मानने वाले और अज्ञान का नाश करने वाले हैं। हे निरंजन (मायारहित)! आपके अनेकों (अनंत) नाम हैं और कोई नाम नहीं है (अर्थात् आप सब नामों के परे हैं)।" (7.33.3)

स्पष्टीकरण–भगवान् शिव उमा जी को सत्संग के अकथनीय महत्त्व को प्रकाशित करने वाला ज्ञान प्रदान करते हैं। उद्यान में उपस्थित अपने भ्राताओं तथा हनुमान जी की उपस्थिति में अपने गहन प्यार में द्रवीभूत उन सनकादि मुनियों को देखकर नेत्रों में अश्रु भरकर उन्हें साष्टाङ्ग प्रमाण करके उन्हें अपने

बिछाए हुए पीताम्बर पर बैठाकर बड़े ही सुखद शब्दों में संबोधित करते हैं, "आपके सत्संग से मेरे सभी पाप नष्ट हो गए हैं। महापापी और दुष्ट जन भी बिना प्रयास के सभी पापों तथा जन्म-मरण के चक्र से मुक्त हो जाते हैं। सनकादि मुनि भी राम के सुखद वचनों को सुनकर हर्ष से रोमांचित होकर श्रीराम का गुणगान करने लगे- जैसे ज्ञान के भण्डार, अज्ञान के विनाशक, भौतिक भोगवादी संसार के मायाजाल को विदीर्ण करने हेतु प्रकाशमान ज्ञान तथा सबसे परे आप हैं।

Gyāna nidhāna amāna mānaprada, pāvana sujasa purāna beda bada.
Tagya kṛtagya agyatā bhaṁjana, nāma aneka anāma niraṁjana
(7.33.3)

"A repository of wisdom that You are, You are free from pride and yet bestow honour on others: the Vedas and Purāṇas sing Your sanctifying glory. Knower of Truth Your knowledge the services of Your devotees and destroy their ignorance. Untainted by Māyā You bear numberless names and are yet beyond all." (7.33.3)

Clarification – Lord Śiva provides jñāna to Umā about the ineffable importance of communion with saints. On seeing the Sanaka munis, in the garden with His brothers and Hanumāna ji, liquefied with his deep love, Rāma prostrated Himself with tears spilled in His eyes and seated them on His spreading yellow scarf and addresses them in most mirthful words, "My all sins have been eradicated by your communion with Me. Sinners and dissipates are emancipated from all sins and the cycle of rebirth without any effort.

In the above chaupāi, on hearing the blissful words of śrī Rāma munis become horripilated with mirth and begin to extol śrī Rāma, as the fathomless repository of jñāna, perisher of ignorance, and the resplendent to dispel the illusive conjuration of the hedonistic world and beyond all.

श्रीमुख तुम्ह पुनि कीन्हि बड़ाई। तिन्ह पर प्रभुहित प्रीति अधिकाई।।
सुना चहउँ प्रभु तिन्ह कर लच्छन। कृपासिंधु गुन ग्यान बिचच्छन।।
(7.36.2)

"आपने भी अपने श्रीमुख से उनकी बड़ाई की है और उन पर आपका प्रेम भी बहुत है। हे प्रभो! मैं उनके लक्षण सुनना चाहता हूँ। आप कृपा सागर हैं गुण तथा ज्ञान में भी अत्यंत निपुण हैं।" (7.36.2)

स्पष्टीकरण–सनकादि मुनियों के प्रस्थान के पश्चात् भरत जी को साधु तथा असाधुजनों के प्रमुख लक्षणों को जानने की अत्यन्त उत्कट लालसा होती है।

उपर्युक्त चौपाई में, वेद-पुराणों के द्वारा गंभीरता पूर्वक प्रशंसित साधुओं के प्रमुख लक्षणों के विषय में, अपने भक्तों के प्रति अत्यन्त कृपालु एवं उदार रहने वाले श्रीराम जी से स्वयं अपने श्रीमुख से ज्ञान प्रदान करने की सादर प्रार्थना करते हैं।

Śrīmukha tumha puni kīnhi barāī, tinha para prabhuhi prīti adhikāī
Sunā cahaū prabhu tinha kara lacchana, kṛpāsiṁdhu guna gyāna bicacchana.
(7.36.2)

"You too have exalted them by Your own graceful mouth and my lord bears great affection for them. I would like to hear, my lord, their distinctive marks O Ocean of compassion, deeply accomplished as You are in Your excellences and wisdom." (7.36.2)

Clarification– After the departure of Muni Sanaka brothers, Bharata jī has very ardent and wistful desire and yearning to perceive the jñāna about the distinctive and salient marks and characteristics of saints.

In the above chaupāi, embracing the lotus feet of śrī Rāma, the most compassionate and bounteous to His devotees, Bharata implores Him to instruct him the real jñāna by explicating the salient features and distinctive characteristics of saints who have been also profoundly chanted by Veda and Puranas, by His own gracious and vestal mouth reverently.

ग्यान अगम प्रत्यूह अनेका। साधन कठिन न मन कहुँ टेका।।
करत कष्ट बहु पावइ कोऊ। भक्ति हीन मोहि प्रिय नहिं सोऊ।।
(7.44.2)

"ज्ञान दुर्गम है और उसकी प्राप्ति में अनेक विघ्न हैं। उसका साधन कठिन है और उसमें मन के लिए कोई आधार नहीं है। अत्यधिक कष्ट उठाकर कोई उसे पा भी लेता है, तो वह भी भक्ति रहित होने से अत्यधिक प्रिय नहीं होता।"(7.44.2)

स्पष्टीकरण–राजकीय सभाभवन में उपस्थित सभी सज्जनों, नागरिकों, ब्राह्मणों एवं पूज्य मुख्य कुल-पुरोहित वशिष्ठ जी को, अपने भक्तों के जन्म-मरण के बन्धन को हरने वाले श्री राम ज्ञान प्रदान करते हुए सम्बोधित

करते हैं- "उस दुर्लभ मानव-शरीर को प्राप्त कर हम बहुत बड़े भाग्यशाली हैं, जो निष्पाप और पवित्र कर्मों के द्वारा परमात्मा का बोध कराने का परम साधन है तथा मुक्ति का द्वार है।"

उपर्युक्त चौपाई में भगवान् राम परमात्मा की प्राप्ति हेतु दो प्रकार के मार्गों का ज्ञान प्रदान करते हैं- ज्ञानमार्ग तथा भक्ति मार्ग। ज्ञानमार्ग के द्वारा ज्ञानी, किसी ठोस आधार के बिना अपने मन को निराकार परमात्मा में ठीक प्रकार से केन्द्रित न कर पाने के कारण, परमात्मा से साक्षात्कार करने में बहुत सी बाधाओं का सामना करता है, जबकि भक्ति मार्ग के द्वारा, एक सच्चा भक्त अपने मन को उनके (श्रीराम) चरण कमलों में केन्द्रित करके उन्हें भलीभांति जान लेता है। श्रीमद्भगवद्गीता में भी भगवान श्रीकृष्ण अपने भक्त को उनकी पूजा करने तथा प्रिय भक्त होने की सलाह देते हैं।[84] आगे भी वे पुनः अपनी शरण में आए हुए भक्त को सभी पापों से मुक्त करने का पक्का आश्वासन देते हैं।[85]

Gyāna agama pratyūha anekā, sādhana kaṭhina na mana kahū tekā.
karata kaṣṭa bahu pāvai koū, bhakti hīna mohi priya nahi soū.
(7.44.2)

"Gnosis (the path of knowledge) is difficult to attain and beset with numerous obstacles. The path is rugged and there is no solid ground for the mind to rest on. Scarcely one attains it after a hard struggle; yet, lacking in Devotion the man fails to win My love." (7.44.2)

Clarification – śrī Rāma, the abductor of the cycle of rebirth of His devotees providing jñāna addresses all the gentlemen, citizens, Brahmans with the adorable preceptor Vaṣiṣtīha jś in the Royal court – "We all are fortunate who have attained the scarce human body, as the main source to perceive the Oversoul through our taintless and vestal actions and as the gateway of emancipation."

In the above chaupāi, Lord Rāma provides jñāna about the two ways for the attainment of the Oversoul – The way of jñāna and the way of devotion. The discrimination between these two ways is that the jñānī (cognizant) faces so many obstacles to perceive the formless Supreme God without any solid prop for the mind to be concentrated

84. मन्मना भव मद्भक्तो मद्याजी मां नमस्कुरु।
मामेवैष्यसि सत्यं ते प्रतिजाने प्रियोऽसि मे। -श्रीमद्भगवद्गीता- 18.65

85. सर्वधर्मान्परित्यज्य मामेकं शरणं व्रज।
अहं त्वांसर्वपापेभ्यो मोक्षयिष्यामि मा शुचः।। - श्रीमद्भगवद्गीता- 18.67

to the oversoul through the way of jñāna, while the true devotee is able to perceive the Supreme God through the way of devotion easily concentrating his mind to the lotus-feet of the Supreme God (śrī Rāma). In Gītā also Lord kṛṣṇa also advises man to adore Him to be His loving and true devotee.[86] Further He himself assures His devotee to redeem him from all sins under His refuge.[87]

जप तप नियम जोग निज धर्मा। श्रुति संभव नाना सुभ कर्मा।।
ग्यान दया दम तीरथ मज्जन। जहँ लगि धर्म कहत श्रुति सज्जन।।

(7.48.1)

"जप, तप, नियम, योग, अपने-अपने धर्म, श्रुतियों से उत्पन्न अनेक शुभ कर्म, ज्ञान, दया, इंद्रिय निग्रह, तीर्थस्नान आदि जहाँ तक वेद और संतजनों ने धर्म कहे हैं उनके करने का।" (7.48.1)

स्पष्टीकरण-भगवान् राम के उपदेश सुनने के पश्चात् सभी अपने घरों को लौट गए। एक दिन मुनि वशिष्ठ जी वहाँ पधार कर श्रीराम जी से अपने हाथ जोड़कर कहने लगे। "हे श्रीराम! मैं आपकी चमत्कारिक मानव-लीलाओं को अनुभव कर विचलित भी होता हूँ और प्रसन्न भी। 'परिवार-पुरोहित' के कार्य में मेरी कभी भी रुचि नहीं थी, क्योंकि यह वेद-पुराणों द्वारा भी तिरस्कृत किया गया है। किन्तु सभी तपों से परे परमात्मा की प्राप्ति हेतु ब्रह्मा जी ने मुझे यह कार्य करने की प्रेरणा दी।

उपर्युक्त चौपाई भी तप, त्याग, योग, दान योगादि के द्वारा भी अप्राप्य श्रीराम के 'परिवार-पुरोहित-कार्य' में व्यस्त मुनि वशिष्ठ जी के परम पवित्र, निश्छल एवं सच्चे मन और मस्तिष्क के विषय में गोपनीय ज्ञान का प्रकाशन करती है।

Japa tapa niyama joga nija dharmā, śruti saṁbhava nānā subha karmā.
gyāna dayā dama tiratha majjana, jahā lagi dharma kahata śruti sajjana.

(7.48.1)

"Japa (muttering of prayers), austere penance, religious observances, Yogic practices, the performance of one's allotted duties, the various pious acts recommended by the Vedas, the cultivation of spiritual enlightenment, compassion, self-control, bathing in sacred

86. Manmanā bhava madbhakto madyāyī māṁ namaskuru.
Māmevaiṣyasi satyaṁ te pratijane priyos si me, – Gītā 18.665

87. Sarvadharmān parityjya māmekaṁ śarṇame vṛja.
Ahaṁ tvāṁ sarva pāpebhyomokṣayiṣyāmi mā śuchaḥ - Gītā - 18.67

waters at holy places and whatever other sacred practices have been advocated by the Vedas and holy men." (7.48.1)

Clarification – After hearing the precepts of śrī Rāma, all returned their houses from the Royal Assembly one day vaśiṣtha the family-priest arrived at there and says with his folded hands, "I am bewildered as well as blissful to feel your miraculous human paseants I was not interested in the vocation of the family-priest as being disdained by vedas and Purānas, but Brahmājī impelled me to do it to attain the Supreme God who is beyond all penances.

The above chaupāi also elicits the esoteric jñāna about the true and wileless heart and mind of vaṣistha jī who remains busy in vocation of family-priest of śrī Rāma, who can never be attained through the immense penance, vow, renunciation, munificence and yoga.

दो. बिरति ग्यान बिग्यान दृढ़ राम चरन अति नेह।
बायस तन रघुपति भगति मोहि परम संदेह।। (7.53)

"कौए का शरीर पाकर भी काकभुशुंडि वैराग्य, ज्ञान और विज्ञान में दृढ़ हैं, श्रीरामजी के चरणों में उनका अत्यंत प्रेम है और उन्हें श्रीरघुनाथ जी की भक्ति भी प्राप्त है। इस बात में मुझे संदेह हो रहा है।" (7-53)

स्पष्टीकरण–वशिष्ठ जी कहते हैं कि अन्तःकरण का मल केवल भक्ति और प्रेम रूपी अमृतमय पवित्र जल से ही धुल सकता है। वे जन्मजन्मातरण के लिए अपने चरण-कमलों के प्रति प्रेम का वरदान देने की प्रार्थना करते हैं। तत्पश्चात् पार्वती जी भगवान शिव से श्रीराम जी की लीलाओं, अकथनीय एवं सर्वकल्याणकारी कथाओं को सुनकर खुशी से रोमांचित हो जाती हैं।

उपर्युक्त चौपाई में भी भगवान शिव पार्वती द्वारा पूछे गए प्रश्न "कौआ की योनि प्राप्त काकभुशुण्डि जी ने भगवान राम की अचल भक्ति को किस प्रकार प्राप्त कर लिया? के उत्तर में उनके सन्देह का निवारण करने हेतु एक रहस्यपूर्ण एवं गोपनीय ज्ञान प्रदान करते हैं।"

Birati gyāna bigyāna dṛrha rāma carana ati neha.
Bāyasa tana raghupati bhagati mohi parama saṁdeha
(7.53)

"Kākabhuśuṇdi is staunch in his dispassion and steadfast in his wisdom and realization, and cherishes deep devotion to Śrī Rāma's feet. That one possessing the form of a crow should be a devotee of Śrī Raghunātha fills me with great surprise." (7.53)

Clarification – Vaśiṣṭha ji says that the dirt of consciences is only cleansed by the limpid and ambrosial water of vestal love and devotion. He implores śrī Rāma to bestow him with His love to His lotus feet throughout the epoch of rebirths. After that hearing the ineffable celestial and beneficial paseants of śrī Rāma by Lord Śiva, Pārvati become titillated with the overbliss.

In the above chaupāi, śiva instructs an esoteric jñāna to pārvati to eradicate the scepticism of Pārvati about Her asked question – How Kākabhuśuṇdi has attained the staunch devotion of śrī Rāma in the form of a crow?"

कोटि बिरक्त मध्य श्रुति कहई। सम्यक ग्यान सकृत कोउ लहई।।
ग्यानवंत कोटिक महँ कोऊ। जीवनमुक्त सकृत जग सोऊ।।
(7.53.2)

"वेद पुराण कहते हैं कि करोड़ों विरक्तों में कोई एक ही यथार्थ ज्ञान को प्राप्त कर पाता है और करोड़ों ज्ञानियों में कोई एक ही जीवनमुक्त होता है। संसार में कोई विरला ही जीवनमुक्त होगा।" (7.53.2)

स्पष्टीकरण-कौआ की योनि प्राप्त कर काकभुशुण्डि द्वारा राम-भक्ति की प्राप्ति से संबंधित पार्वती के सन्देह को मिटाने का प्रयास करते हुए शिव जी कहते हैं कि वास्तविक ज्ञान एवं मोक्ष-प्राप्ति करोड़ों लोगों में किसी एक को होती है।

Koṭi birakta madhya sruti kahaī, samyaka gyāna sakṛta kou lahaī.
Gyānavaṁta koṭika mahā koū jīvanamukta sakṛta jaga soū.
(7.53.2)

"Among millions of beings free from wordly attachment, so declare the Vedas, scarce one succeeds in acquiring perfect wisdom. Among millions of enlightened souls in this world there is hardly one who attains final beautitude." (7.53.2)

Clarification – Lord śiva eliminating the scepticism of pārvatī about the attainment of Rāma's devotion of Kākabhuśuṇadi in the embodiment of a crow, inculcates that the attainment of real jñāna and emancipation is possible for rare among millions of beings.

दो.- राम परायन ग्यान रत गुनागार मति धीर।
नाथ कहहु केहि कारन पायउ काक सरीर।। (7.54)

"हे नाथ! ऐसे श्रीरामपरायण, ज्ञानी, गुणधाम और धीरबुद्धि भुशुंडिजी को कौए का शरीर किस कारण प्राप्त हुआ?।" (7.54)

स्पष्टीकरण-पार्वती जी यह सोचकर फिर से चकित हो गई कि मायातीत योगियों और भक्तों के लिए जो श्रीराम की भक्ति दुर्लभ है, वह भक्ति काकभुशुण्डि जैसे कौए को कैसे प्राप्त हो गई।

जब पार्वती जी पुनः शिवजी से इस प्रश्न के ज्ञान में रत, गुणों के निधान, धैर्यवान बुद्धि को धारण करने वाले काकभुशुण्डि जी ने कौए का शरीर कैसे और क्यों धारण किया? शिवजी पार्वती जी इसी प्रश्न से उत्पन्न अपने सन्देह की निवृत्ति के लिये शिवजी से ज्ञान प्राप्त करने के लिए अत्यन्त आतुर हैं।

Rāma parāyana gyāna rata gunāgāra mati dhīra,
Nātha kahahu kehi kārana pāyau kāka sarīrā. (7.54)

"Also tell me, my lord, how did Kakabhuśuṇḍi obtain the form of a crow even though devoted to Śrī Rāma and steeped in wisdom, a repository of virtues and resolute of mind." (7.54)

Clarification – Again Pārvati becomes astonished to ponder, "How Kākabhuśundi became successful in attaining such scarce and easily unattainable devotion of Śrī Rāma, which is very difficult to be attained by the subjugator of illusion and conjuration and staunch devotee or attainer of śrī Ram's devotion?"

In the above chaupāi, Pārvati has ardent yearning to attain jñana about how Kākabhuśuṇḍi jī, as being a true devotee of Rāma, immersed in jñāna repository of virtues and wisdom full of fortitude, has attained the body or form of a crow? She has a wistful desire to have the jñāna from śivajī to eradicate her scepticism about how and why Kākabhuśuṇḍi attained the form of a crow?

नाना भाँति मनहि समुझावा। प्रगट न ग्यान हृदयँ भ्रम छावा।।
खेद खिन्न मन तर्क बड़ाई। भयउ मोहबस तुम्हरिहिं नाई।।

(7.58.1)

"गरुड़ जी ने अपने मन को अनेक प्रकार से समझाया, पर उन्हें ज्ञान नहीं हुआ। हृदय में भ्रम और भी अधिक छा गया। (संदेह जनित) दुख से दुखी होकर, मन में कुतर्क बढ़ाकर वे तुम्हारी ही भाँति मोहवश हो गए।" (7.58.1)

स्पष्टीकरण-पार्वती जी गत चौपाइयों में अपने तीन प्रश्नों के विषय में भगवान् शिव से ज्ञान प्राप्त करना चाहती थी-

1. भगवान् राम की लीलाओं का ज्ञान कौआ होकर काकभुशुण्डिजी ने कैसे प्राप्त किया?
2. स्वयं भगवान शिव ने भगवान राम की कथाओं का ज्ञान कैसे प्राप्त किया।
3. ज्ञान और गुणों के भण्डार तथा माया रहित जैसे गरुड़ जी, काक भुशुण्डि जी के पास राम-कथा सुनने क्यों गए?

शिवजी पार्वती को कथा सुनाते हुए कहते हैं कि सती के रूप में मेरे अपमान के कारण दक्ष द्वारा आयोजित यज्ञ में तुम्हारे भस्म होने के कारण मैं पहाड़ों पर भटकता रहा। सुमेरु पर्वत के उत्तर में हरी-भरी चोटियों एवं हंसों तथा खिले कमलों से युक्त, संसार के सभी पापों से कभी भी प्रभावित न होने वाले नील नामक पर्वत पर रहकर प्रतिदिन वट वृक्ष के नीचे हंसों तथा सभी पक्षियों को काकभुशुण्डिजी भी श्रीराम जी की लीलाओं की कथाएँ सुनाया करते थे, मैं स्वयं भी हंस के रूप में उनसे राम-कथा सुनकर वापिस लौट गया।

उपर्युक्त चौपाई में भगवान शिव तीसरे प्रश्न के उत्तर हेतु पार्वती जी को ज्ञान प्रदान करते हुए समझाते हैं कि एक दिन अत्यन्त विपुल तथा गंभीर सन्देह गरुड़ जी के मन-मस्तिष्क में यह सोच कर व्याप्त हो गया कि भगवान् के अवतार श्री रामचन्द्र जी मायावी और दुष्ट राक्षस के नाग-पाश में कैसे आबद्ध हो गए? उसने आप को अनेक प्रकार से समझाया किन्तु द्विविधा में ही रहा।

Nānā bhātī manahi samujhāvā, pragata na gyāna hṛdayā bhrama chāvā.
Kheda khinna mana tarka baRhāī, bhayau mohabasa tumharihī nāī.
(7.58.1)

"Garuḍa did all he could to reassure himself; but the light of wisdom did not dawn on him; on the other hand, delusion overshadowed his mind all the more. Torn by torments and full of mental questionings, he fell a prey to delusion just like yourself." (7.58.1)

Clarification – In the previous chaupāis, Umā wanted to attain jñāna from Lord śiva about the questions (1) How and where Kākabhuśuṇḍi as a crow attains the jñāna about the episodes of śrī Rāma's paseants. (2) How śiva Himself attained the jñāna about śrī Rāma's episodes. (3) Why garuda, as a repository and jñāna and virtues beyond illusion went to Kākabhuśuṇdi as a crow to hear the jñāna about śri Rāma's paseants. Lord śiva narrates her that in the North of Sumeru Mountains, Kākabhuśundi used to reside on a mountain named the Nśla being always untouched to all sins overwhelming over the universe, consisting vernal and verdant peaks and attractive lake full of blossomed lotuses and swans, narrated all the birds and swans about śrī Rāma's episodes. He Himself also in guise of a swan went there to hear the Rāma's episodes and returned.

In the above chaupāi śiva provides jñāna as a answer to Umā about the third question that an immense and profound scepticism pervades the mind and heart of garuda to think, how śrī Rāma as being an incarnation of the Supreme God allowed Himself to be bound by illusive and dissolute demon Meghnāda by his coiled serpants. He inculcates Himself in many ways but always remains in dilema.

मिलहिं न रघुपति बिनु अनुरागा। किएँ जो तप ग्यान बिरागा।
उत्तर दिसि सुंदर गिरि नीला। तहँ रह काकभुसुंडि सुसीला॥
(7.61.1)

"बिना प्रेम के केवल योग, तप, ज्ञान और वैराग्य से श्रीरघुनाथजी नहीं मिलते। अतएव तुम सत्संग के लिए वहाँ जाओ, जहाँ उत्तर दिशा में एक सुंदर नील पर्वत है। वहीं रामभक्त काकभुशुंडिजी रहते हैं।" (7.61.1)

स्पष्टीकरण-भगवान राम की माया के विषय में पूर्ण ज्ञान न होने के कारण नारद और ब्रह्माजी ने गरुड़ जी की समस्या को हल करने से मना कर दिया। अन्त में ब्रह्मा जी ने उसे नील पर्वत पर भेजा, जहाँ भगवान राम के चरण-कमलों में अखण्ड प्रेम रखने वाले, श्रीराम की लीलाओं के ज्ञान को सभी प्राणियों को प्रतिदिन सुनाने वाले काकभुशुण्डि जी निवास करते हैं।

आगे ब्रह्मा जी ज्ञान प्रदान करते हुए समझाते हैं कि बिना सत्संग के श्रीराम कथा, राम-कथा के बिना मोह समाप्ति नहीं होती और मोह की समाप्ति के बिना भगवान राम के चरण कमलों के प्रति अखण्ड स्नेह की प्राप्ति असंभव है, जो सांसारिक दुखों के निवारण का मुख्य कारण है।

Milahī na reghupati binu anurāgā kie joga tapa gyāna birāgā.
uttara disi suṁdara giri nīlā tahā raha kākabhusuṃḍi susilā.
(7.61.1)

"Śrī Raghunātha cannot be found except through love, even though you may practise Yoga (mind-control) or austere penance or cultivate spiritul wisdom or dispassion. In the north there is a beautiful bluish mountain called Nilagiri, where lives the amiable Kākabhuśuṇḍijī." (7.61.1)

Clarification – Without the repletion of jñāna about śrī Rām's delusion Nārad Muni and Brahmā refused him to solve his problem. At last Brahmā advised Garuda to go to Nila Mountain where Kākabhuśundi, having deep Rooted affection to the lotus feet of śrī Rāma, resides and instructs the esoteric jñāna about the episodes of śrī Rām's paseants to all birds and living beings daily. Further Brahmaji inculcates him providing jñāna that without proper communion with saints śrī Rāma's episodes never be attained, without Rāma-Katha, delusion can never be dispelled and without only delusion, a true and deep rooted affection to the lotus-feet of śrī Rāma can only be attained which causes the emancipation from the mundane-sorrows.

नाथ इहाँ कछु कारन आना। सुनहु सो सावधान हरिजाना।।
ग्यान अखंड एक सीताबर। माया बस्य जीव सचराचर।।

(7.77.2)

"हे नाथ! यह कुछ दूसरा ही कारण लगता है। हे गरुड़जी! तनिक सावधान होकर सुनिए तथा सीतापति श्रीरामजी ही अखंड ज्ञानस्वरूप हैं, जड़-चेतन आदि अन्य सब जीव तो माया के वश हैं।" (7.77.2)

Nātha ihā kachu kārana ānā sanahu so sāvadhāna harijāna.
gyāna akhaṁda eka sītābara, māyā basya jīva sacarācara.

(7.77b.2)

"This, my lord was attributable to some extraordinary reason. Hear it attentively, O mount of Śrī Hari, Sītā Rāma, alone is Absolute intelligence personified; every creature whether animate or inanimate, is subject to Māyā." (7.77b.2)

जो सब के रह ग्यान एकरस। ईस्वर जीवहिं भेद कहहु कस।।
माया बस्य जीव अभिमानी। ईस बस्य माया गुनखानी।।

(7.77ख.3)

"यदि जीवों को एक रस (अखण्ड) ज्ञान रहे, तो कहिए फिर ईश्वर और जीव में भेद ही कैसा? अभिमानी जीव माया के वश है और वह [सत्त्व, रज, तम] इन तीनों की खान माया ईश्वर के वश में है।" (7.77.3)

स्पष्टीकरण-जैसे ही काभुशुण्डि जी ने वटवृक्ष के नीचे सभी पक्षियों को राम-कथा सुनाना आरंभ ही किया था तभी गरुड़ जी वहाँ आए। दोनों ने परस्पर प्रणाम करने के पश्चात् गरुड़ जी ने उनसे राम-कथा सुनाने की प्रार्थना की, तब काकभुशुण्डि जी ने बाल्यावस्था से लेकर पुष्पक विमान द्वारा लंका से अयोध्या लौटने तक की सम्पूर्ण राम-कथा सुना दी। उन्होंने यह भी बतलाया कि उन्होंने कौए का शरीर धारण कर भगवान की मानवीय तथा दैवी अलौकिक आनन्दपूर्ण लीलाओं का आरंभ से लेकर अन्त तक आनन्द लिया। भगवान राम की सम्पूर्ण जीवन-कथा (राम-चरित) को सुनकर गरुड़ जी अकथनीय आनन्द से रोमांचित हो गए।

आगे भी वे गरुड़ को अत्यन्त रहस्यपूर्ण एवं गोपनीय ज्ञान को स्पष्ट रूप से वर्णित करते हुए कहते हैं कि भगवान राम के अतिरिक्त इस सम्पूर्ण ब्रह्माण्ड में अन्य कोई भी पूर्ण रूप से ज्ञानी नहीं है। भगवान् श्री राम सभी रूपों से युक्त माया के स्वामी हैं, जबकि सभी प्राणी अपने मिथ्या अभिमान एवं अज्ञानता के कारण माया के द्वारा वशीभूत एवं मोहित हो रहे हैं।[88]

Jo saba ke raha gyāna ekarasa isvara jīvahī bheda kahahu kasa.
Māyā basya jīva abimānī, īsa basya māyā gunakhānī.
(7.77b.3)

"If all had the same perfect wisdom, then, what would be the difference between God and the Jīva (the individual embodied soul)? The later, which identifies itself with a particular psycho-physical organism, is subject to Māyā; while Māyā itself, the source of the three Guṇas, is controlled by God." (7.77b.3)

Clarification – As Kākabhuśṇdi ji began to narrate the Rāma-Kathā to all the birds under the banyan tree, then Garuda reached there. After the performance of the mutual obeisance each other, Garuda invoked him to narrate the episodes of śrī Rāma's paseants. Then he narrates all paseants and actions of śrī Rāma from the childhood up to the returning to Ayodhyā through the air car named Puṣpaka, even he narrated him that in the form of a crow, he had been enjoying His human as well as celestial paseants from the beginning upto the end hearing the whole episode of śrī Rāma garuda became most horripilated and overwhelmed with ineffable exultance.

---

88. पुरुषः प्रकृतिस्थो हि भुङ्क्ते प्रकृतिजान्गुणान्।
कारणं गुणसङ्गोऽस्य सदसद्योनिजन्मसु।।

–श्रीमद्भगवद्गीता– 13.21

Further he provides very obscure and esoteric jñāna to Garuḍa that none attains the repletion of jñāna except śrī Rāma who is the lord of delusion in its all forms (sat Raja, Tana) and the living beings are being subdued and demented by delusion because of their false arrogance and ignorance.[89]

ग्यान बिबेक बिरति बिग्याना। मुनि दुर्लभ गुन जे जग नाना।
आजु देउँ सब संसय नाहीं। मागु जो तोहि भाव मन माहीं।।
(7.83ख.1)

"ज्ञान, विवेक, वैराग्य, तत्व ज्ञान और वे अनेक गुण जो संसार में मुनि जनों के लिए भी दुर्लभ हैं, ये सब मैं आज तुझे दे दूंगा, इसमें संदेह नहीं। जो तुझे पसंद हो वही माँग ले।" (7.83ख.1)

स्पष्टीकरण-एक बार बालक राम ने काकभुशुण्डि को पकड़ने हेतु अपनी छोटी-छोटी भुजाओं को फैलाकर पीछा किया, यहाँ तक कि आकाश में उड़ते हुए का पीछा किया, भगवान की इस चामत्कारिक लीला को देखकर वह अपनी आँखें बंद कर डरा हुआ, बेहोश एवं भ्रमित होकर अयोध्या की धरती पर गिर पड़ा। ऐसा देखकर श्रीराम मुस्कराकर प्रसन्न हुए और कोई भी वर माँगने को कहा, वे मुझे ज्ञान, विवेक, वैराग्य आदि सबकुछ देने को तैयार हो गए। इस प्रकार काकभुशुण्डि जी ने गरुड़ जी को भगवान् राम की बाललीलाओं के चामत्कारिक ज्ञान से परिचित कराया।

Gyāna bibeka birati bigyānā munidurlabha guna je yaga jānā.
Ājū deū saba saṁsaya nāhī māngu jo tohi bhāva māna māhī.
(7.83b.1)

"O spiritual wisdom, critical judgement, dispassion Realization and numerous other virtues which cannot be easily, therefore, ask whatever plans your mind." (7.83b.1)

Clarification – Once upon a time, child began to chose Kākabhuśuṇḍijī stretching His small arms even saw Him chasing him flying in the ether. To see the miraculous paseants of child śri Rāma he became terrified unconscious and fallacious closing his eyes, and fell down on the ground of Ayodhyā.

Seeing me, He smiled and became blissful and admired me to ask Him for my boon. He become ready to bestow me with jñāna,

89. Puruṣah Prakṛtistho hi bhuṅgte prakṛtijanguṇān.
Kakaṇaṁ guṇa saṅgośya sadasadyonijanmasu.
– śrīmadbhagvadgītā 13.21

discretion, stoism and vijñāna (all mundane jñāna (knowledge). In this way Kākabhuśundi made Garuda to be acquainted with the miraculous jñāna about śrī Ram's childish paseants.

भगति ग्यान बिग्यान बिरागा। जोग चरित्र रहस्य बिभागा।
जानब तैं सबही कर भेदा। मम प्रसाद नहिं साधन खेदा॥

(7.84.4)

"भक्ति, ज्ञान, विज्ञान, वैराग्य, योग, मेरी लीलाएँ और उनके रहस्य तथा विभाग इन सबके भेद को तू मेरी कृपा से ही जान जायेगा। तुझे साधन का कष्ट नहीं होगा।" (7-84-4)

स्पष्टीकरण–गरुड़ सोचने लगा कि श्रीराम ने संसार की हर चीज उसे देने को कहा किन्तु भक्ति के विषय में कुछ नहीं, फिर गरुड़ जी ने हाथ जोड़कर प्रेमपूर्वक उनकी भक्ति के लिये प्रार्थना की। श्रीराम ने उसके सच्चे ज्ञान की सच्ची भावना को अनुभव कर उसे अपनी कृपा का वरदान दिया, जिसके द्वारा वह ज्ञान, भक्ति, वैराग्य एवं उनकी समस्त लीलाओं का ज्ञान प्राप्त कर सकता था।

Bhagati gyāna bigyāna birāgā, joga caritra rahasya bibhāgā.
jānaba tē sabahī kara bhedā, mama prasāda nahī sādhana khedā.

(7.84b.4)

"Devotion, spiritual wisdom, Realization, dispassion, Yoga, My exploits as well as their subtle meanings and classification- by My grace you shall obtain insight into all these and shall not be required to undergo the rigours of Sādhaānā (self-discipline)." (7.84b.4)

Clarification- Garuḍa to ponder within innerself that he has offered every thing of the world to me but not His devotion. Then Garuda began to implore Lord Rāma with his folded hands lovingly to bestow him with his exclusive devotion. Lord Rama perceived his real spirit of real jñāna and bestowed him with His compassion to know about devotion jñāna, reclusion and all His paseants.

बिनु गुर होइ कि ग्यान ग्यान कि होई बिराग बिनु।
गावहिं बेद पुरान सुख कि लहिअ हरिभगति बिनु॥

(7.89क)

"काकभुशुण्डि जी गरुड़ को कहते हैं, बिना वैराग्य के ज्ञान प्राप्त नहीं होता। बेद और पुराणों के अनुसार बिना हरि की भक्ति के न वैराग्य प्राप्त होता है, न ज्ञान और न सुख ही।" (7.89क)

स्पष्टीकरण-गरुड़ जी को अपनी कृपा का वरदान देकर श्रीराम पुनः बालक रूप में अपनी माता के पास चले गए और गरुड़ जी फिर काकभुशुण्डि के पास गए, जिन्होंने पुनः गरुड़ जी को आध्यात्मिक ज्ञान प्रदान करते हुए कहा कि बिना सच्चे गुरु के ज्ञान कभी प्राप्त नहीं हो सकता और वैराग्य के बिना ज्ञान भलीभांति प्राप्त नहीं होता।

Binu gura hoi ki gyāna gyāna ki hoi birāga binu,
Gāvahī¡ beda purāna sukha ki jahia haribhagati binu.
(7.89a)

"Is spiritual illumination possible without a preceptor? Or, again, is it possible to acquire wisdom without disopassion? Or, as the Vedas and Purāṇas declare, can one attain happiness without devotion to Śrī Hari?" (7.89a)

Clarification – After blessing the boon of His compassion to Garuna ji Lord Rāma in the form of a Child reached Her mother and garuda returned to Kākabhuśundi who again began to explicate the spiritual and metaphysical jñāna to Garuda in any ways that jñāna can never be attained without a true guru, and true jñāna can never be attained without reclusion properly.

तुम्ह सर्बग्य तग्य तम पारा। सुमति सुसील सरल आचारा।।
ग्यान बिरति बिग्यान निवासा। रघुनायक के तुम प्रिय दासा।।1।।
(7.93ख.1)

"आप सब कुछ जानने वाले हैं, तत्व के ज्ञाता हैं, माया से दूर, उत्तम बुद्धि से युक्त, सुशील, सरल आचरण वाले, ज्ञान, वैराग्य और विज्ञान के धाम तथा श्रीरघुनाथ जी के प्रिय दास हैं।" (7.93ख.1)

स्पष्टीकरण-गरुड़ जी काकभुशुण्डि जी के अमित एवं गंभीर ज्ञान के द्वारा उनकी मूढ़ता एवं अज्ञानता के विनाश के कारण अत्यन्त आह्लादित एवं आभारी होते हैं।

उपर्युक्त चौपाई में गरुड़ जी काक-भुशुण्डि जी से एक अत्यन्त महत्त्वपूर्ण प्रश्न पूछने से पूर्व उनके अपार ज्ञान एवं गुणों की प्रशंसा करते हैं।

Tumha sarbagya tagya tama pārā sumati susīla sarala ācārā.
gyāna birati bigyna nivāsā, raghunāyaka ke tumha priya dāsā.
(7.93b.1)

"You are an omniscient knower of Truth, having reached beyond the darkness of ignorance, intelligent, amiable, straight in your dealings and a repository of wisdom, dispassion and Realization. Above all, you are a beloved servant of Śrī Raghunātha." (7.93b.1)

Clarification – Garuda ji becomes overwhelmed with blissful and gratitude to Kākabhuśundi ji, for the elimination of his infatuation through his immense and profound jñāna. Before asking him an important question, he extols his abundant jñāna and virtues in the above chaupāi.

तुम्हहि न ब्याप्त काल अति कराल कारन कवन।
मोहि सो कहहु कृपाल ग्यान प्रभाव कि जोग बल॥

(7.94क)

"ऐसा वह अत्यंत भयंकर काल आप पर अपना प्रभाव नहीं दिखलाता, इसका क्या कारण है? हे कृपालु! मुझे बताइये कि यह ज्ञान का प्रभाव है या योग का बल है?" (7.94क)

स्पष्टीकरण–गत चौपाइयों में भगवान शिव गरुड़ जी को इस बात का ज्ञान प्रदान करते हैं कि काकभुशुण्डि जी महाप्रलयकाल में भी नष्ट नहीं होते, जबकि वह असंख्य ब्रह्माण्डों को निगल चुका है और वह सबके लिये अनिवार्य है।

उपर्युक्त चौपाई में गरुड़ से उस गोपनीय ज्ञान को प्राप्त करने की उत्कट लालसा है, जिससे यह जान सकें कि काल काकभुशुण्डि जी को किस कारण से अपना ग्रास बनाने में असमर्थ है– ज्ञानबल के कारण या योगबल के।

Tumhahi na byāpata kāla ati karāla kārana kavana,
Mohi so kahahu kṛpāla gyāna prabhāva ki joga bala.

(7.94a)

"How is it that the most formidable time. Spirit has no power over you? Tell me my gracious Lord is it a glory of spiritual insight or a feat of yoga?" (7.94a)

Clarification- In the previous chaupāis, Lord śiva has provided the jñāna to garudaji that Kākabhuśandi ji is not been perished even during the dissolution (Mahāpralaya) while the time-spirit has devoured countless universes and is ever irresistible.

In the above chaupāi, garuḍa has a wistful lust to attain esoteric jñāna from Kākabhuśandi to know about the time-spirit which is unable to devour Kākabhuśaṇḍi because of the power of jñāna or yoga.

भए लोग सब मोहबस लोभ ग्रसे सुभ कर्म।
सुनु हरिजान ग्यान निधि कहउँ कछुक कलिधर्म॥

(7.97ख)

"सभी लोग मोह के वशीभूत हो गए, शुभकर्मों को लोभ ने ग्रस लिया। हे ज्ञान के भंडार! हे श्रीहरि के वाहन! सुनिए, अब मैं कलियुग के कुछ धर्म बताता हूँ।" (7.93ख)

स्पष्टीकरण–गत चौपाइयों में काकभुशुण्डि जी कलियुग में होने वाले पापकर्मों से सम्बन्धित ज्ञान को प्रकाशित करते हैं। प्रायः सभी सद्ग्रन्थ लुप्त हो गये हैं, सज्जन लोगों का अपमान किया जाता है तथा ढोंगी साधुओं ने अनेक नये पंथ बनाकर घोषित कर दिए हैं।

उपर्युक्त चौपाई भी कलियुग में होने वाले दूषित एवं नीच कार्यों के विषय में पर्याप्त ज्ञान प्रकाशित करती है। सभी लोग लोभ एवं मोह के वशीभूत हैं। कलियुग के कुछ धर्मों के विषय में भी ज्ञान प्रदान करना चाहते हैं।

Bhae loga saba mohabasa lobha grase subha karma
Sunu harijāna gyāna nidhi kahaū kachuka kalidharma.

(7.97b)

"The people had all fallen a prey to delusion and all pious acts had been swallowed by greed. Now listen, all wise mount of Śrī Hari as I describe a few traits of kali age." (7.97b)

Clarification– In the previous chaupāis Kākabhuśandi explicate the jñāna about the sinful actions during the Kaliyuga. All sacred scriptures have disappeared, gentlemen are abased and sanctimonious saint have promulgated new cults.

The jñāna about the above chaupāi also emits during the Kaliyuga; all are subjugated by rapacity and delusion he wants to elicit the jñāna about the same.

नारि बिबस नर सकल गोसाईं। नाचहिं नट मर्कट की नाईं॥
सूद्र द्विजन्ह उपदेसहिं ग्याना॥ मेलि जनेऊ लेहिं कुदाना॥

(7.98ख.1)

"हे गोसाईं! सभी मनुष्य स्त्रियों के वश में रहकर बाजीगर के बंदर की भांति नाचते हैं। शूद्र ब्राह्मणों को ज्ञानोपदेश देते हैं और गले में जनेऊ डालकर दान ग्रहण करते हैं।" (7.98ख.1)

स्पष्टीकरण–काकभुशुण्डि जी पुनः कलियुग में होने वाले लोगों के

लक्षण एवं उनके कार्यों के विषय में विस्तृत रूप से ज्ञान प्रदान करते हैं, जैसे- अनुशासन हीनता, अहंकार, धनलोलुप लोग, शेखीबाज, पराये धन के अपहर्त्ता, वाचाल लोग, ढोंगी तथा अन्य गलत चीजें।

उपर्युक्त चौपाई भी कलियुग में होने वाले लोगों के विनाशकारी एवं हानिकारक कार्यों एवं लक्षणों के विषय में विस्तृत ज्ञान प्रदान करती है।

Nāri bibasa nara sakala gosāī, nācahī nata markaṭa kī nāī.
Sūdra dvijanha upadesahī gyānā, meli janeū lehī kudānā
(7.98b.1)

"Dominated by women, my lord, all men dance to their tune like a monkey controlled by its trainer. Śūdras instruct the Brāhmaṇas (the twice-born) in spiritual wisdom and, wearing the sacred thread, accept impious gifts." (7.98b.1)

Clarification – Kāka Bhuśandi ji again elicits the vast jūāna extremely about the traits of people and their salient features as indiscipline, arrogance, mercenary, braggers, abductions of wealth, loquacious men, impostors, and other vicious things during the Kaliyuga.

The above chapuāi also provides us the vast jñāna about the pernicious and harmful actions and traits of things and living beings during the Kalikāla.

ब्रह्म ग्यान बिनु नरि नर कहहिं न दूसरि बात।
कौड़ी लागि लोभ बस करहिं बिप्र गुर घात॥ (7.99क)

"स्त्री-पुरुष ब्रह्मज्ञान के सिवा दूसरी बात ही नहीं करते, पर वे थोड़े से लाभ के लिए ब्राह्मण और गुरु की हत्या तक कर डालते हैं।" (7.99क)

स्पष्टीकरण-काकभुशुण्डि जी कहते हैं कि कलिकाल में बिना तात्विक एवं वास्तविक ज्ञान के मूढ़ लोग भी ज्ञान की परमात्मा संबंधी आध्यात्मिक ज्ञान की बात करते हैं, यहाँ तक कि ढोंगी ज्ञानी भी अपने आपको हर चीज का बहुत बड़ा ज्ञानी समझते हैं। ऐसे लोभी ज्ञानी अपने तुच्छ लाभ के लिए नीच से नीच कार्य कर सकते हैं।

Brahma gyāna binu nāri nara kahahī na dūsari bāta.
Kaurī lāgi lobha basa karahī bipra gura ghāta.
(7.99a)

"Men and women talk of nothing else than the knowledge of Brahma, while in their greed they would kill a Brāhmana, or for the matter of that even their own spiritual guide for the sake of a few shells." (7.99a)

Clarification- Kāka Bhuśundi exposits that in Kali Kāla, without having the real jñāna, even obtuse men talk of jñāna (knowledge) about the Supreme God, even sanctimonious jñāns (cognizants) apprehend themselves as a great jñāni of everything and such repacious jñāns, can perform the most sordid deed for their own absurd interest.

कलिजुग जोग न जग्य न ग्याना। एक अधार राम गुन गाना।।
सब भरोस तजि जो भज रामहि। प्रेम समेत गाव गुन ग्रामहि।।
(7.102ख.3)

"कलियुग में न तो योग और यज्ञ है और न ज्ञान ही है श्रीराम जी का गुणगान ही एक मात्र आधार है। अतएव सारे भरोसे त्यागकर जो श्रीराम जी को भजता है और प्रेम सहित उनके गुण समूहों को गाता है।" (7.102ख.3)

स्पष्टीकरण–यह चौपाई भी हमको उपदेशित करती है कि कलियुग में ज्ञान, व्रत, तप, योग आदि सब प्रभावहीन है, केवल सतत रूप से राम–नाम का जाप, सब शक्तियों और गुणों के निधान श्री राम का गुणगान ही सांसारिक माया से मुक्ति के एक मात्र साधन हैं।

Kalijuga loga na jagya na gyānā, eka adhāra rāma guna gānā.
Saba bharosa taji jo bhaja rāmahi prema sameta gāva guna grāmahi.
(7.102b.3)

"In the age of Kali neither Yoga (concentration of mind), nor the performance of sacrifices nor spiritual wisdom is of any avail; one's only hope lies in singing Śrī Rāma's glories. Giving up all other hopes, whosoever worships Śrī Rāma and fondly chants His glories undoubtedly crosses the ocean of transmigration." (7.102b.3)

Clarification – This chaupāi precepts us that jñāna, vow, penance, yoga all performances are fruitless in Kaliyuga, only incessant repetition of śrī Rām's name and extolling the supreme God as the repository of all supreme powers and virtues are the source to be redeemed from the terrestrial delusion.

निराकारमोंकारमूलं तुरीयं। गिरा ग्यान गोतीतमीशं गिरीशं।।
करालं महाकाल कालं कृपालं। गुणागार संसारपारं नतोऽहं।।
(7.110.2)

"हे निराकार, ओंकार के मूल, तीनों गुणों से अतीत, वाणी, ज्ञान और इंद्रियों से परे, कैलासपति, विकराल, महाकाल के भी काल, कृपालु, गुणों के धाम तथा संसार से परे आप परमेश्वर को मैं नमस्कार करता हूँ।" (7.710.2)

स्पष्टीकरण–काकभुशुण्डि अपने पूर्व जीवन में एक दुर्लभ एवं महागुणी गुरु के शिष्य होने तथा कलिकाल में घटित नीच एवं दुष्ट कार्यों के विषय में ज्ञान कराते हैं। गुरु से अमित ज्ञान-प्राप्ति के कारण अभिमानी होकर उसने अपने गुरु का अनेक बार अपमान किया तथा गुरु के महान् अपमान के कारण उसे आकाशवाणी द्वारा सर्प के रूप में एक बड़े वृक्ष की खोह में रहने का शाप मिला। गुरु अपने शिष्य को भय से काँपते हुए देखकर शिष्य को क्षमा करने हेतु ज्ञान एवं वाणी से परे भगवान् शिव की प्रार्थना करने लगे।

Nirākāramoṁkāramūlaṁ turīyaṁ, girā gyāna Gotitamśaṁ girishan
Karālaṁ mahākāla kālaṁ kṛpālaṁ, guṇāgāra saṁsārapāraṁ nato haṁ.
(7.110b-2)

"I bow to the supreme Lord, who is devoid of form, transcendent, and extra-cosmic, beyond speech, understanding and sense perception, terrible yet gracious, the seed of the mystic syllable OM, the Ruler of Kalīsa, the Devourer even of the great Time-Spirit and the abode of virtues." (7.110b.2)

Clarification– Kākabhuśuṇḍi makes Garuda acquainted with a jñāna about his past life as a disciple of a rare and virtuous guru, the sorded and dissipative actions in Kalikāla. After assimilation of immense jñāna from his guru in Ujjain, being an arrogant because of his imnense jñāna, abased his guru so many times because of abasement of guru, he was cursed by an ether sound to live in the form of snake in a hollow of a huge tree. Seeing his disciple most terrified and tillitated, guru implores Lord śiva as beyond jñāna and speech to forgive him.

जनमत मरत दुसह दुख होई। एहि स्वल्पउ नहिं ब्यापिहि सोई।।
कवनेउँ जन्म मिटिहि नहिं ग्याना। सुनहि सूद्र मम बचन प्रवाना।।
(7.108घ.4)

"परन्तु जन्मने और मरने में जो दु:सह दुख होता है, वह दुख इसे तनिक भी कष्ट नहीं देगा तथा किसी भी जन्म में इसका ज्ञान नहीं मिटेगा। हे शूद्र! यह मेरा प्रामाणिक वचन सुन।" (7-108घ.4)

स्पष्टीकरण–ब्राह्मण गुरु की निष्कपट पूजा एवं प्रार्थना को अनुभव कर भगवान शंकर ने कृपालु एवं दयालु होकर उसके शिष्य को वरदान दिया कि वह किसी भी जन्म में ज्ञान रहित नहीं होगा और न जन्म-मरण के चक्र से पीड़ित होगा।

janamata marata dusaha dukha hoī, ehi svalpau nahī byāihi soī.
kavaneū janma miṭhi nahī gyānā, sunahi sūdra mama becana pravānā
(7.108.D.4)

"But the terrible agony inolved in each successive birth and death shall not affect him in the least (Turning to me, the voice continued) Hear, O Śūdra, my true and definite word: in none of your births shall your awareness (of previous existence) leave you." (7.108D.4)

Clarification – Perceiving the wileless adoration and supplications of Brahmaṇa guru, Lord śiva becoming compassionate and merciful, blessed a boom, that his disciple never be devoid of jñāna in any birth and afflicted by the cycle of rebirth.

सिवँ राखी श्रुति नीति अरु मैं नहिं पावा क्लेस।
एहि बिधि धरेउँ बिबिध तनु ग्यान न गयउ खगेस॥
(7.109घ)

"शिवजी ने वेद की मर्यादा की रक्षा की और मुझे कोई क्लेश भी नहीं हुआ। इस प्रकार हे पक्षिराज! मैंने अनेक शरीर धारण किए पर मेरा ज्ञान बना रहा।" (7.109घ)

स्पष्टीकरण–उपर्युक्त चौपाई में काकभुशुण्डि जी पिछले अनेक जन्मों के विषय में ज्ञान का स्पष्टीकरण करते हुए कहते हैं कि वह भगवान् शिव की कृपा से पिछले समय के किसी भी पुनर्जन्म में अपने ज्ञान से रहित नहीं हुआ।

Sivā rākhī śruti nīti aru maī nahī pāvā klesa.
ehi bidhi dhareu bibidhi tanu gyāna na gayau khagesa
(7.109D)

"Lord Śiva vindicated the Vedic law, while I was spared the agony (involved in the rounds of birth and death). In this way, O Lord of winged creatures, I assumed various forms; but my awareness of my past births never left me." (7.109d)

Clarification – In the above chaupāi, Kākabhuśandi, explicating the jñāna about his so many births in the past yuga, tells that because of the compassion of Lord śiva, he never lost his jñāna in his any rebirth.

तब मुनीस रघुपति गुन गाथा। कह कछुक सादर खगनाथा।।
ब्रह्मग्यान रत मुनि बिग्यानी। मोहि परम अधिकारी जानी।।

(7.110घ.1)

"हे पक्षिराज तब! मुनीश्वर ने श्रीरघुनाथजी के गुणों की कुछ कथाएँ आदरपूर्वक सुनाई। फिर वे ब्रह्मज्ञान परायण ज्ञानी मुनि मुझे परम अधिकारी जानकर।" (7.110घ.1)

स्पष्टीकरण–उपर्युक्त चौपाई में (सुमेरु पर्वत के शिखर पर) लोमशमुनि काकभुशुण्डि जी को, प्रार्थना करने पर निर्गुण एवं सगुण ब्रह्म के विषय में ज्ञान प्रदान करना चाहते हैं।

taba munīsa raghupati guna gāthā kaha kachuka sādara khaganāthā.
bramagyāna rata muni bigyānī, mohi parama adhikāī jānī.

(7.110.D.1)

"Thereupon the great sage recounted earnestly a few virtues of Śrī Raghunātha, O Lord of the feathered creation. But himself being devoted to the knowledge of Brahma (the Absolute) and taking me to be the fittest person (to be initiated into such knowledge)." (7.110D.1)

Clarification – In the above Lomas'a muni wants to instruct Kāka Bhuśandi (who is in the form of an educated Brāhma, under a banyan tree on the peak of Simeru Mountain an esoteric jñāna about the manifested (incarnated) Brahma and unmanifested (formless) form of Brahma (The Supreme God).

दो.– **बारंबार सकोप मुनि करइ निरूपन ग्यान।**
मैं अपनें मन बैठ तब करउँ बिबिध अनुमान।।

(7.111क)

"मुनि बार-बार क्रोध सहित ज्ञान का निरूपण करने लगे। तब मैं बैठा-बैठा अपने मन में अनेक प्रकार के अनुमान लगाने लगा।" (7.111क)

स्पष्टीकरण–उपर्युक्त चौपाई में सुमेरु पर्वत की चोटी पर बैठकर लोमश मुनि जी काकभुशुण्डि जी के सम्मुख ज्ञान का निरूपण करना आरंभ करते हैं।

Bāraṁbāra sakopa muni karai nirūpana gyāna.
maī apane mana baiṭha taba karaū bibidha anumāna.

(7.111a)

"Again and again in the heat of passion the sage expatiated on knowledge of the Absolute, while I sat still and put to myself various questions." (7.111a)

Clarification – In the above chaupāi seated on the peak of the Sumeru Mountain begins to explicate the jñāna expoundly before Kākabhuśandi ji.

दो.- सदा राम प्रिय होहु तुम्ह सुभ गुन भवन अमान।
कामरूप इच्छामरन ग्यान बिराग निधान।।

(7.113क)

"तुम सदा श्रीराम जी को प्रिय रहोगे और गुणों के धाम, मान रहित इच्छानुसार रूप धारण करने में समर्थ, इच्छा-मृत्यु एवं ज्ञान और वैराग्य के भंडार हो जाओगे।" (7-113d)

स्पष्टीकरण–उपर्युक्त चौपाई में लोमशमुनि जी काकभुशुण्डि जी को ज्ञान का भण्डार, अहंकार रहित, श्रीराम जी का सच्चा भक्त आदि होने का वरदान देते हैं।

Sadā rāma priya hohu tumha subha guna bhavana amāna,
kāmarūpa icchạāamarana gyāna birāga nidhāna

(7.113a)

"You shall ever be a favourite of Śrī Rāma and repository of good qualities, free from pride, taking any form at your will and choosing your own time for death, and a repository of wisdom and dispassion." (7.113a)

Clarification – In the above chaupāi, Lomaśa muni gives blessings to Kākabhuśundi as to be the repository of jñāna devoid of arrogance true devoted of śrī Rāma.

जे असि भगति जानित परिहरहीं। केवल ग्यान हेतु श्रम करहीं।।
ते जड़ कामधेनु गृहँ त्यागी। खोजत आकु फिरहिं पय लागी।।

(7.114ख.1)

"जो व्यक्ति भक्ति की इतनी महिमा जानकर भी उसे छोड़ देते हैं और केवल ज्ञान के लिए ही श्रम करते हैं वे मूर्ख कामधेनु को छोड़कर दूध के लिए आक के पेड़ को खोजते फिरते हैं।" (7.114ख.1)

स्पष्टीकरण–उपर्युक्त चौपाई में काकभुशुण्डि जी गरुड़ को बतलाते हैं कि भक्ति ज्ञान से अधिक श्रेष्ठ हैं, किसी को भी केवल ज्ञान पर ही निर्भर नहीं रहना चाहिए।

Je asi bhagati jāni pariharahī, kevala gyāna hetu śrama karahī
te jara kāmadhenu gṛhā tyagś, khojata āku phirahī paya lāgī.

(7.114b.1)

"They, who knowingly cast asside such Devotion and take pains to acquire mere knowledge, are fools who would leave alone the cow of plenty at their own house and knowledge about in search of the Āka plant (the milk-weed) to get milk out of it." (7.114b.1)

Clarification – In the above chaupāi, Kākabhuśuṇdi ji tells Garuḍa ji that true devotion is better than jñāna. Nobody should depend on jñāna only.

कहहिं संत मुनि बेद पुराना। नहिं कछु दुर्लभ ग्यान समाना।।
सोइ मुनि तुम्ह सन कहेउ गोसाईं। नहिं आदरेहु भगति की नाईं।।5।।
(7.114.5)

"संत, मुनि, बेद पुराण यह कहते हैं कि ज्ञान के समान कुछ भी दुर्लभ नहीं है। हे गोसाईं! वही ज्ञान मुनि ने आपको बताया, परंतु आपने भक्ति के समान उसका आदर नहीं किया।" (7.114.5)

स्पष्टीकरण–गरुड़ काकभुशुण्डि जी से कहते हैं कि यद्यपि वेदपुराणों के अनुसार ज्ञान संसार में अनुपम एवं दुर्लभ है, किन्तु वे काकभुशुण्डि जी से भक्ति के विषय में भी कुछ प्रकाश डालने की प्रार्थना करते हैं।

Kahahī saṁta muni beda purānā, nahī kachu durlabha gyāna samānā.
soi muni tumha sana kaheu gosaī, nahś ādarehu bhagati kī naī.
(7.114.5)

"The saints and sages as well as the Vedas and Purānas declare that there is nothing so difficult of attainment as wisdom. Although sage Lomaśa instructed you in the same, my lord, you did not show the same amount of regard for Yoga of Knowledge as for Devotion." (7.114.5)

Clarification – Garuda says to Kakabhuśundi ji that the Veda and Purānas jñāna is peerless and scarce in the universe but implores him to explicate something about devotion.

ग्यानहिं भगतिहि अंतर केता। सकल कहहु प्रभु कृपा निकेता।।
सुनि उरगारि बचन सुख माना। सादर बोलेउ काग सुजाना।।
(7.114.6)

"हे प्रभो! ज्ञान और भक्ति में कितना अंतर है? यह सब मुझे बताइए। गरुड़जी के वचन सुनकर काकभुशुंडिजी सुखपूर्वक बोले।" (7.114.6)

स्पष्टीकरण–सुमेरु पर्वत के उत्तर में स्थित नील नामक पर्वत की चोटी पर बैठकर काकभुशुण्डि जी पक्षिराज गरुड़ के सम्मुख अपने पूर्व जन्मों की

कथाओं से संबंधित कथाओं के ज्ञान का वर्णन करते आ रहे हैं। गरुड़ जी ज्ञान और भक्ति के मध्य अन्तर को स्पष्ट करने की प्रार्थना करते हैं।

Gyānahi bhagatihi aṁtara ketā, sakala kahahu prabhu kṛpā niketā.
suni uragārī becana sukha mānā, sādara boleu kāga sujānā.
(7.114b.6)

"Explain to me, my gracious lord, all the difference between knowledge and Devotion. The sagacious Kākabhuśuṇḍi was gratified to hear the question of Garuḍa and graciously replied. (7.114b.6)

Clarification – Kākabhuśuṇḍi ji has been describing jñāna before Garuda about his episodes related to his previous rebirths seated on the peak of Nila Mountain in the North of Sumera Mountain before garuḍa, the king of birds. Garuda suplicates him to provide the jñāna and explicate the difference between jñāna and devotion.

भगतिहि ग्यानहि नहिं कछु भेदा। उभय हरहिं भव संभव खेदा।।
नाथ मुनीस कहहिं कछु अंतर। सावधान सोउ सुनु बिहंगबर।।
(7.114.7)

"भक्ति और ज्ञान में कुछ भी भेद नहीं है। ये दोनों ही संसार द्वारा उत्पन्न क्लेशों को हर लेते हैं। हे नाथ! मुनिजन इनमें कुछ अंतर बताते हैं, उसे सावधान होकर सुनिए।" (7.114.7)

स्पष्टीकरण-गरुड़ जी की प्रार्थना पर काकभुशुण्डि जी कहते हैं कि यद्यपि ज्ञान और भक्ति में कोई अन्तर नहीं है किन्तु मुख्य सन्तों के अनुसार कुछ भेद है जो आगे स्पष्ट किया जाता है-

Bhagatihi gyānahi nahī kachu bhedā, ubhaya harahī bhava saṁbhava khedā.
Nātha munsa kahahī kachu aṁtara, sāvadhāna sou sunu bihaṁgabara.
(7.114b.7)

"There is no difference whatsoever between way of knowledge and Devotion : both are equally efficacious in relieving the torments of birth and death. Great sages nonetheless point out some difference between the two, my lord: listen to the same with rapt attention, O Chief of the birds." (7.114b.7)

Clarification – On the supplication of garuda Kākabhuśundi ji explicits that although there is no difference between jñāna and devotion but chief saints tell some difference which to be cleared further.

सोउ मुनि ग्याननिधान मृगनयनी बिधु मुख निरखि।
बिबस होई हरिजान नारि बिष्नु माया प्रकट।।

(7.115ख)

"ज्ञान के भंडार मुनि भी युवती स्त्री के मुख को देखकर उसके अधीन हो जाते हैं। हे गरुड़जी! साक्षात भगवान विष्णु की माया ही स्त्री रूप से प्रकट हुई है।" (7.115ख)

स्पष्टीकरण-उपर्युक्त चौपाई स्पष्ट करती है कि कभी-कभी ज्ञानी सांसारिक माया के कारण, कामवासना के वशीभूत हो जाता है।

Sou muni gyānanidhāna mṛganayanī bidhu mukha nirakhi.
Bibasa hoi harijāna nāri biṣnu māyā pragaṭa.

(7.115b)

"But even an enlightened sage, O Garuḍa, succumbs to the charms of a pretty woman at the very sight of her moon-like face. It is God Viṣṇu's own Māyā (deluding potency) that manifests itself in the form of a woman.!" (7.115.b)

Clarification – In the above chaupāi it is clarified that sometimes jñāna is subjucated by the bibido Icoition) because of mundane delusion.

औरउ ग्यान भगति कर भेद सुनहु सुप्रबीन।
जो सुनि होई राम पद प्रीति सदा अबिछीन।। (7.116ख)

"हे गरुड़जी! ज्ञान और भक्ति का एक और भेद भी है, जिसे जानकर श्रीराम जी के चरणों में सदा अविच्छिन्न प्रेम हो जाता है।" (7.116ख)

स्पष्टीकरण-काकभुशुण्डि जी, गरुड़ को गोपनीय ज्ञान और भक्ति का पारस्परिक अन्तर स्पष्ट करने के लिये, एक गोपनीय ज्ञान प्रदान करते हैं।

Aurau gyāna bhagati kara bheda sunahu suprabīna,
Jo suni hoi rāma pada prītti sadā abichīna

(7.116b)

"Further hear, O most sagacious Garuḍa the distinction between "knowledge" and "devotion" by hearing which one develops perpetual and uninterrupted love for Śrī Rāma's feet." (7.116b)

Clarification- Kākabhuśundiji is explicating the difference between jñāna and devotion through providing an esoteric jñāna to garuda ji.

जोग अगिनि करि प्रगट तब कर्म सुभासुभ लाइ।
बुद्धि सिरावै ग्यान घृत ममता मल जरि जाइ॥

(7.117क)

"तब योग-रूपी अग्नि को प्रकट करके उसमें समस्त शुभाशुभ कर्मों को योग-रूपी अग्नि में भस्म कर दे। जब वैराग्य-रूपी मक्खन का ममता-रूपी मल जल जाए, तब बचे हुए ज्ञान-रूपी घी को बुद्धि पूर्वक ठंडा करे।" (7.117क)

स्पष्टीकरण-उपर्युक्त चौपाई से ज्ञान-प्राप्ति के सारे रूप में यही प्रकट होता है, कि ज्ञान प्राप्त करना कोई सरल कार्य नहीं है।

कवि ज्ञान के महत्व को रूपकालङ्कार को प्रयुक्त करते हुए बड़ी संक्षिप्त एवं आलंकारिक भाषा में व्यक्त करता है।

Joga againi kari pragata taba karma subhāsubha lāi.
Buddhi sirāvai gyāna ghṛta mamatā mala jari jāi.

(7.117a)

"After kindling the fire of Yogaz (concentration of mind) one's past Karma, both good and evil, should be consigned to it as fuel, and butter placed on it. When the scum in the form of wordly attachment is burnt, the Ghee (clarified butter) that is left in the form of 'knowledge' should be cooled down by Buddhi (Reason)." (7.117a)

Clarification – The above chaupāi elicits the compadium about the attainment of jñāna that it is not easy task to attain the real jñāna.

The poet explicits the importance of jñāna through very terse and rhetorical language using the figure of speech metaphor (Rūpaka).

एहि बिधि लेसै दीप तेज रासि बिग्यानमय।
जातहिं जासु समीप जरहिं मदादिक सलभ सब॥

(7.117घ)

"इस प्रकार तेज की राशि विज्ञानमय दीपक को जलावे, जिसके समीप जाते ही मद आदि सब पतंगे जल जाएँ।" (7.117.घ)

स्पष्टीकरण-यह चौपाई अज्ञानता के अंधकार को विदीर्ण करने वाले ज्ञान रूपी दीपक का महत्व प्रगट करती है।

Ehi bidhi lesai dīpa teja rāsi bigyānamaya,
Jātahī jāsu samīpa jarahī madādika salabha saba.

(7.117d)

"In this manner one should light the glorious lampo of (direct) knowledge (Vijñāna), by merely approaching which moths in the shape of vanity etc., are all consumed." (7.117d)

Clarification – This chaupāi reveals the importance of the lamp of jñāna which dispels the darkness of ignorance.

इंद्रिन्ह सुरन्ह न ग्यान सोहाई। बिषय भोग पर प्रीति सदाई॥
बिषय समीर बुद्धि कृत भोरी। तेहि बिधि दीप को बार बहोरी॥
(7.117घ.8)

"इंद्रियों और इनके देवताओं को ज्ञान अच्छा नहीं लगता; क्योंकि उनकी सदा ही भोग-विलास में प्रीति रहती है और बुद्धि को भी विषय-रूपी हवा ने बुद्धू बना दिया। तब दुबारा उस ज्ञान-दीपक को उसी प्रकार कौन जलाए? ।"(7.117घ.8)

स्पष्टीकरण-इस चौपाई से ध्वनित होता है कि ज्ञान का प्रज्वलित दीपक कामवासना या माया की हवा के झोंके से बुझ भी सकता है। अत: ज्ञान का प्राप्त करना अत्यन्त कठिन है।

Iṁdrinha suranha na gyāna sohāī, biṣaya bhoga para prīti sadāī.
Biṣaya samīra buddhi kṛta bhorī tehi bidhi dīpa ko bāra bahorī.
(7.117d.8)

"Knowledge is welcome neither to the senses nor the gods presiding over them, who are ever fond of sensuous enjoyments. And the Buddhi too having been distracted by the blast of sensuality, who would light the lamp again as before?" (7.117d.8)

Clarification- The above chaupṡi elicits that the lit up lamp of jñāna may be put out by the puff of the air of libido or illusion, so it is very difficult to attain the real jñāna.

ग्यान पंथ कृपान कै धारा। परत खगेस होइ नहिं बारा॥
जो निर्बिघ्न पंथ निर्बहई। सो कैवल्य परम पद लहई॥
(7.118ख.1)

"ज्ञान का मार्ग दुधारी तलवार की धार के समान है। इससे गिरते देर नहीं लगती। जो इस मार्ग से निर्विघ्न निकल जाता है, उसे ही मोक्ष रूपी परमपद प्राप्त होता है।" (7.118ख.1)

स्पष्टीकरण-ज्ञान को समझने, समझाने एवं उसे सँभालने में बहुत कठिनाई होती है। ज्ञान-पथ रूपी तलवार की धार पर चलना अत्यन्त कठिन है।

Gyāna paṁtha kṛpāma kai dhaārā parata khagesa hoi nahi bārā.
Jo nirbighna paṁtha nirbahaī, so kaivalya parama pada lahaī.
(7.118b.1)

"The path of knowledge is like the edge of a sword; one is apt to fall from it in no time, O king of birds. He alone who successfully treads it attains to the supreme state of final emancipation." (7.118b.1)

Clarification – It is very difficult to understand, inculcate and to uphold for a long time. It is very difficult to walk on the path of jñāna like the edge of a sword.

कहेउँ ग्यान सिद्धांत बुझाई। सुनहु भगति मनि कै प्रभुताई।।
राम भगति चिंतामनि सुंदर। बसइ गरुड़ जाके उर अंतर।।
(7.119ख.1)

"मैंने ज्ञान का सिद्धांत समझाकर कहा। अब भक्ति-रूपी मणि की महिमा सुनिए। श्रीरामजी की भक्ति सुंदर चिंतामणि है। हे गरुड़जी! यह जिसके हृदय में निवास करती है।" (7.119ख.1)

स्पष्टीकरण-काकभुशुण्डि जी गरुड़ के प्रति ज्ञान प्राप्ति के सिद्धान्त को निरूपित कर चुके हैं अब भक्ति के विषय में प्रकाश डालेंगे।

Kahaū gyāna siddhāṁta bujhāī, sunahu bhagati mani kai prabhutāī.
Rāma bhagati ciṁtāmani suṁdara, bassi garura jāke ura aṁtara.
(7.119b.1)

"I have expounded at length the established doctrine relating to 'Knowledge'; hear now the virtue of Devotion, which has been likened to a jewel. The beautiful wish-yielding gem of devotion to Śrī Rāma is an embodiment of supreme effulgence." (7.119b.1)

Clarification – The doctrine related to the attainment of jñāna has been explicated by Kākabhuśaṇḍi to Garudaji, now he is going to expound about the devotion.

पावन पर्बत बेद पुराना। राम कथा रुचिराकर नाना।।
मर्मी सज्जन सुमति कुदारी। ग्यान बिराग नयन उरगारी।।
(7.119ख.7)

"वेद-पुराण पवित्र पर्वत हैं। श्रीराम जी की कथाएँ उन पर्वतों की सुंदर खानें हैं। संतजन इन खानों के रहस्य को जानने वाले हैं और सुंदर बुद्धि उसे खोदने वाली कुदाल है। हे गरुड़जी! ज्ञान और वैराग्य- ये दो उनके नेत्र हैं।" (7.119ख.7)

स्पष्टीकरण–इस चौपाई का सार है कि ज्ञान मनुष्य के नेत्र हैं, जिनके द्वारा वह ज्ञान के ही प्रकाश में न कि अज्ञान रूपी अन्धकार में सब कुछ देख सकता है।

यहाँ पर कवि ने ज्ञान के सार को अत्यन्त रमणीय, मनमोहक सांग रूपकात्मक तथा अन्योक्ति पूर्ण भाषा में चित्रित किया है।

Pāvana parbata beda purānā, rāma kathā rucirākara nānā.
marmī sajjana sumati kudārī, gyāna birāga nayana uragārī.

(7.119b.7)

"The Vedas and Purāṇas represent holy mountains, and the stories of Śrī Rāma are the many glorious mines located in their mind. The saints are the expert minerologists and their penetrating intellect, the pickaxe; while spiritual wisdom and dispassion, O venerable Garuḍa, are the two eyes (surveying the mines)." (7.119b.7)

Clarification – The compendium of this chaupāi is that the jñāna is really like eyes of a man, by which he can see every thing in the light of jñāna not in the darkness of ignorance or delusion.

Here, the poet has depicted the compendium of jñāna through every elegant and enchanting metaphorical and allegorical language.

बिरति चर्म असि ग्यान मद लोभ मोह रिपु मारि।
यज पाइअ सो हरि भगति देखु खगेश बिचारि॥

(7.120क)

"हे गरुड़जी वैराग्य-रूपी ढाल से अपने को बचाते हुए और ज्ञानरूपी तलवार से मद, लोभ और मोह-रूपी बैरियों को मारकर हरिभक्ति ही विजय प्राप्त करती है, उसे विचारकर देखिए।।" (7.120.क)

स्पष्टीकरण–काकभुशुण्डि जी ज्ञान और भक्ति दोनों के महत्त्व को वर्णित करते हैं। मानवजीवन की पूर्णता के लिये ज्ञान और भक्ति दोनों ही अनिवार्य हैं।

Birati carma asi gyāna mada lobha moha ripu māri.
Jaya pāia so hari bhagati dekhu khagesa bicāri

(7.120a)

"Using Dispassion as a shield (for self-defence) and slaying with the sword of wisdom enemies in the form of vanity, greed and infatuation, it is devotion to Śrī Hari that gives victory, ponder and realise this, O King of birds." (7.120a)

Clarification – In this chaupāi Kāka Bhuśuṇḍi ji describes the importance of both jñāna and devotion, both are irresistible for the repletion of the human life.

ब्रह्म पयोनिधि मंदर ग्यान संत सुर आहिं।
कथा सुधा मथि काढ़हिं भगति मधुरता जाहिं॥

(7.120ख)

"ब्रह्म, अर्थात् वेद समुद्र है, ज्ञान मंदराचल है और संत देवता हैं, जो उस समुद्र को मथकर कथा-रूपी अमृत निकालते हैं, जिसमें भक्ति-रूपी मधुरता बसी रहती है।" (7.120ख)

स्पष्टीकरण-पुनः, काकभुशुण्डि जी ने मनुष्यों के सफल जीवन के लिये ज्ञान और भक्ति दोनों को ही अनिवार्य बताया है। यहाँ भी महाकवि के भावों को अलंकृत शैली में चित्रित किया है।

Brahma payonidhi maṁdara gyāna saṁta sura āhī.
Kathā sudhā mathi kārhahī bhagati madhuratā jāhī.

(7.120b)

"Brahma (the Vedas) are compared to the ocean (of milk); spiritual wisdom plays the role of Mount Mandara; while saints are the gods who churn out nectar in the form of the sacred legends; and Devotion represents its sweetness." (7.120b)

Clarification – Again, Kākabhuśuṇḍi ji expounds the importance of both jñāna and devotion which are inevitable for the successful life of human beings.

Here the poet again depicts the ideas through the figurative language and genre.

सुर श्रुति निंदक जे अभिमानी। रौरव नरक परहिं ते प्रानी॥
होहिं उलूक संत निंदा रत। मोह निसा प्रिय ग्यान भानु गत॥

(7.120ख.13)

"जो अभिमानी जीव देवताओं और वेदों की निंदा करते हैं, वे रौरव नरक में जाते हैं। संतों की निंदा में लगे जीव उल्लू होते हैं, जिन्हें मोह-रूपी रात्रि प्रिय होती है और ज्ञान-रूपी सूर्य जिनके लिए अस्त हुआ रहता है।" (7-120ख.13)

स्पष्टीकरण-प्रार्थना करते हुए, हाथ जोड़कर गरुड़ प्रश्न करते हैं कि कौन-सा शरीर सर्वोत्तम है? तब काकभुशुण्डि जी मानवशरीर को सर्वोत्तम एवं दुर्लभ बताते हैं जो शुभ कर्मों के द्वारा दुखों को दूर करने एवं परमात्मा-प्राप्ति

की सीढ़ी भी है और नीच कर्मों के द्वारा दुखों से पूर्ण नरक जाने की सीढ़ी है, इसलिये इस मनुष्य शरीर में हमें निंदक, बुराई करने वाला, अत्यचारी तथा अपमान करने वाला नहीं बनना चाहिए।

Sura śruti niṁdak je abhimānī rourav naraka parahi te prānī.
Hohī ulūka saṁta niṁdā rata, mohi nisā priya gyāna bhānu gata

(7.120b.13)

"Those conceited persons who revile the gods and the vedas are cast into the hell known as Raurava. They who delight in vilifying the saints are reborn as owls,who love the night of delusion and for whom the sun of wisdom has set." (7.120b.13)

Clarification- Garuḍa asks a question imploring him, with folded hands, "which embodied form of all is the most difficult to obtain"? Kākabhuśandi tells that human body is the best of all and is the ladder to reach the Supreme God through its performed virtuous deeds or the Hell of all afflictions through sordid deeds.

So, men should not be inculpator, blemisher, atrocious and irrevalant in the form of human body.

नेम धर्म आचार तप ग्यान जग्य जप दान।
भेषज पुनि कोटिन्ह नहिं रोग जाहिं हरिजान।।

(7.121ख)

"नियम, धर्म, आचार, तप, ज्ञान, जप, दान तथा और भी करोड़ों औषधियाँ हैं, परंतु हे गरुड़जी! उनसे ये रोग नहीं जाते।" (7.121ख)

स्पष्टीकरण– यह चौपाई ज्ञान और भक्ति की पारस्परिक निर्भरता को व्यक्त करती है। राम जी के प्रति अथवा कृपा ही सभी व्याधियों की अमोघ एवं सुधामयी बूटी है।

Nema dharma ācāra tapa gyāna jagya japa dāna,
bheṣaja puni koṭinha nahī roga jāhī harijāna.

(7.121b)

"There are sacred vows and religious observances and practices, austere penance, spiritual wisdom, sacrifices, Japa (muttering of prayers), charity and myriads of other remedies, too; but the maladies just enumerated do not yield to these, O mount of Śrī Hari." (7.121b)

Clarification– This chaupāi emits the interdependence of jñāna and devotion. Devotion or compassion of Rāma is the infallable and ambrosial herb of all ailments.

बिमल ग्यान जल जब सो नहाई। तब रह राम भगति उर छाई॥
सिव अज सुक सनकादिक नारद। जे मुनि ब्रह्म बिचार बिसारद॥
(7.121ख.6)

"इस प्रकार जब मनुष्य निर्मल ज्ञान-रूपी जल में स्नान कर लेता है, तब उसके हृदय में रामभक्ति आ विराजती है। शिवजी, ब्रह्माजी, शुकदेवजी, सनकादि तथा नारद आदि ब्रह्मविचार करने वाले निपुण मुनि आदि।" (7.121ख.6)

स्पष्टीकरण–काकभुशुण्डि जी स्पष्ट करते हुए कहते हैं कि केवल मात्र अकेली भक्ति परमात्मा के अलौकिक आनन्द को प्राप्त नहीं कर सकती। ज्ञान रूपी पवित्र जल में स्नान करने के पश्चात, भक्त के मन और मस्तिष्क में भी राम की आनन्दमयी भक्ति व्याप्त हो जाती है। (अर्थात् सभी बुराइयों का मल ज्ञान रूपी जल से धुल जाने के पश्चात् श्रीराम की भक्ति भक्त में व्याप्त हो जाती है।)

Bimala gyāna jala jaba so nahāī, taba raha rāma bhagati ura chāī.
Siva aja suka sanakādika nārada je muni brahma bicāra bisārada.
(7.121b.6)

"Being thus rid of all disease when the soul bathes in the pure water of wisdom, the heart is saturated with Devotion to Śrī Rāma. Lord Śiva, Brahmā (the Unborn), Śukadeva, Sanaka and his three brothers, Nārada and other sages who are adept in the contemplation of Brahma." (7.121b.6)

Clarification – Kākabhuśaṇḍi ji explicits that without real jñāna, devotion alone can't achieve the repletion of the celestial and transcendent exultance of the Supreme God. After bathing in the vestal and limpid water of jñāna, the exclusive devotion to Śrī Rāma pervades the heart and mind of a devotee. (All the dirts of evils are cleansed by bathing in the sanctified water of jñāna).

मन क्रम बचन जनित अघ जाई। सुनहिं जे कथा श्रवन मन लाई॥
तीर्थाटन साधन समुदाई। जोग बिराग ग्यान निपुनाई॥
(7.125ख.2)

"जो ध्यानपूर्वक इस कथा को सुनते हैं, उनके मन, वचन और कर्म से उत्पन्न सब प्रकार के पाप नष्ट हो जाते हैं। तीर्थयात्रा आदि साधन, योग, वैराग्य और ज्ञान में निपुणता।" (7.125ख.2)

स्पष्टीकरण–पक्षिराज भगवान् राम की अविचल तथा दृढ़ भक्ति धारण कर, काकभुशुण्डि जी के चरणों में प्रेमपूर्वक नतमस्तक होकर अलौकिक बैकुण्ठ धाम को चले गए। कोई भी ज्ञानी श्रीराम की भक्ति के बिना पूर्ण रूप से आनन्दमय नहीं हो सकता।

Mana krama bacana janita agha jāi sunahi je katha sravana mana lāī.
Trthāṭana sādhana samudāi, joga birāga gyāna nipunāi.
(7.125b.2)

"Again, they who listen to this narrative attentively are absolved of sins committed with the mind, speech or body, Pilgrimages to sacred places and other means of self-purification, perfection in Yoga (mind-control), dispassion and wisdom.

Clarification – When lovingly bowing his head at Kākabhuśuṇḍi ji Garuda left for the Divine abode of the Supreme God having the immuatable, staunch and resolute devotion to śrī Rāma without devotion to Rāma. no jñānī can be mirthful. (7.125b.2)

श्रीराम जी का राज्याभिषेक

साहित्यकार-परिचय

निवास: सी-112, गली नं. 7,
मजलिस पार्क, आदर्श नगर,
दिल्ली-110033,
फोनः 9999248014

डॉ. कृष्ण देव अग्रवाल
'अरविंद'

जीवन-परिचय

डॉ. कृष्ण देव अग्रवाल 'अरविंद', आत्मज स्व. श्री भिक्खन लाल अग्रवाल, जन्म- 8 सितम्बर 1942, ग्राम-जाव, त. छाता, मथुरा (उ.प्र.)

शैक्षणिक कार्य अनुभव: पीएच-डी. (संस्कृत), दिल्ली विश्वविद्यालय, एम. ए. (हिन्दी, संस्कृत), दिल्ली विश्वविद्यालय, एम.ए. (अंग्रेजी) हिमाचल प्रदेश, एम.एड., बी.टी., आयुर्वेद रत्न। सन् 1963 से अध्यापन कार्य, सन् 2002 में एस.सी.ई.आर.टी, नई दिल्ली से वरिष्ठ प्रवक्ता (हिन्दी) पद से सेवानिवृत्त।

सम्मान एवं पुरस्कार:

1. **भारतेन्दु हरिश्चंद्र सम्मान,** सूचना एवं प्रसारण मंत्रालय, भारत सरकार द्वारा 'पत्रकारिता की चिंगारी' (हिन्दी पत्रकारिता और स्वतंत्रता संग्राम), नामक पुस्तक के लिए सम्मानित' 23-5-2007
2. **दिल्ली रत्न एवं "हिन्दी सेवी सम्मान"** 2005, जैमिनी अकादमी, पानीपत (हरियाणा) द्वारा सम्मानित-2005
3. **हिन्दी 'बाल एवं किशोर साहित्य सम्मान",** 29.03.2006 को हिन्दी अकादमी, दिल्ली सरकार द्वारा सम्मानित
4. **'दिल्ली रत्न',** ऑल इंडिया कान्फ्रेंस ऑफ इण्टेलेकच्युल्स द्वारा सम्मानित- 26.11.2006 सहस्त्राब्दी हिन्दी सम्मेलन में सम्मानित- 23.09.2000
5. **'अवन्तिका कलाभूषण सम्मान',** गैर राजकीय संस्था 'अवन्तिका' दिल्ली द्वारा सम्मानित-1998
6. साहित्य अकादमी, पानीपत द्वारा सम्मानित-10.2.2008

साहित्यिक कार्यः

1.	महासचिव	: दिल्ली प्रादेशिक हिन्दी साहित्य संगम, 1960-1964
2.	महासचिव	: अनुसंधान भारती परिषद, दिल्ली- 1969-1975
3.	सचिव	: अग्रवाल महासभा, आदर्श नगर, दिल्ली, 1972-1975
4.	सदस्य	: इन्द्रप्रस्थ संस्कृत परिषद्, 1969-1981
5.	सदस्य	: इतिहास भारती परिषद्, दिल्ली
6.	अवैतनिक संपादक	: 'अग्रध्वनि' (पाक्षिक), आदर्श नगर, दिल्ली, 1972-1975
7.	संरक्षक	: इन्द्रप्रस्थ प्रैस क्लब, (रजि.), दिल्ली, 2005
8.	अनेक पत्र	: पत्रिकाओं लेखों का प्रकाशन 'अग्र ध्वनि' नामक पाक्षिक पत्रों का सम्पादक।
9.	संपादक	: 'प्रथम' वार्षिक शिक्षा पत्रिका, 2006
10.	संस्थापक	: भाई परमानन्द एजुकेशन सोसायटी (रजि.), दिल्ली, 1973
11.	संस्थापक	: अरविंद एजूकेशनल एण्ड वोकेशनल सोसायटी (रजि.), दिल्ली, 19...
12.	संस्थापक	: इन्द्रप्रस्थ सेवा समिति (रजि.), दिल्ली, 2007
13.	ट्रस्टी	: आदर्श सेवक सभा (धर्मार्थ हस्पताल), आदर्श नगर, दिल्ली।
14.	कार्यकारिणी सदस्य	: श्री राम नाटक संकीर्तन मंडल, मजलिस पार्क, आदर्श नगर, दिल्ली
15.	ट्रस्टी	: अग्रवाल धर्मशाला-आदर्श नगर, दिल्ली-110033

प्रकाशित साहित्यः

1. आनन्द वर्धनाचार्य-व्यक्तित्व एवं कृतित्व, 1981
2. मुक्तधारा (मुक्तक काव्य), 1983
3. नेपाली संस्कृत अभिलेखों का हिन्दी अनुवाद (सर्वप्रथम), 1985
4. कृष्ण सतसई (मुक्तक काव्य) हिन्दी अकादमी के सहयोग से, 1995
5. कवित्त शतक (मुक्तक काव्य), 1997
6. विमल धारा (मुक्तक काव्य), 1997
7. सर्वशिक्षा गीतमाला (एस.सी.ई.आर.टी., नई दिल्ली द्वारा प्रकाशित), 1997

8. स्वाधीनता प्रेरक पत्रकारिता (एस.सी.ई.आर.टी., नई दिल्ली द्वारा प्रकाशित, 1999
9. अँग्रेजी वर्ण गीत माला (एस.सी.ई.आर.टी., नई दिल्ली द्वारा प्रकाशित, 2001
10. शब्दयुग्म भंडार, 2003
11. शब्द भण्डार दोहावली (चित्रात्मक), हिन्दी अकादमी, दिल्ली के सहयोग से, 2004
12. पंच स्तम्भ (मौलिक एकांकी संग्रह), पुरस्कृत 2004, हिन्दी अकादमी, दिल्ली सरकार द्वारा
13. एकता के स्वर (कविताएँ), 2006
14. श्रीमद्भगवदगीता का हिन्दी पद्य रूपान्तर, 1986
15. गेय गीता, 2008
16. संक्षिप्त शब्द भण्डार, दोहावली, 2010
17. नेपाली संस्कृत अभिलेखों में साहित्य, 2010
18. Importance of Napalese Sanskrit Inscriptions (Translation into English & Hindi), 2010 published by Lal Bahadur Shastri, Sanskrit Vidyapith, Rashtriya Sanskrit Sansthan Janakapuri, Delhi and honoured by Central Hindi Bhasha Nirdeshalaya.
19. श्री दुर्गा सप्तशती का हिन्दी पद्यरूपान्तर, (चित्र, बीजमन्त्र एवं सिद्धि मन्त्रों सहित), 2011
20. जलता भारत, 2014,
21. Burning India, 2014
22. आदर्श हिन्दी भाषा शिक्षण, भाग-1, 2, (2015)
23. वृहद हिन्दी भाषा शिक्षण
24. हिन्दी पत्रकारिता और स्वतंत्रता संग्राम, 2018
25. Importance of Indian Joint Family
26. किशोर कथा-कुंज
27. भारतीय संयुक्त परिवार का महत्त्व
28. किशोर कथा - सरोवर (2020)

प्रकाशनार्थ पुस्तकें

1. बाल-सहित्य की विधाएँ
2. बाल-साहित्य के स्रोत
3. भारतीय काव्यशास्त्र की झलक
4. ऐतिहासिक-सांस्कृतिक अभिव्यक्ति
5. लेखनकला की प्राचीनता
6. भारतीय लिपियों का उद्‌भव और विकास
7. रंग-बिरंगे फूल (कविताएँ)

लेखनाधीन पुस्तकें-

1. महाराजा अग्रसेन का इतिहास
2. Vision of India
3. बृहद् चित्रात्मक शब्द-भंडार दोहावली
4. आत्मकथा
5. पं. सोहनलाल द्विवेदी (चम्पू काव्य)
6. अलंकार भूषण
7. श्लोकशतक
8. Panacea Poems
9. हिन्दी साहित्य का संक्षिप्त इतिहास
10. नेपाल का लिच्छवि वंश
11. भारतेन्दु हरिश्चन्द्र का राष्ट्रीय चेतना साहित्य

27. Adarsh Hindi Siksana – I, 2014.
28. Adarsh Hindi Siksana, 2015.
29. Brahad Hindi Bhasa Siksana, Arya Publishing House, Karol Bagh, Delhi, 2016.

BOOKS TO BE PUBLISHED

1. Lekhana Kala Ki Prachenata.
2. Bhartiya Lipiyon ka Udbhava Aur Vikas.
3. Rang Birangi Phoola (Muktaka Kavya).
4. Bala Sahitya kia Vidhain.
5. Bala Sahitya Ke Srota.
6. Etihasika Samskrtika Abhivyakti (Essay).
7. Bhartiya Kavya Sastra ki Jhalaka (with examples and clarification).

BOOKS UNDER WRITING

1. sloka sataka.
2. Brahad Chittratmaka Sabda Bhandara Dohavali
3. Alaṁkara Bhūṣaṇa
4. Pt.Sohana Lal Dvivedi.
5. Nepala Main Lichhavi Vansha.
6. Brahad Sabda Bhandara Dohavali
7. Maharaja Agrasain ka Itihasa.
8. Atma katha.
9. Hindi Sahitya ka Sankshipt Itihasa.
10. Bharatendu Harischandra ka Rastriya Chetna, Sahitya.
11. Vision of India

Dr. Krishna Dev Aggrwal 'Arvind'
9999248014, 011-27672380